文明生态论

葛海鹰 ◎ 著

·北京·

国家行政学院出版社
NATIONAL ACADEMY OF GOVERNANCE PRESS

图书在版编目（CIP）数据

文明生态论 / 葛海鹰著 . —北京：国家行政学院出版社，2020.10（2022.3 重印）

ISBN 978-7-5150-2491-2

Ⅰ.①文…　Ⅱ.①葛…　Ⅲ.①东西文化-研究　Ⅳ.①G04

中国版本图书馆 CIP 数据核字（2022）第 043939 号

书　　名	文明生态论
	WENMING SHENGTAI LUN
作　　者	葛海鹰
责任编辑	刘韫劼
出版发行	国家行政学院出版社
	（北京市海淀区长春桥路 6 号　100089）
综 合 办	（010）68928903
发 行 部	（010）68928866
经　　销	新华书店
印　　刷	北京盛通印刷股份有限公司
版　　次	2020 年 10 月北京第 1 版
印　　次	2022 年 3 月北京第 2 次印刷
开　　本	185 毫米×260 毫米　16 开
印　　张	21.5
字　　数	249 千字
定　　价	68.00 元

本书如有印装问题，可联系调换，联系电话：（010）68929022

前　言

习近平总书记指出："从历史上看，对价值观念来说，先进的未必一开始就能占据主导地位，落后的也不会自动退出历史舞台。由于西方长期掌握着'文化霸权'、进行宣传鼓动，当代中国价值观念存在太多被扭曲的解释、被屏蔽的真相、被颠倒的事实。同时，我们的阐释技巧、传播力度还不够，当代中国价值观念的国际知晓率和认同度还不高，有时处于有理没处说、说了也传不开的被动境地。"

中国的世界观、人生观同样存在被扭曲的解释、被屏蔽的真相、被颠倒的事实。而世界观、人生观和价值观是文明的基本内核。同时，近现代以来，中国人对西方文明也存在太多美慕与推崇的阐释，未明表面背后的真相、盲目追捧西化的事实。

从近现代以来关于人类文明史和文明比较的中西方经典著作看，中国人更多的是从某个单一领域进行深度研究，考据、考证严谨细微，而对各文明的比较研究和评判则涉猎较少。西方人则更注重各文明的对比分析，并以他们的固有视角和惯性思维定式去评判各文明的优劣，最终都是试图证明"西方文明中心论"这一命题的正确。

鉴于此，本书作者以中国人的视角，从现存各主要文明

（所谓"主要文明"并无褒贬之意，仅指现存文明中人口多、影响较广者）的经典著作和历史进程与现实社会中探寻其源头、基本思想体系，并在它们之间进行比较、分析，试图概括出现存各主要"文明生态"的基本内核，集中分析中华文明生态和西方（基督教）文明生态对人类未来生存与发展的影响。

包括创世神话在内的"创维时代"所形成的思想精髓仍然是并将继续是各现存主要文明下人们思想和行为的根本所在。

"创维时代"形成的思想精髓及沿其脉络走向的后世发展，铸成了现存各主要文明不同的"文明生态"。各"文明生态"是主导各文明存续、走向、发展以及与其他文明关系的决定性因素。人类未来的存与亡、荣与毁，取决于哪种"文明生态"将主导世界，或者不同"文明生态"能否和谐并存、并进。

本书并非近现代西方语境下的"学者"撰写的"学术著作"。它只是作者据其阅读、工作和生活中的所思所悟而呈现出的思考和观点。

目 录

导　论 / 1
　　一、文明生态概述 / 1
　　二、现存主要文明生态的思想源头 / 6

第一章　创世神话 / 10
　　一、现存主要文明的创世神话 / 10
　　二、创世神话对文明生态的影响 / 29

第二章　基本哲学思想体系——创维时代铸成的人类文明生态 / 37
　　一、中国的基本哲学思想体系 / 39
　　二、西方的基本哲学思想体系 / 56
　　三、印度的基本哲学思想体系 / 98
　　四、伊斯兰的基本哲学思想体系 / 128

第三章　宗教的慰藉与禁锢 / 147
　　一、宗教的概念 / 148
　　二、宗教的慰藉 / 157
　　三、宗教的禁锢 / 179

第四章　儒道——天地无私，人当为仁 / 193
　　一、"儒""道"本一脉 / 197
　　二、儒道的信仰、伦理和治世体系 / 204

第五章　当代西方文明主要表象辨析 / 227
　　一、西方民主辨析 / 227
　　二、西方经济学的本质 / 237
　　三、西方"文明终结论"和"普世论" / 248
　　四、西方语境下的迷雾 / 255

第六章　文明的进步与危机 / 272
　　一、第一次工业革命以来的人类进步 / 274
　　二、危机与困境 / 280

第七章　文明生态主导人类发展 / 294
　　一、文明生态与危机的根源 / 297
　　二、西方的反思与无奈 / 321
　　三、文明生态决定人类命运 / 328

后　记 / 334

导 论

一、文明生态概述

文明，是人类的一种生存状态。据考，汉语"文明"一词最早出自《易经》曰："见龙在田，天下文明。"《孔颖达疏》："天下文明者，阳气在田，始生万物，故天下有文章而光明也。"[①] 现代汉语把文明定义为"社会发展到较高阶段表现出来的状态"。这显然是受西方关于文明与野蛮的阐释的影响——A state of human society that very developed and organized（人类社会高度发展和组织化的状态）。西方关于"文明"一词，衍生自英文的 civic，释义为 relating to a citizen, a city, or citizenship，这又源自拉丁文的 civius, civis citizen，其本质含义为人民生活于城市和社会集团中的能力。

摩尔根在《古代社会》中，主要根据其在19世纪下半叶对美洲印第安人的历史与生活习俗的了解，把人类的发展过程划分为蒙昧、野蛮和文明三个时代。恩格斯对摩尔根的《古代社会》给予了很高的评价，他在《家庭、私有制和国家的起源》中，同样沿用蒙昧、野蛮和文明的起源三个时代进

---

① 《辞海》，上海辞书出版社，2009，第2382页。

行分段。而这三段的前两段主要用于对美洲印第安人不同氏族的分析,当说到"希腊人的氏族"时说:"希腊人,在他们出现在历史舞台上的时候,已经站在文明时代的门槛上了;他们与上述美洲部落之间,横着差不多整整两个很大的发展时期,亦即英雄时代的希腊人超过易洛魁人两个时期。"① 这种基于有限和局部资料提炼出的分析观点,被后世西方推及应用于全世界,特别作为"西方是文明的",其他氏族是"野蛮"的歧视观念的依据。

人们又把文明分为物质和精神两大部分,称为物质文明和精神文明。物质文明是人类不断创造出来的维系人类生存和发展的物质条件;精神文明是人类在改造客观世界和主观世界的过程中所取得的精神成果,是人类智慧、道德的进步状态。尽管物质文明对精神文明的发展起基础性作用,但精神文明始终对整个文明的发展起着重要的引领作用。

本书所论的文明是指精神层面的文明。

关于生态,现代人普遍认同为一切生物(当然也包括人类)生存的周围或外部环境状态,以及它对人类生活、生产和生存的影响状况,而且"生态"一词涉及的范畴也越来越广。特别是在自然环境遭到前所未有破坏的今天,我们常把生态与自然环境紧密相连,甚至作为几乎相同的一个概念来使用,称为"生态环境",以描述人类(当然也包括动植物)所处的外部的、自然的生存环境和其变化对生物(人类)生存与发展的影响。

我们称为"文明"的这个概念下的人类活动,事实上,在其不断的演进与发展过程中,一方面,在不断地影响、干

---

① 《马克思恩格斯选集》第四卷,人民出版社,1972,第95页。

预，甚至破坏着自然环境或生态环境；另一方面，在人类文明的不同发展时期，各种文明自身也形成了不同的形态或状态（当然，这种不同的形态或状态不是完全截然分割或相互孤立的，而是不断演进又相互影响的）。这种形态或状态，犹如一种场、气或氛围，始终环绕、浸润着人类社会的生存和每一步前行，犹如自然环境一样，始终包围着、笼罩着、影响着人类的生存与发展。因此，我们也就有理由把文明也当作一种"生态"来研究，并称为"文明生态"。与自然生态相对应，这两大生态系统相互影响、相互作用，决定着人类的生存、发展和命运。文明生态，包括我们通常所说的世界观、人生观和价值观，还有人类的终极观在内。特别是在人类文明发展到如此高级阶段的现代社会，文明生态对自然生态产生的巨大影响，甚至有能力影响以致毁灭自然生态的情况下，人类一直试图在已形成的不同文明生态的支配下，单方面地去破坏，或治理，或梦想恢复自然生态，而没有认真、严肃地对文明生态进行深刻剖析和再认识，这就凸显出在某种"文明生态"驱使下的人类，仍然是在攫取自然、破坏自然的进程中来研究恢复自然生态的问题。如果不认真审视、调整甚至改变"文明生态"，要想恢复自然生态、维持人类的长久存续，似乎是难上加难。截至目前，对组成"文明生态"的现存人类诸文明的研究可谓卷帙浩繁，但对诸多文明特别是几百年来起重要作用的文明对人类文明生态的影响、对自然生态的影响的研究甚少，甚至未能清醒认识到，人类目前和未来面临的最大问题，表象是自然生态出了问题，而实质则是"文明生态"出了问题。这一关键问题，也就是本书试图探索、阐述的内容。

对于文明的论述，诸如文明的起源、文明的进程、文明的存续、文明的分类、文明的优劣、文明的冲突和文明的未来等，可谓多矣。而我们通常看到的这些著述，多由西方学者著成。尤其是近代以来，西方社会在经济与科学技术领域取得优势地位，其学者对于文明的阐释，多试图在探索人类不同文明起源与发展轨迹的基础上，以西方的思维方式来框定整个人类文明，并试图证明西方文明的优越性和终将成为人类未来的终极文明形态的必然性。一百多年来，受西方政治、宗教、军事、经济、科技的深刻影响，世界上许多地区的人们，正快速地接受西方文明、效仿西方文明，而西方人也不遗余力地推行其文明，甚至把西方文明称为"文明"，把其他文明视为终将被西方文明取而代之的"野蛮"。即使在当今世界，在西方文明生态的笼罩下，全球面临环境恶化、资源枯竭、物种不断灭绝、核武竞赛剧烈、太空竞争、道德沦丧、拜金主义的财富至上和极端个人主义盛行等威胁的大趋势下，人类社会仍然执着地或者是被迫地效仿和推崇西方文明。同时，在很多情况下，如果不效仿西方文明，不能在军事、经济和科技等重要领域跟上西方发展的步伐，努力缩小与西方国家的差距，那就将面临被西方殖民化、被西方掠夺、被西方侵略、被西方同化，甚至被彻底从地球上铲除的灭顶之灾。事实上，几百年来，由于西方的殖民化、军事侵略和宗教传播，已有许多文明消失了。这就是当今世界文明生态的总体状况。

世界上曾存和现存的不同文明中，有许多是追求简朴生活、不慕奢华、崇尚自然、相互包容、互不侵犯的。可当世界文明的交往、交流不断深入之后，由于西方文明自身向外扩张的本性和近两百年的自我推广、向外侵略所使然，许多其他文明无法再循着自身的特质继续顺利发展。它们曾在数千年里遵循的道德理念、生活方式或文明生态，要么以思想或经济的方式，要么以战争的方式被西方文明无情地摧毁着，并自觉或不自觉地把西方的文明生态强加于自己的文明之上。近几百年的西方殖民主义历史已是明证。同时，西方文明生态中追求财富至上、享乐主义和极端个人主义所带来的经济发展与奢华生活，也在不断地吸引着在其他文明中生活的人们。其他文明生态中的人们，要么向西方文明学习，发展自己的经济与军事，在最小限度内维持自己文明生态的同时，以微弱的力量去抗衡西方文明生态的侵蚀；要么完全接受西方文明，乐得生活在西方文明生态之中，加入西方文明的生态圈内，学着西方的方式，最大限度地去与西方一起攫取地球有限的各种资源，供人们无休止地享乐。许多古老文明生态系统完全或部分被破坏甚至消失，许多现存西方文明以外的文明生态的削弱，也正是西方文明生态扩张的结果。这就是当今世界各种文明之间的发展关系和冲突关系，同样也是当今世界文明生态的状况。

人类的前景如何，自然生态的可持续与否，取决于人类文明生态的演变。在地球无法承受人类无情攫取之前，人类是否能够选择正确的生存之道，演进出或选择更加适宜的文明生态，是人类能否与天地共存的关键。关于什么是人类正确的生存之道和适宜的文明生态，不同文明曾有着自己的理解和认识，可在西方文明生态对世界产生最大影响并对自然生态造成最大破坏乃至出现彻底毁灭自然生态的危机的今天，人类还能找寻到正确的生存之道，建立或选择适宜的文明生态吗？或者，西方文明是人类正确的生存之道吗？西方文明生态是适宜的文明生态，还是人类自取灭亡的文明生态？

人类文明演进的过程是漫长的、渐进的，同时也是连续的。一些西方学者把人类文明到达某个发展阶段的时期断然称为文明的开始的观点，是西方思维中一贯以"分科方式看问题"的思维惯性使然，更是西方基督教文明把上帝定义为宇宙及一切的"初"与"终"①的宗教观念使然。至少从人类创世神话开始，人类各种文明就已开始建立自己文明生态的进程，因为从创世神话开始及以后的文明成果，一直伴随和影响着人类的发展进程，今天仍是如此，并将持续下去。

二、现存主要文明生态的思想源头

人类历史上曾出现过许多不同的文明。时至现代，很多古老文明在历史的长河中已被淘汰。西方不同的学者把人类历史上的文明分成不同的类别，并大体上认为人类历史上至少有 12 个主要文明，其中诸如美索不达米亚文明、埃及文明、克里特文明、古典文明、拜占庭文明、中美洲文明、安第斯文明等，都是已经消失的文明。② 传承至今的文明，对现代人类社会影响最深的只剩下中华文明、伊斯兰文明、印度文明和西方文明等主要文明。

各种文明的思想源头虽有类似之处，但主要是它们之间的区别能够传承下去，才形成不同文明的特点。但各种文明的思想源头中，都包括创世神话、基本哲学思想体系的确立和（或）宗教的形成与传播这几个方面的思想基础（我们这里暂不探究"哲学""宗教"这类词语在东西文明中的不同内

---

① 上帝说："我是阿拉法，我是俄梅戛；我是最先的，我是最后的；我是初，我是终。"（I am the Alpha and the Omega, the first and the last, the beginning and the end.）

② 参见塞缪尔·亨廷顿：《文明的冲突》，周琪等译，新华出版社，2017，第29—30页。

涵或不同表达，而是借用这些现代人比较普遍接受的词汇，以使阐述更为方便）。

神话是各种文明思想基础中最早期的思维创造。它基本上不能用现代考古学的方法或依据完整的远古文献去验证。它亦真亦幻，涉及一个族群起源和发展的方方面面，伴随着一种文明发展的全过程。而所有文明的神话中，最基本、最有影响力的神话，是关于这个文明或族群的创世神话。创世神话，常常是某种文明信仰的源头，与其哲学和（或）宗教的起源密切相关，与这个文明生死与共，贯穿整个文明发展的全过程。创世神话所提出的是一个文明的最基本的问题——宇宙是如何产生的，人类是从何而来的以及终将奔向何方？这些问题显然至今没有明确答案，但若否定或忽视了这些创世神话，一个民族、一种文明就失去了它的初始源头。

基本哲学思想体系，是奠定一种文明的自然观、价值观和思维方式的系统化的思想体系。它吸收了本文明自身的神话思想，确立了本文明的思维方式和对宇宙、人类的基本看法，并以系统的哲学思考，吸纳了本文明的宗教思想（如果该民族有过系统的宗教思想的话）或不同学说（或有以其宗教思想为依据、为基础者）。现存各主要文明基本哲学思想体系的确立，正是这些文明得以延续、生生不息的根本所在。它们大约都发生在西元前800年至西元前200年。德国人卡尔·西奥多·雅斯贝尔斯（1883—1969年）将这一时期称为人类文明的"轴心时代"。笔者认为，应更确切地称之为"创维时代"，因为这个时代创造了人类不同文明生态系统完整的思维体系和思维方式，奠定了现存主要文明生态系统的基本维度。以此类推，我们似乎可以将工业资本主义文明时代称为"创造时代"或"创毁时代"——既创造了极丰富的物质财富，也开启了毁灭自然的进程。

宗教，是伴随人类社会的发展逐渐形成和完善的，并且继承了许多创世神话的成分。随着人类社会的发展，特别是对宇宙起源、人的福祸不测、生命结束（形寿终结）之后的疑惑等问题的思考，从对自然、多神、图腾和祖先的敬畏与崇拜，到最终形成不同的宗教。不同宗教，对其信仰者来说，支配着他们的自然观和社会行为，规范着他们的价值观，感召着他们对生命的延续和对来世的寄托。具有相同宗教信仰的人们，往往具有较强的认同感和归属感。因此，宗教的形成与传播，构成了人类文明生态系统的重要源头和组成部分，时至今世，宗教仍然深刻影响着人类的思想和行为，特别是由于一些宗教与生俱来的排他性特质，形成了不同宗教信仰族群间矛盾与斗争的重要根源。

无论是基督教文明、印度教文明还是伊斯兰教文明，均有"天启"之说，都是由唯一神的天启语言降示而形成"圣经"，成为其宗教的经典或教义。凡写入其"圣经"里的语言既是天启降示之语言，作为信徒就不能存疑，存疑便非真信，并且一生要忠实践行才算得上虔诚信徒，才能最终得到各自独一神的赦罪、赐福。在宗教传播上，也要把各自"圣经"中神的语言、思想、信仰不折不扣地、不厌其烦地劝诫他人笃信之，不信则要受到诅咒，来世或"末日"将要受到总清算，受到万劫不复的惩罚。

唯独中华文明与上述文明大相径庭。中华文明是把人民千百年的生命与生活实践上升为"圣人"话语（有时也是百姓的话语），是人说的话，而非神的话，更无独一神的所谓"天启"之说。中华文明是对自然规律和人类实践的借鉴、遵循和总结，进而形成"圣书"，历世经典中的道理、哲学、治世、生活等方方面面的思想，是要求人们通过受教育和社会实践，自己去体悟、去修炼、去实践的，而不是划上某种信与不信不可逾越的"宗教"界河来区分人群、种族乃至是非亲仇的。这也许正是中华文明的"有容乃大"之处，更是在所有从古至今乃至后世从未中断也不会中断的唯一人类文明的根本原因所在吧！

第一章
创世神话

各民族的神话与创世说往往是共生的,这些神话和创世说与其基本哲学思想体系和宗教的形成是紧密相连的。各民族创世神话虽有不同,但其共同特点都是提出并试图解释如何开天辟地,世界和世上万物如何起源与形成,自己民族由何而来,等等。创世神话距我们今人虽已是遥远的过去,但它对各民族思想体系的构建、思维方式与风俗特点的形成、各文明生态系统的建立,都产生了深远的影响。今天,我们仍然能从不同文明生态中,寻找到、感受到其创世神话的深刻印记。如今,不同的创世神话多已融入各自文明的哲学思想体系和宗教之中,常常表现在文学、艺术和建筑之中。

一、现存主要文明的创世神话

(一) 中国的创世神话

中国人最熟悉、公认度最高的创世神话,莫过于盘古开天地和女娲造人了。

最早记载盘古开天地神话的,是由三国时期东吴太常卿徐整所著《三五历记》给予比较完整的描述:"天地混沌如鸡子。盘古生其中，万八千岁，天地开辟，阳清为天；阴浊为地。盘古在其中，一日九变，神于天，圣于地。天日高一丈，地日厚一丈，盘古日长一丈，如此万八千岁。天数极高，地数极深，盘古极长。后乃有三皇。数起于一，立于三，成于五，盛于七，处于九，故天去地九万里。"① 后又在《五运历年记》中记载："首生盘古，垂死化身，气成风云，声为雷霆，左眼为日，右眼为月，四肢五体为四极五岳，血液为江河，筋脉为地理，肌肉为田土，发髭为星辰，皮毛为草木，齿骨为金石，精髓为珠玉，汗流为雨泽。身之诸虫，因风所感，化为黎甿。"② 从此以后又衍生出一些关于盘古开天地的神话故事。

汉代应劭所撰《风俗通义》有女娲造人的记述："天地开辟，未有人民，女娲抟黄土作人。务剧，力不暇供，乃引绳于泥中，举以为人。"③

中国创世神话虽简洁明了，但却有鲜明的特征。其主要特点是：神或神话源于自然，与自然混为一体；神常救生民于水火，为民造福消灾；神多乐于奉献，不计自己得失，不逞个人英雄主义；神多不食人间烟火，善恶分明，均具神圣之德。

中国创世神话中的开天辟地之神——盘古，生于天地未开的自然混沌状态之中。盘古完成开天辟地任务，"垂死化身"，又为这个世界尽了最后的力量。盘古开天地的神话，昭示了天地初创的"自然"过程。盘古是神，也是自然（混沌）中生出的"人"。他生于自然，创造自然，最后归于自然。他

---

① 马骕：《绎史》卷一，引自《三五历记》，中华书局，2002，第3页。
② 袁珂：《中国神话大词典》，华夏出版社，2015，第298页。
③ 应劭撰，王利器校注：《风俗通义校注》，中华书局，2010，第601页。

有开天辟地之功,并无半点居功、独尊之心,死后仍然将其身体发肤、气息灵魂毫无保留地奉献给他为之创造的天地与众生,最后,大象无形地归于自然、融于自然。中国创世神话这种源于自然、归于自然、献于自然的自然观与圣德精神,一直贯穿在中华文明的发展过程中。

中国创世神话中的另一位尊神是女娲。她在"四极废,九州裂,天不兼覆,地不周载,火爁炎而不灭,水浩洋而不息,猛兽食颛民,鸷鸟攫老弱"之时,"炼五色石以补苍天,断鳌足以立四极,杀黑龙以济冀州,积芦灰以止淫水",最后使得"苍天补,四极正,淫水涸,冀州平,狡虫死,颛民生"。她既救世救民于水火,又奠定了所造生灵生存的自然条件。补天之后,又以自然的方式造人——抟土造人,以黄土掺清水,捏形成人;又以绳浸泥浆,一抖泥点溅地而成千万人,成群奔入平原、山林、谷地,奔入自然之中。女娲虽完成补天、造人的伟大使命,但"不彰其功,不扬其声,隐真人之道,以从天地之固然。何则?道德上通,而智故消灭也"①。因而她绝无邀功、求崇拜、居高临下、作威作福、唯己独尊的念想和行为。

女娲补天、造人的创世神话,同样突出表现了中国创世之神,创世于自然,拯民于危难,不计己之得失,功成而归于自然的神圣之德和道法自然的内在思维逻辑。

还有许多与创世有关的神话,如有巢氏"构木为巢,以避群害,而民悦之";燧人氏"钻燧取火以化腥臊,而民悦之";神农氏为民治病尝百草,一日七十毒;炎帝女儿溺水死后化作精卫鸟,衔草木填沧海,免其危害后人;等等。这些

---

① 《淮南子·览冥训》,陈广忠译注,中华书局,2016,第324页。

都体现了源于自然、效法自然，扬善抑恶、为民造福、无私奉献，功成不求名而化入自然的伟大精神。

中国所有创世神话以及与创世有关的神话都体现了创造人、为人服务，既与自然抗争又顺应自然、融于自然、以人为核心的人文精神，而非以神为核心的"神文"精神。

（二）西方的创世神话

西方的创世神话，主要体现在古希腊神话和古罗马神话中，而希伯来神话，主要体现在其《圣经·旧约·创世纪》中，与宗教的缘起混作一谈了。

最早系统记述西方创世神话和诸神世系的作品是《神谱》，它的作者是大约生活在西元前8世纪的古希腊人赫西俄德。而系统描述古罗马神话的作品是奥维德的《变形记》，他生于西元前43年。显然《变形记》的成书时间要远远晚于《神谱》，而且两者中关于诸神的许多故事相同或相似，只是许多神的名字不同罢了，特别是在希腊神话中，万神之王叫宙斯，在罗马神话中的万神之王换成了朱庇特，他们的来历与法力极为类似。

根据上述两部作品的记述，我们来看一看西方的创世神话。宇宙最初诞生的是卡俄斯，而卡俄斯的概念在赫西俄德的作品中并不是十分清晰，他的形貌无法描述，中文译者只是按希腊语音译出而已。[①] 随即诞生的是大地女神该娅，之后是"大地深处幽暗的塔尔塔洛斯"（地狱深渊神）、"不朽诸神中最俊美者厄洛斯"（爱神）、"'黑暗的'夜神努克斯"（黑夜女神）、"厄瑞玻斯"（黑暗神），这五位初神，由他们之间平

---

① 参见赫西俄德：《神谱》，王绍辉译，张强校，上海人民出版社，2010。

辈（包括姐弟、兄妹）或差辈（包括姑侄）交媾，又繁衍出一个纷繁复杂、难以厘清的庞大神系。

特别是由于不同中文译本①译名的不统一，对于中国人（别国人想必亦是），实在不易分清诸神之关系，即使译者在书末绘出了一个"希腊诸神谱系图"，让人看了也是眼花缭乱。

不过从大地女神该娅这一支系（其实是希腊神话谱系的主干）却比较容易厘清希腊神话的主干。在卡俄斯中诞生其他四位初神之前，"该娅已经生下了与她同样大的星辉熠熠的天神乌拉诺斯，将她完全覆盖"。随后，她与天神乌拉诺斯交媾生下了被乌拉诺斯称为提坦的"克洛诺斯等十二提坦②神"。克洛诺斯与他的姐姐（或妹妹）瑞娅交媾生下了宙斯等六位主神。天神乌拉诺斯一开始就憎恨他与大地女神该娅所生的孩子们，这些孩子一出生，就被乌拉诺斯"全部雪藏，不让见光"，乌拉诺斯"对自己的恶行感到得意"。该娅就设下了"一个狡黠而歹毒的圈套"，她用一块白色硬石打造成"一柄巨型镰刀"，交由其一子——克洛诺斯，来使"一个父亲的恶行遭到报应"。当乌拉诺斯"带着夜幕和对爱的渴求""伸开双臂将大地女神该娅完全笼罩"时，在"藏匿之处"的克洛诺斯右手紧握一柄巨大的镰刀，"瞬间便将自己父亲的性器割去，随手抛在身后扔掉，而从他手中扔掉的并非是毫无用处的器物，因为那溅出的血滴，全部被大地女神该娅接收"，又生出一些神来。"而被利刃割掉的性器，被从陆地扔到汹涌的

---

① 本书引用的是王绍辉译、上海人民出版社 2010 年出版的《神谱》。而张竹明等译、商务印书馆 2015 年出版的《工作与时日神谱》中，很多名字、表述与前书差异就较大。

② 提坦，有惶恐者、反叛者之意。

大海，它们被带到海上良久"，从掀起的海浪泡沫中诞生了阿弗洛狄忒。克洛诺斯继乌拉诺斯之后成了最初的神王。

克洛诺斯从该娅和乌拉诺斯那儿获悉，"尽管自己很强大，却注定要被他的一个儿子推翻"，"他对此不无戒心，警觉地将自己的孩子吞下"，瑞娅心怀忧伤，却难以遏止。当克洛诺斯与瑞娅的孩子宙斯诞生后，被该娅（应是宙斯的奶奶）"藏到一个深不可测的洞穴"抚养，瑞娅则将一块石头包起，交给了克洛诺斯吞下。期年以后，在该娅巧言令色的蛊惑下，克洛诺斯被宙斯"用诡计和力量征服，克洛诺斯首先吐出了石头"，宙斯又"将他的叔父们——这些乌拉诺斯的子嗣一度被他的父亲轻率地羁押——从致命的禁锢中解放出来。他们对宙斯的善举心存感激，赠予他炸雷、灼目的霹雳和闪电"，"宙斯倚仗其统治凡人与不朽者"，因此成了众神之王。

该娅与乌拉诺斯所生十二提坦神之一——伊阿佩托斯，"引领大洋神俄开诺斯美踝的女儿克吕墨妮来到他的婚床"，她为他生下了"思虑缜密的普罗米修斯"等其他神。

罗马神话《变形记》中也记述了天地开创、人类诞生的过程。[①]"在海、陆以及覆盖一切的苍天尚不存在之前，大自然的面貌是浑圆一片，到处相同，名为'混沌'。它是一团乱糟糟、没有秩序的物体，死气沉沉，各种彼此冲突的元素乱堆在一起。"海洋、陆地、天空"都还不能保持自己的形态而不变，总是彼此冲突。同在一体而冷热、干湿、软硬、轻重彼此斗争"。"上帝[②]，仁慈的大自然，终止了这种斗争状态。他把陆地和天空分开，把海洋和陆地分开，又把清虚之天和沉浊之气分开。""天神就这样驱散了一片混沌，把它安排出

---

① 参见奥维德：《变形记》，杨周翰译，人民文学出版社，1984。
② 此处，上帝并不是指宗教的上帝，应是指大自然或某天神。

一个秩序,并且把宇宙分成若干部分;然后,他首先塑造了地球"。这个"创世主"又使地球分成五个不同温度的地带,使树木盖上绿叶,使海洋成为鱼类的住处,陆地收容兽类,天空收留百鸟,星辰和各种天神占据天界,等等。

"但是还缺少一种生物,比万物更有灵性,擅长高奥的思维,并能辖治万物。因而产生了人。究竟是创造一切的天神想要把世界造得更完美,因而用他自己的神躯的元素塑造了人呢?还是那刚刚脱离苍穹而形成的土地带着些原来太空中的元素呢?总之,伊阿珀托斯①的儿子普罗米修斯用这土和清冽的泉水掺和起来,捏出了像主宰一切的天神的形象。其他的动物都匍匐而行,眼看地面,天神独令人类头部高昂,两脚直立,双目观天。因此,泥土本是杂乱无形之物,瞬息之间都变成了前所未有的人的形状。"在此之后,人类经历了信义正直、平和安宁、四季常春的"黄金时代";四季分明,人类必须建屋以避炎热的暑气和冰冷的寒风的"白银时代"②;日子日趋艰苦、兵灾日繁的"黄铜时代"以及罪恶横行,诡计阴谋、暴力贪婪盛行而谦逊、真理、信仰逃走的"铁的时代"。

普罗米修斯在诸神与凡人裁决时,试图欺骗宙斯并向着凡人,却被宙斯识破,因而得罪了宙斯。宙斯用镣铐将普罗米修斯"羁押在一个柱子的中部",还在他头顶放了一只宽翼的鹰隼;它啄食着他那不朽的肝脏——在白天被宽翼的鹰隼啄食后,夜晚又完全长到原来那样大。后来普罗米修斯被另

---

① 前面《神谱》中译为伊阿佩托斯。
② "当萨图尔努斯被他的儿子朱庇特驱逐到幽暗的地府,朱庇特统治了世界之后,就开始了白银时代。"萨图尔努斯(Saturnus)罗马神话中最古老的存在之一,类似于希腊神话中的宙斯之父克洛诺斯。

外一个神赫拉克勒斯救下。因此,"宙斯预设了行将降临到世人身上的罪孽,并准备实施"。他首先不给居住在大地上的凡人火种,而普罗米修斯"用一根空中的大茴香"窃取了火种给凡人,"此事深深地噬啮在高处打雷的宙斯之心",作为火的代价,"宙斯随即给人类制造了祸患"。他让一个叫安菲古耶斯的神,"用泥土捏成了一个貌似端庄的人形",使她看上去美妙至极。宙斯制造出这一美丽的祸患后,以作为人类获益的代价,"为会死男人所造的祸患——女人",此女即潘多拉。根据宙斯的命令,潘多拉被嫁给了普罗米修斯的弟弟埃庇米修斯(后觉者)。宙斯陪嫁给了潘多拉一个魔盒,里面装满各种祸患灾疫。潘多拉出于好奇,打开了魔盒,从此祸满人间。她惊慌之下忙关上盒子,却使雅典娜预放于盒底的"希望"没能飞出盒子,进入人间。

由于人类使用了普罗米修斯盗取的火,又出现了欺骗、诡计、阴谋、暴力和贪婪,特别是人类对神的不敬,宙斯[①]召开天神会议,决定毁灭人类。诸神中虽有同情人类者,但都赞同了宙斯的决定。宙斯本想用手中的霹雳火击毁世界,但又怕大火殃及天堂圣境,因此决定用大水把人类淹灭。于是,宙斯调动各路水神淹没大地,摧毁人类和一切生物。在洪水泛滥时,普罗米修斯的儿子丢卡利翁和他的妻子驾着小舟在一座高峰上着陆。丢卡利翁是最好的男人,他的妻子是最敬神的女人,世上也只剩下这两个人了,于是宙斯收了洪水,让大地露在阳光之下,让天空又看见大地,于是,陆地不断出现,树木露出了树梢,但大地却是满眼荒凉,死一般的沉

---

① 也可以说是朱庇特,这两个称谓不同的众神之王,地位、神力、性情等实则如同一个神,只是出现在希腊神话中称为宙斯,出现在罗马神话中称为朱庇特而已。由于罗马神话故事成书远晚于希腊神话,因此这里用宙斯的名字。

寂。丢卡利翁和妻子倾听了神谕，一路走一路把地母的骨头——石头——掷在地上，地上就重新长出人类。因为人类是石头做的了，所以人们能吃苦耐劳。以上，就是希腊罗马神话或西方神话中的创世说主干。

西方神话中还有北欧创世神话，但因其形成较晚，且由于在基督教的传入后被当成异端邪说而扼杀，但其影响至今的神话仍存在，如西方的圣诞节等许多节日、星期中的每一天都是以北欧诸神命名等。

西方神话的另一庞大体系——希伯来神话，如《圣经·旧约·创世纪》所述，从一开始就与犹太教和基督教的诞生相关，留作后面叙述。

西方的创世神，自有神之初，即为权力、荣耀和女人争斗不休，且全然不顾及众神战争给人类带来的毁灭性灾难。天神乌拉诺斯为保住天神地位和发泄充沛的性欲，把他与其母该娅所生之子均羁押于地狱之类的地方；克洛诺斯用镰刀阉割其父乌拉诺斯之后，又把他与其妹所生之子全部吞下，以防造反；宙斯又用诡计推翻其父克洛诺斯成为众神之王，并与众多平辈或差辈女神交媾（还诱得民间美女欧罗巴）。诸神们"为了赢得胜利与权势相互对抗、终日打斗"。宙斯为巩固神权，先后与诸提坦神和巨神提丰经年鏖战，使"生命之源的大地在燃烧中噼啪作响，广袤的森林在火焰中猛烈地炸裂，整个地面、大洋神俄开诺斯中的水流以及澎湃的深海在沸腾"，可谓生灵涂炭。

西方创世神话中，诸神均崇尚暴力且以暴制暴，认为只有暴力可以征服一切。宙斯之所以能成为众神之王，是因为其在解救被克洛诺斯吞噬和羁押的诸神中立功而被赠予炸雷、灼目的霹雳和闪电，并以此利器征服诸神和统治"凡人与不朽者"。

西方创世神话中的神，特别是神王，是必须被人类崇敬的，否则就要惩罚人类。而且惩罚是永远或毁灭性的。为惩罚人类使用普罗米修斯盗取的火种而羁押普罗米修斯并让鹰隼啄其肝脏，还创造了人类的"祸患"——潘多拉；为惩罚人类的诡计、贪婪和对神的不敬，而不惜用洪水淹没和毁灭全世界、全人类。

西方创世神话中的男神追逐权力、荣耀和女人，女神则爱欲横流、妒心成性。男神与女神之间不论长幼辈分，都可以乱伦交媾生出许多新神。

所有这些，不知是神被赋予了人的禀性，还是人被赋予了神的禀性，但最终，这些创世神话的许多内容被后来的西方宗教，特别是基督教所接纳，或经改造，成为其宗教的重要内容。

犹太教和基督教的创世神话记载在《圣经·旧约》的开篇《创世纪》中。众所周知，"起初神创造天地"。之后上帝说有什么就有什么了，"'要有光'，就有了光"，等等。上帝创造了万物和人的始祖亚当和夏娃，共用了六日，到第七日"歇了他一切的工，安息了"。之后，夏娃被蛇所诱，吃了禁果，并又给她的丈夫吃了禁果（夏娃本由上帝生自亚当的肋骨，不禁蛇的引诱，又诱其夫吃禁果，这既体现男女一初始就不平等，又昭示了女人为祸端——这种思想一直深植于西方文明之中），这违背了上帝的命令，构成了人类的"原罪"，并要受到惩罚：The first sin and its punishment（原罪及其惩罚）。这个创世神话告诉我们，是神——上帝创造了包括人在内的一切。神的意志是不可违背的，否则要受到上帝的"惩罚"。到了基督教那里，进一步发展出这样的说教：由于人类始祖犯了原罪，那么之后的所有人类都将"遗传"这一原罪而要终生赎罪，而且难以自己救赎，要靠上帝的独生子——耶稣来完成这一使命。

（三）印度的创世神话

当现代人乘坐飞机，由新德里向东飞行时，会看到雄伟的喜马拉雅山脉像高高的雪墙，壮观地屹立在约209万平方公里的印度半岛北面，它把呈倒三角形的印度半岛与亚洲其他大陆隔离开。作为一个现代国家的印度（中国历史上称其为"身毒"），其面积约为298万平方公里，人口13.26亿（2017年统计）。居民有印欧语系的印度斯坦人、奥里雅人、阿萨姆人等；达罗毗荼语系的泰卢固人、泰米尔人、坎拿达人等。全国语言有800种以上，官方语言为英语和印地语。约80.5%的居民信仰印度教，13.4%的居民信仰伊斯兰教，其他居民信仰基督教、锡克教、佛教或耆那教。

根据有关资料[①]，在20世纪初，英国考古团队发现了位于现今巴基斯坦境内称为哈拉巴村附近的古城遗址，大量出土文物表明，在西元前2400年至西元前1700年，存在一个哈拉巴文明，其人种被多数学者称为高度混合的达罗毗荼人。但后来，哈拉巴文明在大约西元前1500年突然消失了，而印度文明却继承了它的许多营养，如农业、牧业、手工业和宗教神像等。其间，有一个生活在中亚的"雅利阿"（Arya）部落集团的一支，在西元前2000年至西元前1000年，向南迁徙，定居在印度河上游流域（印度半岛的北部，而达罗毗荼

---

① 主要包括林太：《印度通史》，上海社会科学院出版社，2007；朱明忠：《印度教》，福建教育出版社，2013；《辞海》，上海辞书出版社，2009。

第一章 创世神话

人则迁徙至南印度半岛，成为南印度人的祖先），后被称为雅利安人①。

印度典籍数量浩瀚，基本上都是创作久远，而成书相当滞后，许多重要经典长期依靠师尊口传、弟子记忆，据说几千年不走样，可一旦成书，却有不同版本。神话故事也纷繁复杂，难以历数。创世神话分布在不同古籍之中，如《梨俱吠陀》《奥义书》等。而系统记述创世神话的典籍是成书较晚（西元前200年左右）的《摩奴法典》。

《摩奴法典》是婆罗门教祭司根据吠陀经典、"累世传承"和"古来习惯"编成的教律与法律合二为一的作品。它敷陈了其他文献所罕言的关于创世的神话以及"梵我如一"的玄谈。古代印度文献有一个普遍的问题，就是年代难定，而中国许多历史文献，如法显的《佛国记》和玄奘的《大唐西域记》等，对确定印度历史的年代起了关键的作用，正如季羡林先生在其《生命深思录》一书中所说："有一位著名的印度史学家曾写信说：'如果没有法显、玄奘和马欢的著作，重建印度历史是不可能的。'"② 现在大多数学者所公认的《摩奴法典》的成书时间，在西元前2世纪至西元2世纪之间。

根据《摩奴法典》③的记述，摩奴是人类的始祖，当他静坐凝思时，众大仙请求他"如实依次将关于一切原始种姓和杂种种姓的法律，惠予宣示给我们"。众大仙对摩奴说："因为，尊者啊，唯有你熟知这一普遍、自存、不可理解、人类

---

① 18世纪，欧洲语言学界发现当时印度使用的梵语同希腊语、拉丁语、克尔特语、日耳曼语、斯拉夫语等有共同的特点后，即用"雅利安语"概括雅利安人的语言，现通称为印欧语系。讲前述语言的各族也就被统称为"雅利安人"。

② 季羡林：《生命深思录》，国际文化出版公司，2008，第146页。

③ 《摩奴法典》第一卷，迭朗善译，马香雪转译，商务印书馆，1982。

理智莫能测其高深的法律条例、原理和真谛，而此即吠陀（Véda）。"① 摩奴给出了"睿智的答复"："当时这宇宙沉浸于黑暗（被理解为自然）中；不可见，并无明显的特征，不能靠推理去发现，也未曾被启示，如同完全处在睡眠中。"之后，出现了一位"非显现的自存神"，他"以闪耀着极其纯洁光辉的五元素（空、风、火、水、地）及其他元素扫除黑暗，即揭示自然，使宇宙变为可见"。他（非显现的自存神）决定"使万物从自体流出"，"于是首先创造出水来，在水内放入一粒种子。此种子变作一个光辉如金的鸡卵，像万道光芒的太阳一样耀眼，至高无上的神本身托万有之祖梵天的形相生于其中"。由此，我们还看不明白，是"非显现的自存神"在先，还是"万有之祖梵天"在先，或可理解为"非显现的自存神"开天辟地（"扫除黑暗"）后，以梵天为托身，变成名为梵天的"原人"，二者或是同一个"原生神"。接下来，摩奴说："从这一存在物，从这一不可见的、永恒的，实际存在而对感官不存在的原因，原人（pouroucha）出生了，他以梵天的名字著称于世。他在这个鸡卵内住满了一个梵天年（一个梵天年等于人间31104亿年）之后，经过个人思考，将卵一分为二。他以此二者，造成天地。"他又由"最高之灵中抽出本然存在而对感官不存在的意识（即万有之灵）；并在意识产生以前，产生了作为指导者和最高统治者的自我（即产生自我的东西，或对于自我的感觉）。他又在意识和感觉以前产生了慧根，一切具有三德（喜德、忧德、暗德）的东西，认

---

① 吠陀，梵语 Véda 的音译，意为"学"或"知识"。印度最古老的宗教文献和文字作品的总称。成书于西元前2000至西元前1000年。最古老的《吠陀本集》共4部：《梨俱吠陀》（颂诗）、《娑摩吠陀》（歌曲）、《耶柔吠陀》（祭祀仪式）、《阿闼婆吠陀》（巫术咒语）。参见《辞海》，上海辞书出版社，2009，第599页。

识外界对象的五知根（即眼、耳、鼻、舌、皮）、五作根（即口、手、足、肛门和生殖器官）和五大的微粒（由微粒产生空、风、火、水、地五元素，微粒演变成五大）。他将这具有伟力的不可见的六大的分子（即五元素的微粒和感觉）和演变为元素与意识的六大的微粒结合起来，创造了一切物类"。他"从太初之始即按照吠陀所言，对每一个特别物类指定名称、作用和生活方式"。而"他为完成祭祀，从火、风和太阳中抽取称为梨俱、耶柔和娑摩吠陀的三种永久的吠陀"。因前文说梵天乃万有之祖，那么，到底是至高无上的神——梵天在先还是吠陀在先，又让人迷茫。接下来梵天又创造了时间、星宿、山川、海洋、语言、欲望等等。再接下来，才开始创造人类。"当时，为了繁衍人类，他从自己的口、臂、腿、足，创造了婆罗门、刹帝利、吠舍和首陀罗。"他"将自体一分为二，一半化为男，一半化为女，和女性部分结合而生原人毗罗止（Viradj）"。此处将"原人"称为毗罗止，而前文中提到已有"原人出生了"，并"以梵天的名字著称于世"。不知此两处"原人"之谓，是否为同一个原人，或梵天与毗罗止是否为一体。紧接下来，摩奴对众大仙说："高贵的婆罗门啊，你们要知道，原人毗罗止从事苦行，从自体产生的就是我，即万有创造者，摩奴。"又让人费解的是，前文指梵天为"万有之祖"，此处摩奴自称万有的创造者。再往后，又说是由摩奴创造了"造物主十大圣仙"，由这些大仙创造了其他七位摩奴，还有夜叉、罗刹、吸血鬼、天界乐师、天界舞女、阿修罗、龙王、蛇神、神鸟以及祖灵（是一些神圣人物，人类的祖先，住月宫中）的各氏族。对许多自然现象和生物赋予了它们如我们今天可见的特征、运行方式和生活习性，如"家畜、野兽、长两列齿的肉食动物、巨人、吸血鬼和人为胎生"，"一切不动物体,或生自种子,或生自插枝,都为芽生:草类产生大量花、果,果成熟后就枯萎"。不能一一列举。造物主是"按照所有动、静物的业创造了它们"。这实际上是把世间的各种自然现象,分门别类归纳起来,将创造之功归于至高神。

在《梨俱吠陀》中,也有关于梵天大神或原人从其口、双臂、腿和脚生出了婆罗门(祭司)、刹帝利(武士)、吠舍(农耕者)和首陀罗(服役于上述种姓者)的记述,主要呈现在《梨俱吠陀》中的《原人歌》,在本书第三章第三节中将进行较详细的讨论。

印度的神纷繁复杂,一个神有诸多变化与化身,有些故事很杂乱且常有互相矛盾之处。前文花了比较大的篇幅,试图从其关于创世神话的历史文献记载中,理出一个比较清晰的创世神话的脉络。从中我们可以看出,在印度的创世神话中,梵天应是创造一切的神,而他在创造世间万物时,并不像伊斯兰教或基督教神话那样,把安拉或上帝说成既创造一切,又预设人类的"仇敌",对不信仰者予以坚决的惩罚。他除创造了空、风、火、水、地五元素外,还创造了第六元素——智慧,并将智慧与其他五元素一起"结合起来,创造了一切物类",这一创世神话顾及周全,既赋予万物形体(五元素构成),又赋予其精神(智慧),有些类似女娲捏泥成人形后"吹气"(赋予精、气),使泥人成为真人。

印度创世神话的另一个重要特点是,在创世神话阶段,就把人类分为不同的种姓和高低贵贱,规定了不同人群应永远遵守的职责和义务,以及业报、轮回观念,并将这些称为"古来习惯"(这与梵天的创造似又有矛盾之处),有本该如此的约束,"欲求灵魂幸福的人必须坚持不懈地遵守它"[①]。这

---

① 《摩奴法典》第一卷,迭朗善译,马香雪转译,商务印书馆,1982,第20页。

些，对于印度的历史和现实产生着极深且仍未有根本改变的影响，对印度不同宗教的源起同样发生了至关重要的影响。

下面据《摩奴法典》整理出一幅印度创世神话粗略路线图（见图1）。

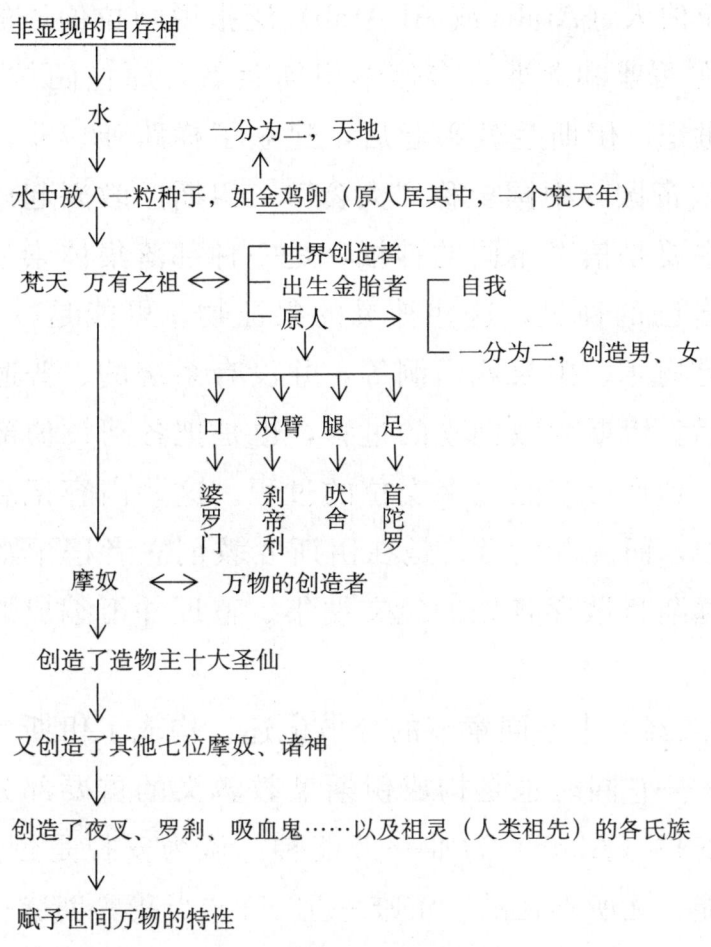

图1 印度创世神话粗略路线

（四）阿拉伯的创世神话

伊斯兰教是由出生于阿拉伯半岛麦加城古来氏（Quraish）部落哈希姆（Hashim）家族的穆罕默德（Muhammad，约570—632年）借助犹太教和基督教的传统资料，大刀阔斧地改革部落宗教，建立的阿拉伯人的一神教体系。① "伊斯兰"一词系阿拉伯文 Islām 的音译，原意为"顺从"。作为宗教，其信仰者必须信仰安拉为唯一至上的主宰，这些信仰者通称为"穆斯林"（Muslim），意为"顺从者"。

阿拉伯人（Arabs 或 Al-Arab）泛指说阿拉伯语的人，主要分布在西亚和北非，多信奉伊斯兰教，原住阿拉伯半岛，西元 7 世纪，伊斯兰教兴起后，建立了横跨亚、非、欧三洲的阿拉伯帝国（中国史称"大食"）。伊斯兰教兴起以前，阿拉伯人主要是信奉不同的神祇，是一种部落集体崇拜，每个部落有自己的神灵，这些神灵的象征物，可能是一块石头，也可能是树木、山泉或山洞等，并没有系统的、普遍认同的创世神话。伊斯兰教创立的过程，也是把各阿拉伯部落神祇信仰统一到唯一万能主宰安拉的过程。这些内容记载于《古兰经》中，而《古兰经》是在伊斯兰教创立者穆罕默德去世后，才逐渐将散存各处的经文搜集、整理并汇编成册，最终成书的。

《古兰经》中不同章节的分散记述，构成了伊斯兰教的创世神话——它同时也是构成伊斯兰教教义的重要部分。穆斯林信仰安拉（Allāh）为唯一万能神，认为安拉是创造万物、无所不能、无所不在的宇宙唯一主宰。"当我要创造一件事物的时候，我只对它说声'有'，它就有了。"《古兰经》第 16 章第 40 条这样表述。② "真主是创造万物的，也是监护万物的，天地的钥匙，只是他的；不信真主的迹象者，才是亏折

---

① 参见金宜久编：《伊斯兰教》，中国社会科学出版社，2009，第 15 页；《辞海》，上海辞书出版社，2009，第 1621 页。
② 《古兰经》，马坚译，中国社会科学出版社，1996，16∶40。

的。"① "你们的主确是真主,他在六日内创造了天地,然后,升上宝座,他使黑暗追求白昼,而遮蔽它;他把日月和星宿造成顺从他的命令的。真的,创造和命令只归他主持。"② "我确已用泥土的精华创造人,然后,我使他变成精液,在坚固的容器中的精液,然后,我把精液造成血块,然后,我把血块造成肉团,然后,我把肉团造成骨骼,然后,我使肌肉附着在骨骼上,然后我把它造成别的生物。"③ "我从云中降下定量的雨水,然后,我使它停留在地下——我对于使它干涸,是全能的——然后,我借它而为你们创造许多枣园和葡萄园,其中有许多水果都是你们的,你们得取而食之。"④ "他在两日内创造了七层天,他以他的命令启示各天的居民,他以众星点缀最低的天,并加以保护。那是万能的、全知的主的预定。"⑤ "他能使人笑,能使人哭;他能使人死,能使人生;他曾创造配偶——男性的与女性的——是以射出的精液;他以再造为自己的责任;他能使人富足,能使人满意;他是天狼星的主。"⑥ "我确已用黑色的成形的黏土创造了人。以前,我曾用烈火创造了精灵。当时,你的主曾对天神们说:'我必定要用黑色的黏土塑成人像而创造人。当我把他塑成,而且把我的精神吹入他的塑像的时候,你们应当对他俯伏叩头。'"⑦ "你们当向阿丹叩头。"(阿丹据说是人类的祖先)众天神就叩头,"但易卜劣厮除外。我说:'阿丹啊!这确是你的仇敌,也确是你的妻子的仇敌,绝不要让他把你们俩逐出乐园,以

---

① 《古兰经》,马坚译,中国社会科学出版社,1996,39:62—63。
② 同上书,7:54。
③ 同上书,23:12—14。
④ 同上书,23:18—19。
⑤ 同上书,41:12。
⑥ 同上书,53:43—49。
⑦ 同上书,15:26—29。

免你们辛苦'"。之后，阿丹和他的妻子受恶魔的诱惑，"他俩就吃了那树上的果实，他俩的阴部就对他俩显露了，他俩就以园里的树叶遮蔽身体"[①]。至于阿丹的妻子，据考，《古兰经》中并未提及她的名字。据说阿丹居住乐园散步时，他感到了孤独；当他睡着的时候，哈娃就被造于阿丹体内左侧最短的肋肢中，以便阿丹依恋她，亲近她。阿丹醒来后见到她，遂问："你是谁？"她说："我是你的左肋肢中造出的一个女人，真主创造了我，并使你依恋我。"

以上，便基本上是《古兰经》所描述的关于阿拉伯人或穆斯林的创世神话。从中我们可以看出其主要特点。

真主安拉，是穆斯林的唯一"上帝"。他无所不能，他创造了人，创造了万物，主宰着宇宙的运行。对于一切，他说有，就有了。

真主是用黑色的黏土塑人并吹入他的精神而成人。人类的始祖是安拉所造的阿丹，又由阿丹之肋肢骨造出其妻哈娃。造人的同时，也造出了人的敌人——易卜劣厮。阿丹与哈娃偷食禁果后，真主"饶恕了他，引导了他"并说："你俩都从乐园降下去！你们将互相仇视。"[②] 这与犹太教及后来的基督教的创世神话很有类似之处。

安拉主宰了创世过程的一切，不容有第二个或次一级的主宰。神话中真主所行的一切，折射着人类的喜、怒、哀、乐。其创世神话与伊斯兰教本身的源起同为一体，或更确切地说，其创世神话就是由伊斯兰教的创立而固化下来的。应该指出的是，由于伊斯兰教的创立比其他宗教晚得多（约西元7世纪），因而其教义、创世神话与其他宗教，特别是基督

[①] 《古兰经》，马坚译，中国社会科学出版社，1996，20：116—121。
[②] 同上书，20：122—123。

教的创世神话有诸多雷同之处。

二、创世神话对文明生态的影响

现存主要文明的创世神话，虽然已是久远的传说，但它们对特别是在科学技术不断解开古人的自然之谜的今天乃至以后的人类社会，仍然具有强大的影响力和诱人的魅力。创世神话，对于人类思想观念、哲学与宗教，乃至社会风俗的形成与演变，始终发挥着巨大的影响力，它对各文明生态初期的形成起着不可替代的作用。

（一）对宇宙观、价值观的影响

1. 中国

中国的创世神话，深刻影响了中国人"天人合一"的宇宙观，乐于奉献、以天下苍生为念的价值观。中国的创世神话源于自然（盘古），造人源于自然（女娲抟黄土造人），造人后的创造者又奉献自己的一切而回归自然（盘古）。创世神没有自己的任何祈求和私念，不食人间烟火，善恶分明，甚至不惜牺牲自己而造福苍生，以高尚的道德情操而非武力赢得世人的尊敬，乃至后世传说的帝王和早期真实存在的帝王，尽管常常以征战取天下，但均以救天下苍生为己任——夺取天下的目的是一统天下，造福黎民百姓。后世的许多英雄们，亦欲经艰苦奋斗，成就一番伟业，并以能救民于水火为最高荣耀，方值青史留名。清末以来，受西方文明的影响，这种自然观、价值观虽有减弱，但并未泯灭，仍在影响着中华文明生态，并大有复兴之势。

2. 西方

西方创世神话的"最初诞生"者卡俄斯到底是什么,并无定论,但由他生出了大地女神该娅,该娅不知如何又生下了天神乌拉诺斯,之后又生出了一系列的神,其中一个伟大的神——普罗米修斯,又用"泥土和清冽的泉水掺和起来",造出了像神的形象一样的人。由此可见,在西方的创世神话中,是先有丰富多彩的神的世界,后才有人,人只是神的世界的附庸。创世神创造出的众神之王——宙斯(或朱庇特,下同),不是靠道德的力量,而是靠着武力或暴力(霹雳和闪电)统治宇宙、众神和凡间。

宙斯和众神均有喜怒哀乐,且以神的意志为意志,不管凡间死活,常为一己之悦,挑起或参与凡间战争(例如特洛伊战争)。宙斯对众神说:"我仍将待在奥林匹斯山的山顶,静坐观看战斗场面,愉悦我的心灵。你等诸神可随时下山去,前往特洛伊人和阿开亚人的队伍,任你们的心意,帮助各自愿意帮助的一方。"① 可谓乐观凡间生灵涂炭。这也造就了西方文明中,神高于一切,神可以为所欲为,人是神的附庸的价值观(后来形成的基督教中的上帝即是如此)。由此,人必须对神崇敬无比,稍有反抗或不敬,神将可能因为人少祭祀一只牛腿或违背神的意愿而盗取人必需的火种而以毁灭的方式惩罚人类。在《荷马史诗》中描绘的神人混战中,是以暴力夺取权力、财富和女人为最高荣耀的。而且,谁有好东西,就要向他开战——特洛伊战争表面上是为了争夺美女海伦,实则是因为希腊人要夺取富饶的特洛伊城里的财宝和女人,最终希腊人联盟达到了目的。包括后世的十字军东征亦是如

---

① 荷马:《荷马史诗·伊利亚特》,赵越译,北方文艺出版社,2012,第420页。

此。为了这样的目标，交战双方是一种各自形成作战联盟、共同分配战利品的对阵关系。这在英法等国的博物馆中看到的从希腊和埃及抢回去的无数文物中，在八国联军瓜分中国的史实中，都可以看到特洛伊战争的某些影子。

在西方的创世神话中，女人还被创造成祸患人间、惩罚人类的形象——潘多拉即为此而由宙斯命某神创出，以惩罚人类使用盗取的火种。这也许是造成此后多少世纪西方对妇女歧视的根源之一（《圣经》中女人出自男人肋骨的神话亦有类似效果）。

西方创世神话崇尚武力，以暴力夺取权力、财富和女人的价值观，也形成了西方文明中追求创造更强大的利器以获得更大的暴力的探索精神和对科学技术的创造精神。（赫法伊斯托斯"又为阿基琉斯打造出一副比火焰还要明亮的胸甲。随后铸一顶头盔"，"给头盔铸好黄金的冠角，接着打出一副胫甲，用白锡的柔韧围箍"[1]。）

3. 印度

印度的创世神话，确定了这样一个基本的宇宙观：宇宙、大自然、万物、人，这一切都是"梵"，梵是世界的本原。正如《大森林奥义书》所述，"那是太阳中那个人，我崇拜他为梵"，"那是水中那个人，我崇拜他为梵"，"那是身体中那个人，我崇拜他为梵"……"一切气息、一切世界、一切元神、一切众生，都从这自我中出现"[2]。梵，即自我。"在太初，这个世界唯有我。他形状似人"，"他首先说出：'这是我'。从此有了'我'这个名称"[3]。同时，我又是梵。"在太初，这个

---

[1] 荷马：《荷马史诗·伊利亚特》，赵越译，北方文艺出版社，2012，第405页。
[2] 《奥义书》，黄宝生译，商务印书馆，2010，第40—42页。
[3] 同上书，第26页。

世界唯有梵。它只知道自己：'我是梵'。因此，它成为这一切。"众天神和人类也是如此，凡"觉悟者"，便成了梵。"仙人瓦摩提婆看到它，进入它，说道：'我是摩奴，我是太阳！'"① 印度神话中的人类始祖，也是因为仙人"觉悟"了，成了梵，也成了人类始祖的摩奴（据考，摩奴本是人）②。梵又"是我内心的自我"③，因此，梵既是宇宙的一切、世间的一切，又是内心的自我，也就是"梵我同一"。印度从创世神话开始，就严肃地探讨世界的终极原因和人的本质，以及人与外界、外界与人的关系。印度创世神话的另一个重要方面是种姓制度以创世方式提出来，并以业和转生观念相配合。根据《摩奴法典》描述，为了繁衍人类，梵天从自己的口、臂、腿、足创造了波罗门、刹帝利、吠舍和首陀罗。在《梨俱吠陀》的《原人歌》中也有类似的描述：原始巨人普鲁沙（有的译为"补卢沙"），在众天神祭祀时作为祭品，而化身为万物。"原人之口，是婆罗门；彼之双臂，是刹帝利；彼之双腿，产生吠舍；彼之双足，出首陀罗。彼之胸脯，生成月亮；彼之眼睛，显出太阳；口中吐出，雷神火天；气息呼出，伐尤风神。"④ 这样，世间的人，在神造人的初始，就规定了四个不同的种姓或等级，而且在《摩奴法典》中明确规定，婆罗门负责学习和传授吠陀，主祭祀，被授予收受之权；刹帝利要保护人民，行布施、祭祀，诵圣典，摒绝欲乐；吠舍负责照料家畜、布施、祭祀、学习经典、经商、放货、耕田等；而首陀罗只有服役于上述种姓而不忽视其功绩的"本务"。

---

① 《奥义书》，黄宝生译，商务印书馆，2010，第29页。
② 根据《摩奴法典》，摩奴又是"原人毗罗止从事苦行，从自身产生的"。
③ 《奥义书》，黄宝生译，商务印书馆，2010，第159页。
④ 《梨俱吠陀·神曲选》，巫白慧译，商务印书馆，2013，第255页。

那么，人死之后又如何呢？据《奥义书》："一个人死后，语言回归火，气息回归风，眼睛回归太阳，思想回归月亮，耳朵回归方位，身体回归大地，自我回归空，汗毛回归草，头发回归树，血液和精液回归水。"那么，此时这个人又在哪儿？回答是："因善业而成为善人，因恶业而成为恶人。"①"人确实由欲构成，按着欲望，形成意愿，按照意愿，从事行动。按着行动，获得业果。"② 之后，在《奥义书》中把业果与转世及种姓统一起来了。"那些在世上行为可爱的人很快进入可爱的子宫，或婆罗门妇女的子宫，或刹帝利妇女的子宫，或吠舍妇女的子宫。而那些在世上行为卑污的人很快进入卑污的子宫，或狗的子宫，或猪的子宫，或旃陀罗③妇女的子宫。"④

综上，我们可以看出，印度的创世神话，在印度文明生态中形成了独特的宇宙观、世界观和价值观：梵为最高境界，梵是一切，也是自我；人生在世的业，将决定死后与来世的去向——果报；种姓制度是永恒的，各种姓的人们各有义务和职守，不可僭越；等等。特别是时至今日，种姓制度在印度仍起着重要作用。在政党组建、政治选举、经济合作、文化事业、婚姻结合等各方面，都受到种姓制度或种姓思想的深刻影响。

（二）对宗教建立的影响

"宗教"，尽管已是人们耳熟能详的词汇，但它到底是什

---

① 《奥义书》，黄宝生译，商务印书馆，2010，第58页。
② 同上书，第86页。
③ 旃陀罗，四种种姓之外的"不可接触者"，贱民。
④ 《奥义书》，黄宝生译，商务印书馆，2010，第184页。

么，从何时开始使用，并不十分清楚。据《辞源》对"宗教"一词的解释为："佛教以佛所说为教，佛弟子所说为宗，宗为教的分派，合称宗教，指佛教的教理。……现泛称对神道的信仰为宗教。"由此可以认为，汉语"宗教"一词至早在佛教传入中国后才有，当时专指佛教而言。这也恰好说明，中国文明的早期并无宗教概念。

真正宗教的产生，远远晚于人类文明的产生以及人类对于自然的初始认识。人类对于他们生于其中的自然所展现和发生的星辰、山川、动植物，以及风雪雷电、洪水地震等现象具有敬畏、依赖和迷茫的感觉与认识；对于生老病死、贫贱富贵等生命现象和社会现象进行苦苦思索。这些感觉、思索和认识逐渐积累，形成了不同的思想认识体系：一些思想认识体系形成了不同的排他、教条和神话的宗教，如犹太教、婆罗门教、佛教、伊斯兰教等；另一些思想认识体系则形成了开放包容和自然的学说，如以儒道为核心的中国学说体系。

宗教是人们在对于自然现象的敬畏、依赖和迷茫的情况下，在探索生命和社会现象的过程中，从人的思考和幻想中抽象出来并固化的教条。尽管这种教条有诸多衍生，但它仍是不同的教条而已。

宗教概念是西方思想传统和语境中的概念，它不适合用来描述中国的思想传统和学说，甚至不适合用以描述印度的传统思想和学说。正如当今世界许多产生于西方思想体系和语境中的概念一样，尽管这些概念已被西方推向全世界，但并不代表使用这些概念就能把非西方的事情说清楚。

1. 创世神话与非宗教思想体系

正如前文所述，中国的创世神话是以一种源于自然、敬畏自然、与自然合而为一的神话。创世神只是乐于创造而并无半点索取,创世之后,他们又无影无踪地没于自然,从未因其创世之大功而对人类有所求,从未试图控制人类,从未期许人类如何孝敬他们,也从未假定一个末日的惩罚设计。因此,后世的中华民族敬神,如孔子所说"敬神若神在",但并未为神所累,因而也就未形成所谓以神为核心,一切唯神命是从的宗教,而是孜孜以求地探索天、地、人之关系,通过"究天人之际","推天道以明人事",而形成天、地、人、道相融合的"天人合一"学说体系。它以人为核心,而不是以神为核心,因此,形成不了某种宗教,因为任何宗教必以神为核心。这一学说体系所表达的天、地、人之关系,是面对天下众生的,而非只面对某神明,因此它是开放、包容、普适的。

正所谓:"孔子不假宗教以惑世,而卓然立之人极,故为生民以来所未有。"[①] 而梁漱溟却言:"人类文化都是以宗教开端;且每依宗教为中心。人群秩序及政治,导源于宗教,人的思想知识以至各种学术,亦无不导源于宗教,并且至今尚有以宗教包办一切的文化——西藏其一例。"[②] 这与中国思想史完全不符,或至少是以偏概全。

2. 创世神话与宗教

古希腊、古罗马、古希伯来的创世神话中,以神为核心,人神共奉一个神"王"的神话,应该是对后来的犹太教和基督教的产生具有深刻影响。我们看到,犹太教、基督教乃至后来的伊斯兰教,其教义或天启经典的开篇便是从创世故事开始的。只是到此时,已非众神皆受膜拜了,只有一位"唯

---

① 柳诒徵撰:《中国文化史》上册,上海古籍出版社,2001,第265页。
② 梁漱溟:《人生的三路向——宗教、道德与人生》,当代中国出版社,2010,第26页。

一万能"的神，才是主宰一切的唯一信仰。

那些从创世神话开始就信奉超然物外之神或天地人间存在"唯我独尊"之唯一万能神，并相信这唯一万能神是统御天地人间之神的民族，最终形成了一神宗教。

对比以神与神"王"为核心的创世神话和一神宗教（特别是一神宗教的创世说），我们可以看到它们之间的某种联系或某些共同或类似的特点。神是宇宙的核心、主宰者、统御者，人相对于神来说，是渺小的，从属的；神具有无边的法力和无法抗拒的强力；神的意志是不可违的，违背了神的意志是要受惩罚的；神对于人的善与恶和最终归宿，拥有绝对的裁判权和处置力；人要笃信神、崇拜神，最终走向神。

相比较东方的印度，其创世神话虽亦丰富多彩，但印度神话的创世主神地位并不那么十分凸显。不论是"非显现的自存神"、梵天还是魔奴，他们有创世的丰功伟绩，但并未要求人类奉他们为至尊，也未凸显其唯一主宰或唯一万能的特色。他们也未保留对人类善与恶的最终裁判权，而只是告诉人们，善有善报，恶有恶报，善恶相报是轮回的，他们把行善还是作恶的选择权交给了人类自己。印度的神可谓灿若繁星，难以计数，一神还常常有多种名称，但创世神们并未把自己确定为唯一的主宰，人们可以选择自己敬爱的神去信奉和礼拜。因此，在印度形成了多宗教、多神崇拜的不同宗教信仰。直至今日，印度社会也是多宗教并存，特别是印度教，虽有梵天、湿婆和毗湿奴的"三神合一"说，但不同教派崇拜的主神各异，各种不同的教理杂陈于各教派之中，由于可以多神崇拜，相互之间的排他性就并非如一神宗教那样强烈。

第二章

基本哲学思想体系——创维时代铸成的人类文明生态

创维时代，人类的先驱们真正关心和研究的是人的本性、心灵、思想，以确定人生的理想和目标，以及达成这些理想与目标的价值观和生活方式，具体的治道则是以此为基础的附带物。

就目前人类所知，没有什么证据可以证明神话，特别是创世神话是怎样创造出来的。因此，我们普遍认为，神话是由人自己创造出来的，至于人是何时创造出那些丰富多彩的神话，仍无可考。尽管如此，如前文所述，它确实对人类文明的产生和发展发挥过重要作用，并且至今仍然有重要的影响。然而，现存主要文明中用以指引人类不同种群生活方向，规范其思维和行为准则的基本思想，都是在大约西元前1000年到西元前200年之间创造出来的。正如导论所述，德国人卡尔·西奥多·雅斯贝尔斯将这一时代称为"轴心时代"，笔者将其称为"创维时代"——创造人类文明思维基础的时代。

创维时代所创造的那些基本思想，现代人承西学之义，一般将其称为"哲学"。根据《辞源》的解释，汉字"哲"字最早出现在《尚书·皋陶谟》和《左传·成公八年》中，一曰明智，"知人则哲"，二曰哲人，"夫岂无辟王，赖前哲以免也"。而现代汉语"哲学"一词肇始于日本启蒙思想家西周（二しあまわ，1829—1897年）。他于1874年在《百一新论》中首先用汉字"哲学"来翻译philosophy一词。1896年前后，黄遵宪、康有为等将日本的译称介绍到中国，后渐渐通行。在此之前，中国的"四书五经"、《道德经》、《墨经》、汉经佛典等，无不都是哲学的经典著作，体现着中国人伟大的哲学成就，并影响至今。而用"哲学"一词来统称中国的儒、释、道三学，还有兵家、法家、墨家之学，似难以全面概括。然而，近世以来，西学盛行，凡事要以一个西学的概念来定义、框定，人们也就约定俗成，不去深究了。

德国哲学家黑格尔说过，第一个使用"哲学"这个名词的是古希腊哲学家毕达哥拉斯（西元前572—前497年）。希腊语philosophia，由两个字组成——"爱"（philein）和"智"（sophia），合起来即为"爱智"，据称，这就是哲学的原始意义。如果这样来理解哲学，似也不难。但到了近现代，哲学的定义就复杂得多了。我们来看《辞海》对哲学的定义："哲学，理论化、系统化的世界观和方法论。关于自然界、社会和人类思维及其发展的最一般规律的学问。""哲学的根本问题是思维对存在、精神对物质的关系问题。"原本一句简单的"明智"或"爱智"，演变得如此复杂，以至于除了专业的哲学家，普通人（包括受过良好教育的人）均难以领会其要领。而这类定义或描述，均来自于西学的衍生和传播。自有人类以来，即使没有受过良好教育的普通人，也"爱智"（出于人的好奇感），他们的脑子里也有哲学，一句"人之初，性本善，性相近，习相远"就是一个深奥的哲学命题。而按现代语境下对哲学的定义，恐怕只有哲学家脑子里才有哲学。可

第二章 基本哲学思想体系——创维时代铸成的人类文明生态

见西学之"框定"式思维不妥,但世界文明交流到今天,如果不用"哲学"一词来表达人类文明的思想精华,恐怕难以形成共识,这就是文明的生态效应——一旦创造了一种被族群或世界普遍接受的概念,它就形成了一种思维基础、一种文明生态,无时无刻不在环绕、笼罩着世人的思想和生活。创维时代创造的思想就是这样,至今如此,还将伴随人类永续下去。

一、中国的基本哲学思想体系

春秋战国时期,是中华文明的集大成时代,涌现出了老子、孔子、孙子、管子、孟子、荀子、墨子、庄子、韩非子等一大批创维思想家,对几乎所有人类社会所关切的基本问题提出了独到的、系统的思想观念,形成了儒、道、墨、法、兵、名、阴阳、纵横、杂、农等思想流派组成的中国基本哲学思想体系。

中国基本哲学思想体系的最大、最突出特点,是取法天地,推演人道(信仰、伦理和治世之道)。既以天地为法,则其理论结晶必是地上天下之事——成就了天下理论体系。以天地之法为道,推演人道,则其思想理论结晶必适用于天下之人、之物、之事。虽然在中国历史上从未声称自己的思想理论是"普世的",但因其以取法天地为道,其思想理论有根有源,可证可验,以天下众生为研究对象,不分种族、国家皆视为天下之人,故而其思想理论不言自明地必适用于天下众生——天地之道,非人为设造,乃自然生成,同样影响和作用于天下众生。由天地之道推得的人道,必是天下众生之道。

（一）道法自然，天人合一

中华文明生态的第一个特征便是"道法自然，天人合一"。我们从中国的创世神话已经知道，中国人认为人与万物生于自然，中国的创世神源于自然，创世之后又归于自然。既然人和万物源于自然，那么人和万物也是自然的一部分。中国古人在观察自然的过程中发现，自然自有其运行规律，生于其中的万物有其生死枯荣的变化，运行其中的星辰、风雨雷电有其自己的规律，存于其中的山川、湖海有其自身的特性，这些并不是受什么超然世外的外力来推动和掌控的，而是由自然自身的规律在发生作用，用一个抽象的概念表述，就是"道"。

那么老子是怎样描述"道"的呢？《老子》第二十五章："有物混成，先天地生。寂兮寥兮！独立而不改，周行而不殆，可以为天地母。吾不知其名，强字之曰道。"这里我们理解，"道"不是某个神，是自然的运行规律——而把它比作某个"混成"的物——又不知如何称谓它，勉强命名为道。接着又说："强为之名曰大。大曰逝，逝曰远，远曰反。"进而说明道是广大无边而运转不息，伸展遥远，又回到本原，周而复始。接下来梳理一下道、天、地、人的顺序，"故道大，天大，地大，人亦大。域中有四大，而人居其一焉。人法地，地法天，天法道，道法自然"。从而得出道法自然的结论，同时把人与自然、天、地完全联系起来，指明人应遵循的法则：人生于天地间，要师法天地的规律，进而适应宇宙、自然的规律。这里也充分肯定了人的伟大——与无所不覆、无所不载的天地相提并论。人有思想、有精神，乃万物之灵，与天地同大，这与西方以神（神王）为大的思想完全不同，真正体现了人的尊严与灵性。人师法了地道、天道和自然，也就天人合一了。孔子亦曰："天何言哉！四时行焉，百物生焉，天何言哉？"可谓百物生，天并未言语，自有其规律（道）在起作用，人为万物之灵，亦是随"道"之规律而有生老病死。汉代的董仲舒已把"天人合一"思想发展到了"天人感应"的地步，但并不是说人与天有如西方之人与神（神王）的交流，而是从君心（人心）正，顺自然，则风调雨顺，来体现"天人合一"的理念。《春秋繁露·天地阴阳》中有："天地之间，有阴阳之气，常渐人者，若水常渐鱼也。所以异于水者，可见与不可见耳，其澹澹也。……是天地之间，若虚而实，人常渐是澹澹之中，而以治乱之气与之流通相殽也，故人气调和，而天地之化美，殽于恶而味败，此易之物也。"《中庸》更加明白地指出："喜怒哀乐之未发，谓之中；发而皆中节，谓之和。中也者，天下之大本也；和也者，天下之达道也。致中和，天地位焉，万物育焉。"人做到中和，则天地位焉，说明星辰运行适得其位，循其规，四时调和，风调雨顺；万物育焉，说明百草禽兽各得其所，自然生态和谐完美。达到"天地与我并生，而万物与我为一"的状态。

中国古代先贤道法自然、天人合一的思想，实际上是总结出天地既有恒常的运行规律，又有不私一物、以生为其大德的品性这样一种宇宙和天地间的根本特性，即"恒常规律和无私品性"，而天地之间的人应当效法之。现今世界，自然生态遭到严重破坏，正是人类违背大自然的根本规律、自以为是地肆意妄为，造成了人不合天、天地异位、万物失衡，这也正是西方文明生态笼罩世界所致。

道法自然、天人合一的观念，也导致了中国人以顺应自然为主，专注于研究天人关系和人际关系，而忽略了对

"道"——自然规律的"穷究"。所谓"六合之外,圣人存而不论"。不像古希腊的哲学家们(如毕达哥拉斯等),专注于以数学的方法推算自然运行的规律,从而为自然科学的全面发展奠定了坚实的基础。创维时代两大文明的先哲们为什么选择了不同的思维发展方向?恐还难有答案。但重要的是由于他们确定的思维发展方向,深刻地影响着后世文明生态的形成与发展,随着文明生态对自然生态的影响越来越深刻,其优劣福祸必将越来越清晰地显现。

(二)孝行天下,推演人伦

德始于孝,以孝治天下。中华文明生态的第二个特征,是"孝行天下,推演人伦"。

在确定了人与天的关系——道法自然、天人合一的思想基础上,中华文明着重探究人与人、人与社会的关系。其逻辑起点在于一个人的生命最直接的是由父母精血而生成,换句话说,是父母给予了子女的生命,并养育、教导其成人。人之最可珍贵者,乃其命也。那么,怎样对待给予我们生命的人,是一个天大的问题了。中国人提出了孝的概念和孝道,作为人伦和道德的基础。据考,在汉字文献资料殷商甲骨卜辞中已有"孝"字。《诗经·小雅·蓼莪》篇说:"父兮生我,母兮鞠我。拊我畜我,长我育我,顾我复我,出入腹我。欲报之德,昊天罔极!"深情抒发了父母养育之恩和难以报答之情。中国人孝的概念,实际上提出了一个极为严肃的人生哲学命题——怎样对待给予我们生命的人。《孝经·三才》:"夫孝,天之经也,地之义也,民之行也。天地之经,而民是则之。则天之明,因地之利,以顺天下。"父母把我们带到这个世上,抚育我们、教导我们。待我们有能力

第二章 基本哲学思想体系——创维时代铸成的人类文明生态

思考和成人之后，我们会有各种追求、创造并取得各式成就，不论从政、经商、耕田还是教书，都可以创造物质和精神的财富，而这一切的基础，是因为父母给了我们生命和教育（当然还有社会其他人的帮助），因而形成了"百行孝为先"的概念。孔子、孟子和墨子，都对什么是孝，如何称得上是孝的问题，有过精辟的论述。例如，《论语·为政》："今之孝者，是谓能养。至于犬马，皆能有养；不敬，何以别乎？"《孟子·万章上》："孝子之至，莫大乎尊亲。"《墨子·经上》："孝利亲也。"

在中国人的观念中，人生在世，终有一死，死后入土为安，也就是回归自然。有生之年，要与人相处、参与社会活动，如果一个人对生养培育他的父母都不能孝顺、尊敬，他又何以能真诚友善地对待他人呢？没有孝的基础，善待他人只是为名利计耳，为一己之私计耳。

在《孝经》中孔子认为："先王有至德要道，以顺天下，民用和睦，上下无怨。"其能做到如此，便是基于孝："夫孝，德之本也，教之所由生也。"儒家将一个"孝"字发展成为一个洋洋大观的思想体系，将孝作为儒家核心思想"仁"的基础。《礼记·中庸》："仁者，人也，亲亲为大。"《孝经·天子章》："爱亲者，不敢恶于人；敬亲者，不敢慢于人。"儒家思想中的孝，从孝敬父母为原点，推演到忠君、爱国，对不同的人群，有不同的孝的规范。认为孝是"始于事亲，中于事君，终于立身"。有天子、诸侯、卿大夫、士、庶人之孝，然而"自天子至于庶人，孝无终始"。从安邦治国到谨身节用以养父母，皆以孝为德之基础。进而提出以德治天下的理论："昔者名王之以孝治天下也，不敢遗小国之臣，而况于公、侯、伯、子、男乎？故得万国之欢心，以事其先王。治国者，不敢侮于鳏寡，而况于士民乎？故得百姓之欢心，以事其先君。"[1] 这里提出了国（诸侯）不分大小、民不分强弱，皆以平等待之的观念，其所以能成立，皆因孝道。自西汉以降，包括非汉族政权，帝王的绝大多数谥号中，均有一个"孝"字。

至于近世，将孝治污为被"封建"帝王所用，形成家长制和专制政权的观点，皆因受西方自由、民主、平均之类思想的影响。世上没有绝对自由、平等——西方的自由、平等思想从根本上说是来自上帝的赐予或是基督宗教的产物。任何社会均有规范与差别，有规范和差别的存在，就没有绝对的自由与平等；没有规范与差别，就不构成社会。古今中外，概莫能外。世人对西方自由、平等概念的理解更多的是停留在其表面意义上，而对其宗教和历史根源缺乏深刻理解。

中华文明的一个根本特征，是从如何善待他人推出。例如，我们传统提倡的父义、母慈、兄友、弟恭、子孝，均是从如何善待他者为出发点的，而不同于西方的以利己之人权、个人之自由为出发点。这是中华文明与西方人性教化之最大异处之一，即中国人讲如何待人，西方讲别人如何待我。

总之，没有孝的基础，人与人之间的亲与善便没有了源头和根基；没有孝的基础，亲与善就是名与利的工具。西方人是按上帝的教导提倡爱父母的，由于西方一般秉持"性恶论"，因此，人的思想与行为均被认为是以自我为中心的"名利"二字为目标指向。要认真去爱的是他们创造的上帝或是创造他们的上帝，因为上帝既能保佑他们平安、得福，又能施行"末日"赏罚，说到底还是以"畏"与"求"的名利思想为动因去爱上帝，或者也可以将西方对上帝的敬与爱，视

---

[1] 杨天才等译注：《孝经·孝治章》，中华书局，1980。

为他们的"孝",因为他们认为是上帝给予了他们生命,"我们是凭着应许作儿女,如同以撒一样"①。这应许,指的是上帝的应许,因为只有上帝才是万能的。而由于上帝是万能的,不需人们去做什么,所以这种"孝"便是"畏"与"求"了。而不像中国人,从人性的根源出发,推及道德的基础,论明人之所以成为人、人之所以能善待他人的根本原因在于以孝为基础。

一个"孝"字,形成了中华文明生态的重要根基和重要理论体系。西方文明生态中却无此观念,甚至有西方哲学家斯宾诺莎(1632—1677年),竟"把人的思想、情感、欲望等当作几何学上的点、线、面一样来研究"②。可见二者之间相去甚远。

现在,一般对中国所谓"人情社会"持批判态度。但就"情"字而言,它亦是自然规律的重要组成部分。情最初来自人或动物对其子女或后代的至爱与呵护,没有情的存在,人和动物皆不能生生不息地繁衍下去。因此,没有情是违背自然规律的。这个情同时也是子女对父母的情。这个问题在动物界似乎比较简单——只解决生存与繁衍问题即可。而对于人类,子女对于父母的情解决不好,人类的其他情感(也许除如动物为繁衍后代所驱使的纯两性本能之情外)也就没有了源泉和缘由。因为父母对子女之情是繁衍的基本保证,子女对父母的情则是其在世间情感的起点。如果一个人对给予其生命、抚育其长大成人的父母都没有或缺乏真情感,那他对其他人也很难有真正的情感。人类的这个情,在中华文明中的体现便是孝。如果没有孝,人与人之间的其他情感便没

---

① 《圣经·加拉太书》,4:28。
② 斯宾诺莎:《伦理学》,商务印书馆,2012,出版说明第1页。

有了缘由和源泉，人与人之间没了情，则人不如禽兽。

孝，至今仍是中国人的重要思想和行为规范。没有孝，也就没有德的基础，正所谓：孝乃德之本也。

（三）天地不私，仁者爱人

中国先哲以取法自然、推演人伦为思想发展的基础和脉络，看到天地对于存在其中的万物一视同仁，并无偏私。正如《老子》中有："天地不仁，以万物为刍狗。""天之道，损有余而补不足。"阳光雨露、山川土壤、四时交替……这些自然现象与资源禀赋，对于世间万物均是无偏无私的，因而形成万物相生相克、相互依存的自然生态。中国的先哲由此而推演出人与人之间、人与自然之间关系的核心概念——仁。由于对天地无偏无私的感悟，以孔子为代表的儒家思想，把仁作为其哲学思想的核心，把仁作为人的道德的最高境界。《论语·雍也》中子贡曰："如有博施于民而能济众，何如？可谓仁乎？"子曰："何事于仁，必也圣乎！尧舜其犹病诸！夫仁者，己欲立而立人，己欲达而达人。能近取譬，可谓仁之方也已。""博施于民而能济众"正是仁者以天地万物为一体，不偏不私的博爱精神、圣人精神；然则人所能行者极为有限，即使尧舜这样的圣人亦难以周全，因此，孔子提出了"己欲立而立人，己欲达而达人""能近取譬"的行仁思想与方法，如此，"则有以胜其人欲之私，而全其天理之公矣"[①]。

"博施济众"的博爱精神，推演自天地不私于万物，应用于不分种族、信仰的所有人类[②]，是一种圣贤精神，是一种没

[①] 朱熹：《四书集注》，张茂泽整理，三秦出版社，1998，第136页。
[②] 例如，《论语·子路》中有："樊迟问仁。子曰：'居处恭，执事敬，与人忠。虽之夷狄，不可弃也。'"

第二章 基本哲学思想体系——创维时代铸成的人类文明生态

有预设宗教信仰与种族分别的真正的博爱精神，对每个人，成圣成贤殊为艰难，因此，以"己欲立而立人，己欲达而达人""己所不欲，勿施于人"的精神和实践，即可以达到行仁的结果。这与基督教或其他一神宗教在预设信仰上帝等前提下的博爱是有着根本区别的："如果你是出于爱上帝才爱另一个人，这个人也不应该感到愤怒。""奥古斯丁深思熟虑的观点是，当人们彼此正确地相爱时，他们是在彼此使用，以达到上帝那里。"① 西方的博爱，推演自上帝，上帝对其选民（信仰者）有博爱精神，对不信上帝者，不但没有博爱可言，还要惩罚他，因此，上帝不是大公而是有偏私的。同时，人的爱也是先有对上帝的爱，然后才有其他的爱："上帝给了人两条主要的诫命，爱上帝和爱邻居。人在这些诫命中找到三个爱的对象，上帝、他自己以及他的同伴，同时他知道，只要他热爱上帝，他爱自己是没有错的。"②

以"己欲立而立人，己欲达而达人"的精神和行为去行仁，比起西方在上帝的旗帜下的平等、自由、博爱来得更加真诚、可行、可推。个人自己的"立"与"达"要与别人的"立"与"达"并行不悖才行，才为仁。

《论语·学而》："孝悌也者，其为仁之本与！"这体现了孔子思想或中国传统思想由孝及仁的"吾道一以贯之"精神。中国的孝悌思想由"人法地，地法天，天法道，道法自然"和天人合一思想推演而来，而仁作为儒家思想的核心，道德的核心，与孝又形成相互依存的辩证关系。"德有本，本立则其道充大。孝悌行于家，而后仁爱及于物，所谓亲亲而仁民

---

① 沙伦·M.凯、保罗·汤姆森：《奥古斯丁》，周伟驰译，中华书局，2002，第89—90页。
② 奥古斯丁：《上帝之城》，庄陶等译，复旦大学出版社，2011，第389页。

也。故为仁以孝悌为本。论性，则以仁为孝悌之本。""谓行仁自孝悌始，孝悌是仁之一事。谓之行仁之本则可，谓是仁之本则不可。盖仁是性也，孝悌是用也，性中只有仁、义、礼、智四者而已，曷尝有孝悌来。然仁主于爱，爱莫大于爱亲，故曰孝悌也者，其为仁之本与！"①《论语·阳货》："能行五者于天下，为仁矣。""恭、宽、信、敏、惠。恭则不侮，宽则得众，信则人任焉，敏则有功，惠则足以使人。"从仁的爱人、博爱的核心思想出发，孔子提出恭、宽、信、敏、惠的行仁之道，及至后世，推演出洋洋大观、传之千古、以仁为核心的中国哲学思想和庞大体系。这种由天道铁律推及人伦，由天地不私推及仁民爱物的"一以贯之"思想，正是作为创维时代形成的伟大思想，生生不息，不论遇到什么劫难，仍永传后世的根本所在。

（四）仁政德治，以民为本

中国治国理政思想，向来以德为要。认为"德惟治，否德乱""德惟善政，政在养民""德日新，万邦惟怀""德合无疆"。孔子从以仁为核心的思想出发，推演为政之道。孔子曰："德不孤，必有邻。"仁政、德治为其政治思想的核心，所谓"政者，正也"，正也，即不偏、不私之谓。从天地不私，到"仁者爱人"，再到为政以"正"，体现了孔子"一以贯之"的思想脉络。"丘也闻有国有家者，不患寡而患不均，不患贫而患不安。盖均无贫，和无寡，安无倾。夫如是，故远人不服，则修文德以来之。既来之，则安之。"② 又，子贡问政，孔子曰："足食、足兵、民信之矣。……自古皆有死，

---

① 朱熹：《四书集注》，张茂泽整理，三秦出版社，1998，第66页。
② 杨伯峻译注：《论语译注》，《季氏篇》，中华书局，1980。

民无信不立。"① 在此，孔子主张在"仁者爱人"的基础上建立公平的财富分配制度，使人民安居乐业，团结和睦；由修文德以服外族；为政之要在取信于民，使民丰衣足食，不轻易用兵。这里始终贯穿着以德治国的指导思想。

在儒家经典之一的《尚书》中，已初步阐明德治和民本思想。《尚书》指出："克明俊德"，治国者要"以德配天"，而天，既是自然法则之天，更是民愿之天，所谓"天矜于民，民之所欲，天必从之"，"天视自我民视，天听自我民听"，"天聪明，自我民聪明。天明畏，自我民明威"。由此，则"天命"即"民命"，这也就是"民本"思想，即"民可近，不可下，民惟邦本，本固邦宁"。这其实是把天人关系的自然之天，转化为治国理政的"民命""民本"之"天"。我们批判的"君权神（天）授"观念，在儒家的原典中，已把授予君权的天视为"民命"之天，遵"民命"即奉"天命"，故，孟子曰："得乎丘民而为天子"，"不仁而得国者有之矣。不仁而得天下者，未之有也"。

孟子把孔子由仁出发的德政思想，发展为"仁政"学说。孟子在与梁惠王论政时，比较完整地阐述了他的仁政学说："王如施仁政于民，省刑罚，薄税敛，深耕易耨。壮者以暇日修其孝悌忠信，入以事其父兄，出以事其长上，可使制梃以挞秦楚之坚甲利兵矣。"由"仁者爱人"的核心思想出发，推及施政理念，"施仁政于民"也就是"爱民之政"。如何施爱民之政，孟子进而阐明，"省刑罚，薄税敛，深耕易耨"，如此，可使"壮者以暇日修其孝悌忠信，入以事其父兄，出以事其长上"，这样就可以达到"制梃以挞秦楚之坚甲利兵"之

---

① 杨伯峻译注：《论语译注》，《颜渊篇》，中华书局，1980。

效。施仁政既可以使民有"恒产"、有"恒心",而不使民陷于"放辟邪侈,无不为己。及陷乎罪,然后从而刑之"的"罔民"境地;又可使民有暇日修身行孝、事上尽忠。孔孟的治国思想与其"仁爱"思想一脉相承,思想连贯、逻辑严密而清晰,因而孟子提出"民为贵,社稷次之,君为轻"的民本思想,要求治国者要"乐民之乐""忧民之忧","乐以天下,忧以天下"。

如何在"以民为本"的基础上,施行仁政德治,其逻辑结果必然是"内圣外王"。《庄子·天下篇》首先提出"内圣外王"的概念,而为儒家采纳并形成系统理论。要施行仁政德治,全社会的人,特别是统治者,必须以仁为标准,成为有德行的人,以礼为规范,所谓"克己复礼为仁。一日克己复礼,天下归仁焉。为仁由己",要"自天子以至于庶人,壹是皆以修身为本"。此即"内圣"。由"内圣",才能达到"齐家、治国、平天下"的"外王",最终实现"明明德"、"亲民"和"止于至善"的最高目标。

(五)齐之以礼,刑罚乃中

中国先秦思想,深究天人之际,阐发人性,推及社会治理之道。

恐怕世界上没有哪个民族、哪个国家像中国这样具有博大精深又延绵不断的思想创造,也没有哪一个国家和民族对自己的文化传统给予持续百年的无情批判。对于"礼"的批判即是如此,诸如"封建"礼教,"吃人"的礼法之类。

然而,礼的思想却是先秦,也是创维时代中国思想的重要组成部分,至今对我们的生活还有着重要影响。

第二章 基本哲学思想体系——创维时代铸成的人类文明生态

《左传·昭公二十五年》载：

　　子大叔见赵简子，简子问揖让周旋之礼焉。对曰："是仪也，非礼也。"简子曰："敢问何谓礼?"对曰："吉也闻诸先大夫子产曰：'夫礼，天之经也，地之义也，民之行也。'天地之经，而民实则之。则天之明，因地之性，生其六气，用其五行。气为五味，发为五色，章为五声，淫则昏乱，民失其性。是故为礼以奉之：为六畜、五牲、三牺，以奉五味；为九文、六采、五章，以奉五色；为九歌、八风、七音、六律，以奉五声；为君臣、上下，以则地义；为夫妇、外内，以经二物；为父子、兄弟、姑姊、甥舅、昏媾、姻亚，以象天明；为政事、庸力、行务，以从四时；为刑罚、威狱，使民畏忌，以类其震曜杀戮；为温慈、惠和，以效天之生殖长育。民有好、恶、喜、怒、哀、乐，生于六气。是故审则宜类，以制六志。哀有哭泣，乐有歌舞，喜有施舍，怒有战斗；喜生于好，怒生于恶。是故审行信令，祸福赏罚，以制死生。生，好物也；死，恶物也；好物，乐也；恶物，哀也。哀乐不失，乃能协于天地之性，是以长久。"简子曰："甚哉，礼之大也！"对曰："礼，上下之纪，天地之经纬也，民之所以生也，是以先王尚之。故人之能自曲直以赴礼者，谓之成人。大，不亦宜乎?"简子曰："鞅也请终身守此言也。"

这一段长篇对话，把"礼"与"仪"明确分开，特别是强调了"礼"为"天之经也，地之义也，民之行也"的根本含义。其思想与"道法自然、天人合一"思想是一脉相承。礼并不是一些表面的仪式甚或是"吃人的礼教"，而是先贤往圣遵循自然法则推演、总结、归纳的思想和行为准则。在《左传·昭公五年》中亦有类似的表述：

> 公如晋，自郊劳至于赠贿，无失礼。晋侯谓女叔齐曰："鲁侯不亦善于礼乎？"对曰："鲁侯焉知礼？"公曰："何为？自郊劳至于赠贿，礼无违者，何故不知？"对曰："是仪也，不可谓礼。礼所以守其国，行其政令，无失其民者也。"

这里进一步将礼提升到守国、行政、保民的高度。与现代的治国理念或表述相类比，先秦思想家讲的礼，实为现今"法"的概念，或者类似于现代能起到守国、行政、保民作用的法律。但它又不是法律，其与法律的区别在于礼的"天经地义"，是以教化的方式使自天子以至庶民皆自觉地遵守，而非法律那样强制人们去遵守。这也是中西从古至今治国理念的根本区别所在。中国人强调，人要遵守"天经地义"的法则，遵守礼的规则，努力自觉地约束自己言行，以达到人与自然、人与社会、人与自身的和谐，如《春秋左传正义》对于"夫礼，天之经也，地之义也，民之行也。天地之经，而民实则之。则天之明，因地之性"的正义曰："言礼本法天地也，自生其六气。至民失其性，言天用气味、声色以养人，不得过其度也。是故为礼以下，言圣王制礼以奉天性，不使过其度也。经，常也。义，宜也。夫礼者，天之常道，地之宜利，民之所行也。天地之有常道，人民实法则之。法则天之明道，因循地之恒性，圣人所以制作此礼也。此传文于天言常，则地亦常也。于地言义，则天亦义也。覆言'天地之经'，明天地皆有常也。天有常明之义，地有常利之义也。覆云'则天之明'，是天以明为常，'因地之性'，则地以性为义。是天以光明为常义,地以刚柔为常义。义谓义理,性谓本性,言天地性义有常,可以为法,故民法之而为礼也。"①

由此,我们可以看出先贤关于"礼"的概念,实则是法天则地之法,它所施行的方法主要不是强制性的,而是教化式的。对应当今法律的概念,在中国古代是"刑"的概念或"条法"的概念。而中国古人认为刑罚或条法,是被动的、消极的东西。到了用"条法"或"刑"的地步,已是不得已而为之之事,如果人不知发自内心自觉地去守礼从礼,而一味去避"条法"、避"刑罚",用现在的话说就是刻意去钻法律的空子(法律再多,亦难以规定人的所有行为),则非真正良治。如果我们批判中国的礼是"繁文缛节",那么看看当今世界,法律可谓多如牛毛,又派生出一个专门的职业——律师,来研究法律为人辩护,甚至钻法律空子为罪者开脱。这难道不正是老子所言的"法令滋彰,盗贼多有"吗?

但是,在先秦治国理政思想中,并非不讲法律与刑罚。"威不两错,政不二门,以法治国则举措而已。"②"法者,编著之图籍,设之于官府,而布之于百姓者也。"③ 这与现代以法治国的理念不谋而合。即使主张以仁政德治的儒家思想,亦不废法,而是强调在兴礼乐的前提下,使用刑罚才能奏效,使百姓知所进退,而"礼乐不兴,则刑罚不中;刑罚不中,则民无所措手足"④。孟子和荀子对儒家的刑罚思想做了进一步的论述。孟子主张"国家闲暇,及是时明其政刑",并指出:"上无道揆也。下无法守也,朝不信道,工不信度,君子

---

① 李学勤主编:《十三经注疏·春秋左传正义》下册,北京大学出版社,1999,第1448页。
② 黎翔凤撰,梁运华整理:《管子校注》,中华书局,2018。
③ 高华平、王齐洲、张三夕译注:《韩非子》,中华书局,2010。
④ 杨伯峻译注:《论语译注》,《子路篇》,中华书局,1980。

犯义，小人犯刑，国之所存者幸也。"荀子则强调："君法明，论有常，表仪既设民知方。进退有律，莫得贵贱、孰私王？"荀子又深刻地论述了教化与刑罚的相辅相成关系："不教而诛，则刑繁而邪不胜；教而不诛，则奸民不惩；诛而不赏，则勤厉之民不劝；诛赏而不类，则下疑俗俭而百姓不一。"因此，荀子认为："治之经，礼与刑，君子以修百姓宁。明德慎罚，国家既治四海平。"① 今日社会，尚西学，崇法律，故有其理，但缺少教化，法律虽多如牛毛，作奸犯科者却层出不穷。正应了孔子之言："道之以政，齐之以刑，民免而无耻；道之以德，齐之以礼，有耻且格。"②

总之，自古以来，西方从"性恶论"出发，以法律为治国准绳，并不十分理会对人性的修炼、教化之功在国家治理中的基础性作用，而今之世多效法之。而中国的先贤圣哲则认为人性可塑，可教化，且治国理政的根本基础在于人性的修炼与教化，让人自己首先自觉地尚礼，进而守法，这样就使得绝大多数人自觉地以礼约束自己而不致违法；对于不能自觉地以礼约束自己而作奸犯科的少数人才施之以"刑"（现代社会的法）。二者孰优孰劣，读者自辨。

（六）三才并立，生生不息

人生于天地之间，寿不过百年，却可代代相传。但人类如何能与天地共长存？创维时代的中国先哲亦创造出一套完整的思想体系。《易经》中首先提出天地人为三才的思想，即天道、地道、人道——三才之道。天、地、人是交互作用的一体，如荀子所言："天有其时，地有其财，人有其治，夫是

---

① 方勇、李波译注：《荀子》，中华书局，2011。
② 杨伯峻译注：《论语译注》，《为政篇》，中华书局，1980。

之谓能参。"① 《中庸》更明确提出人与天地相赞、相参的关系："诚者，天之道也；诚之者，人之道也。""唯天下至诚，为能尽其性；能尽其性，则能尽人之性；能尽人之性，则能尽物之性；能尽物之性，则可以赞天地之化育；可以赞天地之化育，则可与天地参矣。"天地之道，是至诚之道，无私之道，因而可以使万物生，且生生不息；人如能尽天性、尽人性、尽物性，则可以与天地同参（并立），可以"赞天地之化育"。汉初大儒董仲舒进一步把天、地、人视为万物之本、治国之本："何谓本？曰：天地人，万物之本也。天生之，地养之，人成之……三者相为手足，合以成体，不可一无也。"② 这既是"天人合一"说，也是中华文明生态中的"三位一体"说，它大别于西方文明生态中基督教的"圣父、圣子、圣灵""三位一体"说。中国古语虽言天地间人为贵，但并非人类中心主义，而是崇尚天地人并立相参、相互和谐共生的宇宙秩序，崇尚"上律天时，下袭水土""万物并育而不相害，道并行而不相悖"③ 的法则。

人生于天地、养于自然，既要取诸自然以养其生，又要善待自然，遵循自然的运行与循环规律，人才能与自然和谐相处，自然也才能长久地供养人类生存。荀子说："圣王之制也：草木荣华滋硕之时，则斧斤不入山林，不夭其生，不绝其长也；鼋鼍鱼鳖鳅鳝孕别之时，罔罟毒药不入泽，不夭其生，不绝其长也；春耕、夏耘、秋收、冬藏，四者不失时，故五谷不绝，而百姓有余食也；污池渊沼川泽，谨其时禁，故鱼鳖优多，而百姓有余用也；斩伐养长不失其时，故山林

---

① 方勇、李波译注：《荀子》，中华书局，2011。
② 张世亮等译注：《春秋繁露·立元神》，中华书局，2012。
③ 陈晓芬、徐儒宗译注：《中庸》，中华书局，1980。

不童，而百姓有余材也。"① 这也就是人与自然万物并生并育，相互滋养、生生不息的法则，并与儒家仁的思想一脉相承，正所谓"子钓而不纲，弋不射宿""仁民而爱物"是也。

中国先哲们深刻认识到人与自然相生相育的关系，早在黄帝统一华夏，立国之初就确立这种人与自然和谐相处、节材俭用的古训。黄帝统一华夏后，"顺天地之纪，幽明之占，死生之说，存亡之难。时播百谷草木，淳化鸟兽虫蛾，旁罗日月星辰水波土石金玉，劳勤心力耳目，节用水火材物"②。足见我们的先祖，自远古时代就深刻认识到要建立人与自然万物的和谐并育关系，要节材俭用，人类才能永续生存下去。

自肇始于西方的第一次工业革命以来，自然遭到严重破坏，已到了危及人类生存的地步，人们才提出所谓的"（自然）生态学"来补救。按照西方哲学与经济学本质所确定的路子走下去，这种补救只能是治标，而无治本的哲学思想基础，因而恐难以奏效，人类的危机仍将不断加深。

二、西方的基本哲学思想体系

创维时代产生的、一直影响西方人思想和行为直至今日的主要思想有两个重要方面：一是神学与宗教，二是希腊哲学。地中海东部和东北部沿岸各民族和诸城邦、部落长达千年的思想交流、融合、摒弃、归纳、提炼以及相互间的战争与争夺，最终形成的宗教神学和哲学两大方面奠定了后世基

---

① 方勇、李波译注：《荀子》，中华书局，2011。
② 张大可注释：《史记新注》，华文出版社，2000。

督教和西方哲学的基础，成为指引西方文明发展的基本思想体系。

（一）人神相系——将人的精神寄托给神灵

在整个西方的历史和思想史中，直至现代的西方人思想中，是绝对离不开神的。中国人讲"天人合一"中的天并不是特指什么神，而是一种总体的自然规则，但在西方人的观念中，神——不论是哪个宗教的神——是被赋予了极为特殊的含义的，都被赋予了人的精神世界，可谓"人神相系"，无法分离。人神若分离，则其思想的根基也就动摇了。

创维时代的以色列先知们所创立的犹太教，也是后来基督教和伊斯兰教的基础，就将其今生、来世与其诸神牢牢结合在一起。在犹太教中，神是如此尊贵，以至于人是不能直接与神对话或交往的，必须依赖于一种神与人的中间媒介来进行，这就是"先知"或神的"使者"。中国人讲的"先知"是指先知道或先觉悟事物或者事理的人，而非半人半神者，"天之生此民也，使先知觉后知，使先觉觉后觉也"[①]。犹太教的"先知"或"使者"是指受到神的启示而传达神的旨意或代表神预言未来的人，是神的使者。就连创立犹太教的以色列民族的名称，也是神所赐予。"希伯来人""以色列人""犹太人"三个名称都是指以色列民族。据《圣经·创世纪》，当以色列民族的祖先雅各率其两个妻子、两个使女、十一个儿子到达一个叫作雅博的渡口时，有一个人要与他摔跤，那人不能战胜雅各，"就将他的大腿窝摸了一把"，并问他："你名叫什么？"雅各说出自己的名字后，那人说："你的名不再叫

---

① 方勇译注：《孟子》，中华书局，2010。

雅各，要叫以色列，因为你与神与人较力，都得了胜。"① 而那个人是神。至于"犹太人"或"希伯来人"，或因历史上以色列人的居住地，或因历史故事与所用语言，或因外族对其称谓而得名。

被西方国家近几百年前向东方扩张时首先使用的"中东地区"一词，涵盖了古代底格里斯河、幼发拉底河流域和约旦河流域，还包括埃及在内。两河流域成就了古巴比伦文明以及亚述帝国和古巴比伦帝国，甚至古波斯帝国的辉煌历史。而距地中海东岸一两百公里，只有300多公里长的约旦河流域，却成了犹太教、基督教和伊斯兰教的发祥地，其宗教影响，至今已覆盖世界各地。

历史上，约旦河流域土地肥沃，被称作"都是滋润的……如同耶和华的园子，也像埃及地"②。流域内居住着不同的弱小部落或族群。流域内各部落族群为争夺赖以生存的肥沃土地而不断地进行着战争。更由于其土地肥沃，又长期地成为周边如埃及、巴比伦、亚述、波斯、马其顿和罗马等强大帝国争夺和征服的对象。这一地区的部族，特别是以色列人，在上千年的时间里饱受自然灾害、战争破坏、部落（国家）毁灭、长期流放等苦难的摧残和折磨。如为逃避旱灾而避难于埃及，又饱受埃及法老长达430年的剥削与奴役，又被迫"出埃及"而有摩西"十诫"的故事；西元前586年，以色列国被巴比伦帝国所灭后，数万人被掳劫至巴比伦城而成为"巴比伦之囚"；一直是波斯、马其顿、塞琉古、罗马等帝国的附庸；等等。经历长期的苦难历程，而无法实现保有固定的栖息地、国家的存续和民族的安居乐业，其人口也必

---

① 《圣经·创世纪》，32：22。
② 《圣经·创世纪》，13：10。

然大为锐减。因此，这个民族必然苦苦探求自身救苦救难的办法和精神的寄托。这种办法便是数千年的不懈抗争，这种精神寄托便是他们"创造"的神（最后演变为一神，即上帝）。《圣经·创世纪》中，上帝（耶和华）对以色列民族给予了很多应许：

"你向天观看，数算众星，能数得过来吗？"上帝又对亚伯兰①说："你的后裔将要如此。"② 这是上帝对以色列人人口繁衍的应许。

上帝对亚伯兰说："你要的确知道，你的后裔必寄居别人的地，又服侍那地的人，那地的人要苦待他们四百年。并且他们所要服侍的那国，我要惩罚，后来他们必带着许多财物从那里出来。但你要享大寿数，平平安安地归到你列祖那里，被人埋葬。到了第四代，他们必回到此地，因为亚摩利人的罪孽还没有满盈。"③ "我要将你现在寄居的地，就是迦南全地，赐给你和你的后裔，永远为业，我也必作他们的神。"④

这一段，耶和华预言了以色列人要在埃及受400多年的奴役后再"出埃及"，并应许他们有一块"永远为业"的土地。

耶和华在吩咐摩西"十诫"⑤后，又向以色列人作了应许：

"我的使者要在你前面行，领你到亚摩利人、赫人、比利洗人、迦南人、希未人、耶布斯人那里去，我必将他们剪除。" "你们要侍奉耶和华你们的神，他必赐福与你的粮与你

---

① 即亚伯拉罕。在《圣经·创世纪》17：5中记载，上帝与亚伯兰立约，"从此以后，你的名不再叫亚伯兰，要叫'亚伯拉罕'"。
② 《圣经·创世纪》，15：5。
③ 同上书，15：13—16。
④ 同上书，17：8。
⑤ 《圣经·出埃及记》，20：2—17。

的水,也必从你们中间除去疾病。你境内必没有堕胎的、不生产的。我要使你满了你年日的数目。凡你所到的地方,我要使那里的众民在你面前惊骇、扰乱,又要使你一切仇敌转背逃跑。我要打发黄蜂飞在你前面,把希未人、迦南人、赫人撵出去。……我要定你的境界,从红海直到非利士海,又从旷野直到大河。我要将那地的居民交在你手中,你要将他们从你面前撵出去。"①

耶和华赐予了以色列人生、老、病、死的一切,包括食物和水,战争的胜利和永久的居住地,但条件是:"你不可跪拜他们的神,不可侍奉他,也不可效法他们的行为,却要把神像尽行拆毁,打碎他们的柱像。"②"不可和他们并他们的神立约。"③

苦难的历程表明,从约西元前2000年至前1200年期间,以色列人迁徙埃及饱受长达400多年的奴役起,3000年左右的时间里,以色列人始终没有自己安宁、独立的家园,始终处在战争、迁徙、流散的动乱之中(少数时期除外),直到1947年联合国关于巴勒斯坦的分治决议才在国际上确定了以色列国的明确地位;土地面积约1.52万平方公里(现实际控制2.5万平方公里),人口约700万。然而,直到今日,中东地区仍是以色列人与阿拉伯人争夺征战的地方。而以色列人苦苦寻求的精神寄托,却成就了犹太教、基督教甚至伊斯兰教的建立和发展。正是国可无,民可散,神不可离。

此外,与早期以色列人曲折历史相对应,其一神崇拜的形成是经历长期过程的。根据英国女学者凯伦·阿姆斯特朗

---

① 《圣经·出埃及记》,23:23,25—31。
② 同上书,23:24。
③ 同上书,23:32。

第二章 基本哲学思想体系——创维时代铸成的人类文明生态

的分析，以色列的三个祖先人物——亚伯拉罕、他的儿子以撒（Isaac）和他的孙子雅各（Jacob）极可能相信马林克、巴力及爱娜等神祇的存在。他们所崇拜的神祇可能不尽相同，可能是三个不同的神祇。①另外，"《圣经》的记载表明，直到公元前6世纪，以色列的宗教实际上与当地其他民族的宗教没有太大的差异。亚伯拉罕、以撒和雅各都敬拜迦南的高位神厄勒（EL），而后世将对厄勒的崇拜与对耶和华的崇拜结合了起来，耶和华本人对摩西谈到了这个过程，他向摩西解释道，在以色列历史初期，族长们一直称他厄勒，只是到了现在，他才揭示出自己的真实姓名——耶和华。但是以色列人永远没有忘记厄勒。在很长一段时间内，耶和华的神殿是一个帐篷，就像是圣幕，迦南人的厄勒在里面管理其神圣会众"。"到公元前14世纪，对厄勒的崇拜逐渐衰落。他被生机勃勃的风暴之神巴力（Baal）取代。巴力是一位神圣的武士，驾驶战车乘着天堂的云朵，与其他神灵搏斗，并带来赋予生命的雨露。对耶和华的崇拜在早期与对巴力的崇拜十分相似。""在《圣经》最早的文本中，耶和华是作为一位像巴力那样的神圣武士出现的。"②并且该书认为"在早期历史上他仅仅是'诸神'或'厄勒诸子'之一，身处众神之中。据说在上古之日，厄勒向每一个民族委派了一个'圣者'作为其守护神，而耶和华被指定为'以色列之神'"③。如此说来，耶和华并非原初之神、最高之神，而是更高的神委派给以色列民族的，同时也向其他民族委派他们的神，这与《创世纪》

---

① 参见凯伦·阿姆斯特朗：《神的历史》，蔡昌雄译，海南出版社，2013，第22页。
② 凯伦·阿姆斯特朗：《轴心时代》，孙艳燕、白彦兵译，海南出版社，2010，第42—43页。
③ 同上书，第47页。

中上帝创造一切说又是矛盾的，何以基督徒就认定上帝——耶和华就是万能的原初的呢？在《圣经·申命记》中有一段明确记述了耶和华只是以色列民族的神，而且是受"至高者"（Most High）所赐："至高者将地业赐给列邦，将世人分开，就照以色列人的数目，立定万民的疆界。耶和华的份，本是他的百姓；他的产业，本是雅各。"①

对于上帝的存在与否和"万能性"，自古存疑。而基督教神学则想尽一切办法来论证上帝的存在和万能，到了难以说明或说服世人的境地时，甚至用上了赌博的办法。2001年出版于美国的一本介绍奥古斯丁的小册子（*On Augustine*）在表述奥古斯丁的相关想法时说："即使上帝不存在，通过赌上帝存在，一个人也能在此世获得一种平安，而赌错了的人得到的只是一个脆弱之物的世界。所以，把宝押在上帝一边更有道理。"② 真是无奈，以赌决真伪，可惜因为上帝的不可验证性，这赌局不会有结果（除非放弃对上帝的信仰）。

创维时代的古希腊世界里，既有"神人同形同性"，又有"人神相分"。

当我们翻开古希腊时期的书籍，赫西俄德所著《神谱》和荷马所著《荷马史诗·伊利亚特》《荷马史诗·奥德赛》时，我们便会看到古希腊"神人同形同性"、多姿多彩的画卷。那些居住在希腊北部海拔一万英尺高——奥林匹斯山上的希腊众神，有如人间众生一样，有他们自己的喜怒哀欲和相互争斗。"他们整天宴饮，直到日落时分，诸神进用了足份的餐享，聆听着阿波罗用他那把精美的竖琴弹奏的乐曲，和

---

① 《圣经·申命记》，32：8—9。
② 沙伦·M. 凯、保罗·汤姆森：《奥古斯丁》，周伟驰译，中华书局，2002，第85页。

缪斯姑娘的歌声。""诸神和驾战马的凡人都已熟睡。"① 同时也会参与人间的各种纷争和日常生活。对于众生而言,众神并非遥不可及,而是他们生活中的一部分;对于众神而言,众生是他们神迹的表现。神明已完全融入古希腊人的生活和思想之中,他们与神的交往是完全可能的。不需要以色列民族那样的"先知"或"信使"在人与神之间扮演中间体,神是完全可以被感知、被相遇的。神与人更可以相互交媾生子,也就是如《神谱》中所说:"这些便是不朽者与凡间男子共眠生下的与众男神一样的子嗣。"② 如特洛伊战争中最伟大的希腊英雄阿基琉斯(Achilles)便是海洋中的女神塞提斯和凡人佩琉斯之子。《荷马史诗》被称作"希腊的圣经"。其上部《伊利亚特》描写特洛伊战争中英雄的传说和神话故事,整部作品把奥林匹斯诸神分成两个阵营,分别加入希腊人和特洛伊人战争的两个阵营之中,神在其中或出谋划策,或以神力助己方一臂之力,展现出了一幅人神交融、人神混战的局面。当特洛伊人与阿开亚人(《荷马史诗》中对古希腊人的称呼)之间的战争进入关键时期,神王宙斯在奥林匹斯山上召集众神开会,他对众神说:"我关心这些凡人,虽说他们正在死去。尽管如此,我仍将待在奥林匹斯山的山顶,静坐观看战斗场面,愉悦我的心灵。你等诸神可随时下山去,前往特洛伊人和阿开亚人的队伍,任随你们的心意,帮助各自愿意帮助的一方。"后来,"众神下山介入战斗,带着各自的倾向","神明对战争的助力激起了愈加凶猛的斗争"③。

---

① 荷马:《荷马史诗·伊利亚特》,赵越译,北方文艺出版社,2012,第22—23页。
② 赫西俄德:《神谱》,王绍辉译,张强校,上海人民出版社,2010,第83页。
③ 荷马:《荷马史诗·伊利亚特》,赵越译,北方文艺出版社,2012,第420—421页。

从中我们也可以看到，神王竟以凡人的生灵涂炭为乐，并让众神加入两边，使战争更加惨烈，死伤剧增，全无用其无敌神力制止战争、拯救生灵之意。

　　下部《奥德赛》描写了希腊英雄奥德修斯在特洛伊战争后返乡途中的惊险故事。例如，其中一段描写当奥德修斯和他的伙伴们在归乡途中，在"海鱼丰富的大海上"连续在风浪中颠簸十天之后，才到达专以食洛托斯花为生的洛托法伊人的领土。他们在海边发现并进入了一个山洞，而山洞的主人是掌管海洋之神波塞冬之子，他无理地吃了几个奥德修斯的伙伴，奥德修斯用计刺瞎了巨人的双眼后得以逃出山洞。瞎眼的巨人无法抓到奥德修斯，就"向大海之神波塞冬大声地祈祷：'威力无比的天神波塞冬呀！假如你是我父，我是你心爱之子的话，就恳求你阻挠奥德修斯的归程。他从伊萨卡来，是莱尔忒斯的儿子！假如命中注定，他会回到家乡，重见亲人和亲切的房宅，也要让他历经苦难，失去所有的伙伴和海船！而且，到家后，还要遭受磨难！'"。最终，奥德修斯他们逃脱了，他们"继续归航，悲喜交加。喜自己侥幸逃生，悲同伴命丧黄泉"！①

　　在希腊的人神世界里，人与神最大的差异在于人是必死的，而神尽管也有七情六欲和衣食住行的问题，但神是不死不朽的。在特洛伊战争中，阿波罗神为了解救赫克托耳，曾诱骗阿基琉斯跑离战场，并对阿基琉斯说道：

　　为何追我，裴琉斯的儿子？
　　一个会死的凡人追赶一个不朽的天神。

---

　　① 荷马：《荷马史诗·奥德赛》，刘晓菲译，北方文艺出版社，2012，第144—145页。

> 你这样拼命追赶我，难道没看出我是一个神？
> 你已经不再关注与特洛伊人的战争，
> 他们被你逼近城墙，而你却跑来此地？
> 你永远杀不了我，我没有死亡的命运！①

而人的命运常与死亡相关，死亡是人注定无法改变的命运：

> 人类的繁衍，正如树木的周期。
> 秋风把它们吹落在地上，
> 春天来临，树木又会长出绿叶。
> 同样人类也是一代衰落，一代初生。②

在希腊的人神世界里，人是必死的，但人死后并没有因为在世的善恶而进入天堂或是地狱的概念，而是死后要到与希腊六主神之一，与宙斯同辈、掌管冥府的冥王哈迪斯的王国中过着与原来世界类似的生活。例如，当远征特洛伊后返乡的奥德修斯在冥府遇见了已经死去的阿基琉斯的一段对话：

> 奥德修斯：以前没有人比你幸福，阿基琉斯，
> 今后也不会有人超过你。
> 从前你活着，我们阿尔吉维人敬你如神明；
> 此刻，在这里你有偌大的权威，
> 在死人中称雄。
> 即使死了，阿基琉斯，不要悲恼。
> 阿基琉斯：哦，光荣的奥德修斯，不要安慰我的亡灵。
> 我宁愿做个帮工，在别人的土地上耕作，
> 自己没有份地，只有一些家产凭靠，

---

① 荷马：《荷马史诗·奥德赛》，刘晓菲译，北方文艺出版社，2012，第457页。
② 荷马：《荷马史诗·伊利亚特》，赵越译，北方文艺出版社，2012，第121页。

> 也不愿充当国王，向所有的死人发号。①

人在生时与神同形同性，死后仍去神冥的世界里过着与生前类似的生活，"在哈迪斯的冥府里，仍有灵魂，尽管他们没有活人的身体"②。

在希腊的人神世界里，由于神与人同形同性，因而尽管神有魔法与神力，但并没将神设定为超然物外的万能者，与人同样具有七情六欲，因而神也不是圣洁的道德楷模。《荷马史诗》中的英雄们，往往是为了个人家族和城邦的荣誉威望而战，与正义、公正的道德观没有多大联系。这也许是西方崇尚荣誉和个人英雄主义的肇始吧。

这些人与神的故事，出自"希腊的圣经"，正表明那个时代希腊人的思想中神占据着多么重要的位置，神与人是难分难离的，它所形成的理念和价值观，为后世的希腊文明留下永久的烙印。

然而，希腊的神不同于以色列人的神。希腊众神在"神王"宙斯的统领下，在维持诸神的秩序的情况下，各有特点。凡人除崇拜宙斯外，也可以崇拜不同的神，有山神、风神、海神、爱神、酒神……几乎无可计数；不同的城邦可以有自己不同的保护神，只要本邦之人不反对公认的城邦保护神，都有崇拜其他神明的自由。这里没有以色列人那种必须崇拜唯一的神——耶和华那样的宗教教条。因此，希腊人对神的崇拜观念是开放的、多样性的，这表明那个时代的希腊人的思想是活跃和开放的，因而也奠定了希腊人在探索宇宙、哲学和自然科学等方面取得巨大成就的开放性思想基础。正如

---

① 荷马：《荷马史诗·伊利亚特》，赵越译，北方文艺出版社，2012，第180页。
② 同上书，第478页。

柏拉图在其《理想国》中所说:"荷马教育了整个希腊。"①

(二)究因探原——推动科学发展和科学思维方式的建立

古希腊人在把自然万物、人文精神都赋予神性的同时,也在探索宇宙的起源和自然现象的根本原因,因此,使希腊的哲学与科学共生共建。

古希腊人在建立了"人神同形同性"的观念的同时,也赋予了自然山川、宇宙万物不同的神性或指定了相应的神祇。

当把宇宙万物、人间事物的根本原因归结为神的力量和意志时,又无法得到相应的验证,因而就有一部分希腊人以哲学的、自然科学的或理性的思维方式去探索万物的"根本原因"。按照西方哲学史的进程,这方面最具代表性的探索开始于所谓的"米利都学派"。

米利都是古希腊时代位于小亚细亚西海岸爱奥尼亚人所建立的城邦,当时是一个繁荣的商业城镇,今属土耳其。

"米利都的港口挤满了各国商船,城里的货仓也堆满了来自世界各地的货物,人们的这种可以保值的货币用于流通,交换各种商品。因此,米利都的哲学家提出万物由什么构成的问题,也就不奇怪了。"②

"米利都学派"的第一位著名人物是泰勒斯(Thales,约西元前624—前546年),被认为是古希腊哲学及自然科学的主要奠基者,在每一本西方哲学史的教科书中"所提到的第一件事都是哲学始于泰勒斯"③。泰勒斯认为宇宙的本原是水

---

① 吴晓群:《希腊思想与文化》,上海社会科学院出版社,2012,第43页。
② 伯特兰·罗素:《西方的智慧》,伯庸译,电子工业出版社,2013,第10页。
③ 伯特兰·罗素:《西方哲学史》上卷,何兆武等译,商务印书馆,2012,第29页。

并复归于水，由于水可以变成冰或蒸汽，因此它可以变化成不同的东西。

米利都的第二位哲学家阿那克西曼德（约西元前 610—前 546 年）为了寻找到原初物质——一种超越感官可以察觉到的东西——作为更为基本和无形的物质，提出了宇宙的基本要素是完全"无限的"，也就是宇宙里没有一种成分处于支配的地位，但万物最终能复归于无限定者①之中，从而也就否定了泰勒斯关于"万物皆为水"的说法。阿那克西曼德还提出，人一定是从一种能够很快做到自我供给的动物进化而来的，因为人类的婴孩需要父母的长期哺育才能自主。

米利都的第三位哲学家阿那克西尼亚（约西元前 585—前 524 年）提出了宇宙的基质是气，灵魂是气。气凝聚时可变成水，再凝聚就变成了土，最后变成石头。

米利都学派之后，古希腊又出现了毕达哥拉斯学派，其代表人物毕达哥拉斯（约西元前 580—前 500 年）是古希腊的萨摩岛人。他主张以数为宇宙的本原，并将数字运用于哲学领域，认为万物的本质是一种抽象、非物质的数，这些数字代表了一切。爱利亚学派的巴门尼德（西元前 515 年）主张只有"存在"才是事物和宇宙的本原，而"存在"本身是永恒的，不可分割的，只有理性才能认识。赫拉克利特（西元前 540—前 470 年）提出万物之源是火，并认为万物都是处于流变的状态。德谟克利特（西元前 460—前 371 年）认为万物的本源是原子和虚空；他的思想被后世的伊壁鸠鲁（西元前 341—前 270 年）进一步发展，提出原子不仅有形状和大小的不同，还有重量和体积的差异，原子之间的碰撞和结合，便

---

① 无限定者，《轴心时代》中如此说。而在《西方的智慧》中，罗素将其称为"无际"，或是翻译的不同用法，或是不同作者的不同理解。

第二章 基本哲学思想体系——创维时代铸成的人类文明生态

形成了世界万物——就连神也是由原子构成的。亚里士多德（西元前384—前322年）提出宇宙由"水、气、火、土"四元素构成，这个理论对后世化学学科影响至深。还有欧几里得（西元前330年—前275年）提出了几何学，等等。"每一种学说都试图用某种单一的规律来解释世界。"①

古希腊早期哲学家的这些哲学与科学的探索所提出的假设或论点，在今天看起来并没有严格的科学意义，但正如罗素所说："米利都学派是重要的，并不是因为它的成就，而是因为它所尝试的东西。"② 上述所列米利都学派之后的哲学家们的探索亦是如此。这些对宇宙万物根本"原因"或基本组成的探索，奠定了西方文明中对自然现象"究因探原"和整体概括的科学传统与思维方式，尽管这些哲学家的思想往往最终还是离不开神，如泰勒斯认为磁石内具有灵魂，因为它可以使铁移动，进而认为万物都充满了神；赫拉克利特在提出火是万物的根本时还认为一切产生于"一"，而"一"产生于一切，然而"多"所具有的实在性远不如"一"，"一"就是"神"；毕达哥拉斯还提出了"灵魂的轮回"说。他们在探索自然现象的"原因"时，把神撇在了一边，追求自然现象的根本本质，试图找出构成自然万物的最基本"元素"，在各种假设提出后进行了多种求证和推理，在那个时代不可能获得可验证的结果的情况下，又把自己的假设归因于神——人神分离后又复求诸神。然而这种探索与求证过程，却形成了科学研究与理性思维的习惯与传统：既有寻根问底的研究，又有寻找普遍共性的理性思考；既有精确演算的求证过程（数学、几何学），又有抽象思维的逻辑思辨。这些无疑是创

---

① 伯特兰·罗素：《西方的智慧》，伯庸译，电子工业出版社，2013，第22页。
② 伯特兰·罗素：《西方哲学史》上卷，何兆武等译，商务印书馆，2012，第34页。

维时代西方文明的一大特色，也为后世西方自然科学的发展，乃至文艺复兴之后科学技术的突飞猛进奠定了重要的基础。

正如伯特兰·罗素在归纳苏格拉底和希腊思想时所指出："因此，无知是罪恶的首要根源。为了达到善的境界，我们必须具备知识，所以善也就是知识。善与知识的联系成了整个希腊思想的一个标志。"① 我们一般认为，"善"是伦理道德范畴的概念，"知识"是一种中性客观的概念，而在希腊的哲学思想中却将二者画上了等号。这一方面告诉我们，不同文明对善的理解差异巨大；另一方面告诉我们把知识当作善来追求，必然有助于推动对包括科学在内的知识的探索、发明、积累与应用。

（三）理性与思辨——建立理性思维与辩证推理体系

创维时代早期的古希腊哲学家在寻求宇宙存在的"原因"、万物的起源方面进行了大量探索，激发了人们的科学兴趣和科学精神，推动了科学思维方式的建立。但由于当时科学技术发展水平的局限，许多科学假设或设想难以在经过真伪验证的基础上确定或完善其理论，最终还是把不可验证的学说或现象归结于神。罗素在《西方哲学史》中说："普罗泰戈拉说：'至于神，我没有把握说他们存在或者不存在，也不敢说他们是什么样子，因为有许多事物妨碍了我们确切的知识，例如问题的晦涩与人生的短促。'"② 这种困惑的结果，让人不得不相信神的存在，并将一切根源归于神。

因此从苏格拉底（约西元前469—前399年）起，希腊哲学探索的方向发生了重大转变，即从关于宇宙万物的生成原

---

① 伯特兰·罗素：《西方的智慧》，伯庸译，电子工业出版社，2013，第51页。
② 伯特兰·罗素：《西方哲学史》上卷，何兆武等译，商务印书馆，2012，第96页。

第二章 基本哲学思想体系——创维时代铸成的人类文明生态

因和基本构成元素,转向关注人的问题、社会问题,是他"把哲学从天上拉回人间"。虽然如此,但苏格拉底反对的是把自然现象作为研究对象,认为哲学应专注于研究人和人的灵魂本身,把万物的根源仍然归结为神,交给神。

苏格拉底生活的时代,正是波希战争结束后的时代。战争结束后,雅典在与斯巴达的争夺与斗争中,逐渐强大起来,成为爱琴海地区的政治中心和东西方贸易的主要市场,希腊商货到处畅销,需求甚殷。苏格拉底之所以"把哲学从天上拉回人间",正因那时的科学探索、假设等得不到验证,而波希战争后的利益观发生变化以及智者学派的怀疑论等,导致人们更关注社会问题。因此,哲学也开始更多地关注社会问题和人生问题。在此前提下,他们提出了诸如"德行即知识""理念论""理想国",以及亚里士多德的系列理论。而到了苏格拉底的晚年,也正是雅典由盛而衰的时代,正如苏格拉底在狱中申辩所言:"你们如果置我于死地,是很不容易找到另外一个人来顶替的,这个人附在城邦上,打个不恰当的比方说,好像牛虻附在马身上,这匹骏马由于太大太肥,年龄未老就行动迟缓,需要叮一叮才能焕发精神。"①

海上贸易与商业的繁荣,也使当时雅典人更加注重当下的利益,而对于道德、善、正义的概念也以利益来衡量其取舍。在柏拉图的《理想国》第一卷中提出"正义不是别的,就是强者的利益"的论题,并就"正义"与"利益"的关系,进行了"苏格拉底式讥讽"式的论辩。②

希腊哲学史上,在苏格拉底之前产生的"智者学派"思想也对苏格拉底的思想形成产生深刻影响。这一学派关注人、

---

① 柏拉图:《柏拉图对话集·申辩篇》,王太庆译,商务印书馆,2012,第42页。
② 柏拉图:《理想国》,郭斌和、张竹明译,商务印书馆,2011,第18—42页。

社会而不是宇宙问题。他们认为"知识就是感觉",感觉是知识的唯一来源,也是知识的真正本质;认为"人是万物的尺度,是存在的事物存在的尺度,也是不存在的事物不存在的理由"[①]。"智者学派"以相对主义和怀疑一切的态度以及辩证论思想为其基本理论特色,最后走入了"诡辩论"的道路。

苏格拉底就是在上述历史背景下,形成了他的思想体系。他在西方哲学史上最早提出唯心主义的目的论,认为一切都是神所创造与安排,体现神的智慧与目的。他的神就是理性。"善"是理性神的最终目的。他提出"自知自己无知""德行即知识"等命题,认为善出于知,恶出于无知。而善究竟是什么,其说法并不一致。他宣称自己是知识的助产士,倡导精神接生术。在逻辑学方面,亚里士多德认为苏格拉底提出了归纳论证和普遍定义。

苏格拉底之后,古希腊最具影响的哲学家是柏拉图和亚里士多德。尽管他们三人在许多观点上存在较大分歧,但他们都有一个共同的特点,就是以纯理性思维为出发点,以逻辑思辩为根本途径,进行着对真理、知识、定义、概念、逻辑关系等的探索,形成了古希腊哲学乃至后来整个西方哲学的两大特点——理性思维和辩证推理。

人是有感知、有思维能力的动物,人的感知和经验(从耳、鼻、口、眼、身体触觉等感知和人们的生活经验)必然被传递给思维的器官——大脑进行思考、思想,进而形成人的认识,认识的积累而成为知识,经理论加工而成为某种定型的观念或理论,这是人类认识的一般过程。

而古希腊先哲却从苏格拉底起创造出了另外一种思维模

[①] 刘蔚华主编:《世界哲学家辞典》,重庆出版社,1990,第728页。

式。我们来看苏格拉底的认识过程。苏格拉底说,"我小时候非常想钻研那门称为自然研究的智慧。我想这是一件愉快的事情,可以知道每一事物的原因,知道每样东西为什么产生,为什么消灭,为什么存在。……直到最后,我认定自己完全不适于进行这类研究,……我被那些研究搞得简直头昏眼花,以至于失掉了自己和别人原来具有的知识,我忘掉了自己从前曾经认为知道的许多事情,连人生长的原因都忘了"。① 这样,苏格拉底从此不再相信对自然原因的研究能获得真正的知识或真理了。接下来苏格拉底又说:"有一天听见一个人说,从一本据说是阿那克萨哥拉所写的书里看,是'心灵'安排并且造成万物的。我很喜欢这种关于原因的说法,觉得说心灵是万物的原因多半是对的。"可后来苏格拉底又发现阿那克萨哥拉"并不用'心灵',也并不用任何真正的原因来安排事物,只是提出气、清气、水以及其他莫名其妙的东西当作原因"。在那儿以后,苏格拉底放弃了"直观'是者'"(那些是的东西,英文 beings),"很怕用眼盯着事物或者用其他官能掌握事物会使灵魂变瞎",而必须求助于思想,在思想中考察"是者"的真相。

由上我们可以看出,苏格拉底放弃了对自然原因的研究,转而从人的心灵思考去寻找事物的"真相",并且认为"灵魂最能思考的时刻,是它摆脱一切干扰,不听、不看、不受痛苦或快乐影响的时候,也就是说,在它不顾肉体,尽可能保持独立,尽量避免一切肉体的接触和往来,专心钻研实在的时候"②,"因为爱智者的灵魂不会像其他的人那样思考……他

---

① 柏拉图:《柏拉图对话集·裴洞篇》,王太庆译,商务印书馆,2012,第260—261页。
② 同上书,第218页。

的灵魂深信必须摆脱苦乐的心情取得平静，应当遵从理性，永远以理性为归依，沉思那真实、神圣的东西"①。

柏拉图在其《枚农篇》中，基于灵魂不死的前提，花了很长的篇幅，用平面几何学推算正方形边长和面积的过程，以启发一个小孩的知识为例，说明让人获得知识的办法是："不用教他，只消向他提出问题，他就会知道，就会从心里浮出知识来。"② 因为由于灵魂是不死的，它是"诞生过多次"的，还"因为整个自然是联成一气的，灵魂是经历过一切的，所以只要回忆到一样东西，即人们所谓学到一件事，就不免由此发现其余的一切，只要他是勇敢的、不懈于钻研的。因为钻研和学习无非就是回忆"。③ 与这种回忆说相对应，柏拉图提出了"理念"说，认为"理念"是独立存在于事物与人心之外的"实在"，它是事物的"原型"，事物不过是理念的不完善的"募本"或影子。他说："作为多个的东西，是看见的对象，不是思想的对象，理念则是思想的对象，不是看见的对象。"④ 那么什么是"理念"呢？柏拉图这样描述："在凡是我们能用同一名称称呼多数事物的场合，我认为我们总是假定它们只有一个形式或理念的。"⑤ 他以床为例子，指出有三种床：神的床、工匠的床和画家的床。神的床是自然的床、本质的床、真正的床，也就是床的理念；工匠的床是一个个特定的床；而画家所造的床只是一种对前两者的"模仿"。类似英文中 a bed，不是强调一张床，而是强调床的概念。

---

① 柏拉图：《柏拉图对话集·裴洞篇》，王太庆译，商务印书馆，2012，第244—245页。
② 柏拉图：《柏拉图对话集·枚农篇》，王太庆译，商务印书馆，2012，第183页。
③ 同上书，第172页。
④ 柏拉图：《理想国》第二卷，郭斌和、张竹明译，商务印书馆，2011，第264页。
⑤ 柏拉图：《理想国》第十卷，郭斌和、张竹明译，商务印书馆，2011，第388页。

第二章 基本哲学思想体系——创维时代铸成的人类文明生态

作为柏拉图的学生，亚里士多德在哲学上的最大贡献是建立了形而上学，而形而上学又是建立在对柏拉图理论批判的基础上的。

"形而上学"一词是亚里士多德之后的哲学家提出的，亚里士多德本人并未使用过，而他对这一概念作了如下的描述："存在着一种研究作为存在的存在，以及就自身而言依存于它们的东西的科学。它不同于任何一种各部类的科学，因为没有任何别的科学普遍地研究作为存在的存在，而是从存在中切取某一部分，研究这一部分的偶性，例如数学科学。"①

亚里士多德在其《形而上学》一书中对柏拉图的理念论提出了广泛的质疑和批判。例如，他指出："那些把理念当作原因的人，首先设法把和存在物数目相等的另外的东西当作它们的原因。"这"另外的东西"就是柏拉图的理念或"形式"。"因为形式与事物在数目上相等，至少并不少于，正是在寻求这些事物的原因时，他们才找到形式的。"而"我们用来证明形式存在的那些办法，显然没有一个是顶用的"。"关于形式的那些道理，毁掉了那些我们愿意其存在比理念更为重要的东西。"② 亚里士多德进而还对柏拉图的画家对理念的"模仿"说也进行了批判："对理念进行模仿，是怎么一回事呢？用不着去模仿另外的东西，相似的事物照样可以存在和生成。例如，不论苏格拉底存在还是不存在，同苏格拉底相像的人都可以生成，即使有一个永恒的苏格拉底也是一样。同一事物有多个模型，形式也是这样，正如人的形式，除人

---

① 苗力田主编：《亚里士多德全集》第七卷，中国人民大学出版社，1997，第84页。

② 同上书，第50—51页。

自身之外，同时还有动物和两足。"①

亚里士多德在对柏拉图理念论批判的基础上，提出了他的实体说："实体，在最严格、最原始、最根本的意义上说，是既不述说一个主体，也不依存一个主体的东西"②，这也就是说实体是独立任何其他事物而存在的。亚里士多德进而提出了决定实体之为实体的"四种根本原因"，即质料因（本因）、形式因（物因）、动力因（动因）和目的因（极因）。他指出："既然原因有四种，那么，自然哲学家就应该通晓所有的这些原因，并运用它们——质料、形式、动力、'何所为'来自然地回答'为什么'的问题。"③

"求知是所有人的本性。"④ 上述这些，从苏格拉底的"把哲学从天上拉回人间"而寻求世间的"真相"、柏拉图的理念论，到亚里士多德的形而上学，还包括"德行即知识"的命题，"洞穴"的比喻，对于善、勇敢、虔诚、正义、实相、灵魂等的追问和探求，都体现了创维时代古希腊先哲从爱智、求知的本性出发，一脉相承的理性思维观念。而从他们大量的著作和论述中，基本上都是采用辩证思维和逻辑推理的思辨方式来表达他们的思想。亚里士多德在他的《论题篇》开宗名义地对推论与辩证推理进行了描述。"本文的目的在于寻求一种探索的方法，通过它，我们就能从普遍接受所提出的任何问题来进行推理；并且，当我们自己提出论证时，不至于说出自相矛盾的话。""推理是一种论证，其中有些被设定为前提，另外的判断则必然地由它们发生。当推理由以出发

---

① 苗力田主编：《亚里士多德全集》第七卷，中国人民大学出版社，1997，第53页。
② 苗力田主编：《古希腊哲学》，中国人民大学出版社，1990，第407页。
③ 苗力田主编：《亚里士多德全集》第二卷，中国人民大学出版社，1997，第49页。
④ 苗力田主编：《亚里士多德全集》第七卷，中国人民大学出版社，1997，第27页。

第二章 基本哲学思想体系——创维时代铸成的人类文明生态

的前提是真实的和原初的时，或者当我们对于它们的最初知识是来自某些原初的和真实的前提时，这种推理就是证明的。从普遍接受的意见出发进行的推理是辩证的推理。所谓真实的和原初的，是指那些不因其他而自身就具有可靠性的东西。"①

综上所述，创维时代形成的希腊乃至西方哲学体系的两大特点是理性思维和辩证推理。

理性思维和辩证推理都以一种雄心勃勃的求真知、求真理的欲望出发，以缜密、细致、一步步深入的方式不断地对概念、命题进行追问、探究，有时也借用一些自然科学的定律来论证。如《枚农篇》，就借用"能否往圆里装进一个三角形"的几何学概念来讨论品德能否传授的问题；还借用提示小孩正方形边长和面积的推算过程来证明"学习无非就是回忆"。为了使理性思维和辩证推理更加准确，还对许多概念、术语进行详细讨论，如"事物的名称""语言表达的复合与简单""数量的间断和连续""动作与承受""运动的六种形式""肯定命题与否定命题""全称与单称"等，难以一一列举。在此基础上，试图定义一系列的普遍原则和寻求最初的原因。

这样的理性思维和辩证推理过程，的确使许多命题、概念越辩越细，越辩越深入，同时也推动了各门科学的分科和深入研究，形成了希腊乃至西方洋洋大观的、难以计数的各门分科学科，对后世社会科学和自然科学的建设与发展起到了巨大的推动作用。

我们注意到，这种严密的逻辑推理思维方式的产生还有另外一个原因。由于西方或基督教文明是以神或上帝为核心

---

① 苗力田主编：《亚里士多德全集》第一卷，中国人民大学出版社，1997，第353页。

的，而神或上帝的不可验证性，就迫使西方文明为了证明神或上帝的存在，在假设或认定神或上帝存在的基础上，采取各种分析、讨论、推理、归纳等方法，来反复地、不厌其烦地试图证明神或上帝的存在是绝对可靠的。到了基督教神学大厦的"蔚为壮观"之后，人们已忘记了最初的假设——上帝是存在的，而使人们自觉或不自觉地进入了上帝存在的特有语境和思维惯性之中。如古罗马的奥古斯丁在写作《上帝之城》的过程中，数次中断写作，而每次重新再写时，"都要概述之前所讨论过的内容并重复前面的主题。……《上帝之城》里的离题话通常很长"[①]。后世的许多西方宗教和哲学著作亦是如此。这也是常被我们赞为"逻辑推理严密"的重要原因和深感西语表达繁复、晦涩的重要原因。

然而，这种理性思维和辩证推理也带来至今西方难以回避的许多问题。主要表现在：

（1）普适问题。以最初假设或认定（如认定神或上帝的存在）的原因为"正确"作前提，试图寻求"普遍的真理"。一旦这种推理完成并形成某些"普遍的真理"，人们便形成了一些固定的、排他的观念，用以指导自己的思想和实践，同时也以此去框定其他国家、民族的所有事物，择其相一致者称为文明，不一致者称为愚昧。这便是西方文明中心论的思想和思维方式之根源，这也是当今西方大谈普世价值和其对其他民族和国家傲慢与偏见的根源。人类不同地域、国家、民族的文明发展过程各有不同和特色，人们对于真理的探索也是从不同的假设或起点、以不同的方式开始和进行并得出不同的结论；况且对真理的探索受到人类生命长短和不同民

---

① 奥古斯丁：《上帝之城》，庄陶等译，复旦大学出版社，2011，导言第4页。

族发展阶段的影响，所建立的所谓真理的标准也是在不同的阶段逐渐完善的。如何能以一个特定民族在特定历史发展阶段得出的某些结论去作为"普遍的真理"应用于全世界呢？更何况，即使应用理性思维和辩证推理的方法，也未必尽能将许多问题辩论清楚，例如苏格拉底和柏拉图的许多对话和著作并未将诸如虔诚、勇敢、友谊等讨论清楚。

（2）整体与局部的问题。不断深入和细化的理性思考和辩证推理，会使人们对某一命题或某一领域的学问（或真理）采取"单兵独进"的方式前进。尽管之前可能会假设某个最初的原因为前提并旁征博引相关因素加以论证，但由于事物的复杂性和普遍联系以及物极必反的规律作用，人们往往在自以为对某个局部问题搞得越来越清楚的同时，也正在失去对整体的把握，等到物极必反的阶段才发现之前建立的假设与推理大厦将轰然坍塌。今世自然科学的许多学科已发展到相当高的水平，为人类在诸多领域带来便利，但由此带来的环境破坏问题已在接近物极必反的阶段便是一个极好的例证。现如今，在被许多西方人（也有一些不太明白道理的东方人）看作人类终极发展模式的资本主义市场经济和民主政治所显现的问题亦是如此。这就说明只按照理性思维和辩证推理的方式对待这个世界，可能在取得局部辉煌的同时失掉对整体的把握，而一旦形成失去对整体把握的局面，人类将难以回头——不论科技多么发达，如果我们赖以生存的这个星球被破坏了，人类即使跑到火星或别的什么星球上去，其状况最多也不会好于在地球上的生活，因为是地球孕生和养育了人类，人类最能适应的是地球本身。

（3）人性与人情问题。古希腊先哲的大量著作中，充满理性思维和辩证推理。在这种理性思维和辩证推理中，关于人的研究，或者以抽象的概念研究人，如理念、虔诚、善、灵魂等，并以这类概念的深度理性分析和辩证推理为主要研究方法和内容，研究中常常抽象地追问这些概念的原因或本原，还常常使用数学或物理学的一些概念或定律作为类比或佐证；或者以一个抽象的、单个的人的善的理念、幸福的观念（把对幸福的衡量完全建立在人对外部环境的感受上，而非内心的自我感受上）、公正的观念来研究人与外界、与社会的关系，而且评价的标准常常以有没有好处（或利益）来衡量。例如，关于善的理念，在《理想国》中这样描述："但是无论如何，我觉得，在可知世界中最后看见的，而且是要花很大的努力才能最后看见的东西乃是善的理念。……它的确就是一切事物中一切正确者和美者的原因，就是可见世界中创造光和光源者，在可知世界中它本身就是真理和理性的决定性源泉；任何人凡能在私人生活和公共生活中行事合乎理性的，必定是看见了善的理念的。"[①] 罗素在其《西方哲学史》中这样描述古希腊先哲的正义观念："阿那克西德曼所表现的思想似乎是这样的：世界上的火、土和水应该有一定的比例，但是每种原素（被理解为是一种神）都永远在企图扩大自己的领土。然后有一种必然性或者自然律永远地在校正着这种平衡，例如只要有了火，就会有灰烬，灰烬就是土。这种正义的观念——即不能逾越永恒固定的界限的观念——是一种最深刻的希腊信仰。"[②] 诸如此类的推理和论证还有很多。它一方面极其抽象，如"善的理念"到底是什么？另一方面完全用自然更替或循环的法则来论证只有人类才有的"善"、

---

① 柏拉图：《理想国》第七卷，郭斌和、张竹明译，商务印书馆，2011，第276页。
② 伯特兰·罗素：《西方哲学史》，何兆武等译，商务印书馆，2012，第32—33页。

第二章 基本哲学思想体系——创维时代铸成的人类文明生态

"正义"或"品德"的概念，比如虎吃鹿是一种自然生物链法则，它没有善与不善或恶的概念；但如果推广到人类吃动物肉，对于不同民族、不同宗教、不同的传统以及如何吃法，则便有了善与不善的分别（按希腊哲学的推理它都应是善的，因为它符合那种"永恒固定的界限"）。

而在论述只有人类才具有的善、正义、品德这些概念时，几乎很少有人与人相处和情感交流过程中的善、正义、品德等概念的定义和论证，却经常用某些片面而非整体的自然现象来论证伦理观念，如用白色和其他颜色的关系来论证品德是有统一的品德还是多种品德。这就导致希腊哲学以理性和辩证的方式把人的本性和情感如解构自然现象一样解构了，或用机械的、某种固定模式的方法去分析、论证和确定人的情感世界。其结果是，要么把人的情感格式化、机械化了，要么把人的情感赋予了"冷酷"的理性，正如《理想国》中所说："信赖度量与计算的那个部分应是心灵的最善部分"[1]，"就像在（掷骰子时）骰子落下后决定对掷出的点数怎么办那样，根据理性的指示决定下一步的行动应该是最善之道"[2]。

总之，希腊哲学和西方哲学把人性、人情以及与此相关的善、正义、品德等交给了理性和计量，而计量的目的和结果必是对己好坏、利益的权衡与得失。正如现今西方国家决定其对外政策的标准完全是其国家利益的权衡一样，绝非善恶的取舍，更不会考虑他国、他民族是如何评判善与恶的，因为那根本不是其哲学辞典中"理性的指示"下的选项。其对外关系和对外国、外族如此，在其国内、族内之间又会如

---

[1] 柏拉图：《理想国》第七卷，郭斌和、张竹明译，商务印书馆，2011，第401页。
[2] 柏拉图：《理想国》第十卷，郭斌和、张竹明译，商务印书馆，2011，第403页。

何呢？

（四）灵魂不死说——奠定宗教哲学基础

柏拉图从哲学角度提出的"灵魂不死"说，正好迎合了犹太教和基督教发展的需要，并对其宗教哲学的建立和完善起到极大的促进作用。

对于什么是宗教的问题，有许多不同的理解和定义。有以神为中心的描述，以信仰者的体验或经验作为宗教本质的描述，从社会功能角度对宗教本质的描述，也有马克思、恩格斯的经典描述，以及中国近代学者的研究结果等。但笔者认为一切宗教尤其是一神教，必有一大特点，即把寻求最初的原动因的结果归纳为一个超自然的、无所不能的世外存在（神、主、上帝之类）作为信仰的对象。而人死后灵魂不灭或转世再生的观念是支撑这种信仰的前提。因此，创维时代希腊哲学家费尽周折地论证灵魂不灭，或寻找超自然的存在，与犹太教和基督教一神崇拜的观念在"希腊化时代"及其后的不断融合，正好促进了基督教哲学和神学体系的发展。而灵魂不仅存在而且不灭的观念，也正是创维时代希腊思想的一大特点，并深刻影响后世。可以说，如果没有灵魂不灭或转世的观念存在，宗教特别是基督教的思想体系将难以建立、发展和完善起来。中国人讲的"冥冥之中自有安排""听天由命"，并不是认为有一个超然物外的元初神在起作用，也并不真正认为灵魂可以不灭，而是把其视为自然法则综合作用的结果。因此，中国便没有西方意义上的宗教。

正如前文所讨论的，古希腊文明的一大特点是人神相系，神灵几乎无处不在，而且"神人同形同性"。因此，首先在其思想中，灵魂的存在是当然的事，其先哲们集中讨论的是灵

第二章 基本哲学思想体系——创维时代铸成的人类文明生态

魂与肉体的关系和人生前死后灵魂的所在之处。苏格拉底在狱中等待死刑刑罚时,就认真地描述了死后灵魂的去处:"如果我不是相信自己行将前往其他智慧善良的神灵那里,前往那些优于现世人的亡者那里,我临死不忧伤就是错误的。……我有力地坚持自己走向那些最为善良的主人——神灵。"并且还"坚定地希望那里给亡者准备着赠品"①。因此,死亡之后还能到达神灵之处的,必是脱离了已死肉身的灵魂。一生以爱智求真知而著称的苏格拉底,对于当灵魂未与肉体脱离之前能求得真知并不抱有希望。"实际上我们深信:如果我们想要对某事某物得到纯粹的知识,那就必须摆脱肉体,单用灵魂来观照对象本身。看来根据我们的论证可见,我们所希求的、我们信誓旦旦地从事追索的智慧,只有在死后才能获得,生前根本不行",而在有生之年"只能尽量接近知识,其办法是尽可能避免与肉体接触往来……摆脱肉体的愚昧,保持纯粹……对纯粹的东西获得直接的知识,这也许就是认识真理了"。②而当灵魂摆脱肉体的干扰,不听、不看、不受痛苦或快乐影响的时候,"灵魂单独由自身察知的时候,就进入那纯粹、永恒、不朽、不变的领域,以自身的不易灵性为本,于独立不受阻碍之时,就永远与那些不变性质同在,永远如一,常住不变,因为它与永恒是相通的。灵魂的这种状态就叫明智"③。而同一篇中,把明智定义为:"就是不为欲望激动、对欲望漠不关心的态度"④。

接下来,苏格拉底又用奇偶数、冷与热、雪的融化等数

---

① 柏拉图:《柏拉图对话集·裴洞篇》,王太庆译,商务印书馆,2012,第215页。
② 同上书,第219—220页。
③ 同上书,第239页。
④ 同上书,第221页。

学或物理的关系和变化规律来论证灵魂是如何不死的（这里不去追究苏格拉底、柏拉图、亚里士多德等经常用数学关系和物理现象来论证伦理、情感是否具有可比性和合理性），并得出灵魂不死的结论："一个人临死的时候，他的会死的部分看来是死了，那不死的部分却安然无恙地、完整无缺地离开了，从死亡那里退隐了。""确确实实灵魂是不死的、不可消失的，我们的灵魂会存在于另一个世界的某处。"由此继续推断，由于灵魂不死，人们就必须关怀它，"不但关怀它的这一段称为今生的时间，而且关怀它的全部时间"[①]。因此又推得，如果灵魂随着生命的消失而消失，那么对坏人便是"一大鼓励"，因为那样坏人就会在他死时"把邪恶连同着灵魂抛到九霄云外了"。现在既然把灵魂看成不死，"它要想远离罪恶而得救，就没有别的办法，只有变得尽可能善良明智才行"。接下来他又设计了人死后灵魂的去处，"那个在生时充任一个人的守护者的精灵把他领到一处集合亡灵的地方，让他受到审判"。灵魂受到审判之后有不同的归宿，做过坏事的"不洁灵魂"被赶到某处适合它居住的地方，而那些"一生纯洁正直的灵魂"则有神灵作伴侣和向导，各自前往其应有的归宿。在这里，我们看到，这与亚伯拉罕系宗教"末日审判"说似乎有类似之处。

之后，苏格拉底又对大地的构成做了一些神话般的描述，并将集结于地下某处的亡者的灵魂分成不同种类，经过审判，有些"被送回世间，再生为生物"；有些因为生时作恶多端而被囚禁在地下深渊中受难，并向"苦主"请求宽恕，如果"苦主"原谅了他，则可脱离苦难，不然就继续受难，直到

---

① 柏拉图：《柏拉图对话集·裴洞篇》，王太庆译，商务印书馆，2012，第270—276页。

第二章 基本哲学思想体系——创维时代铸成的人类文明生态

"苦主"原有为止；而那些终生虔诚的人的灵魂则上升到大地上面居住，特别是"那些曾经用爱智的哲理把自己清洗得干干净净的人，从此以后就完全脱离肉体，过着纯粹的生活，进入更加美丽的居所"①。最终，苏格拉底希望人们大体上相信他的"讲法"并用以激励自己，劝说人们："一个人应当为自己的灵魂打气，在生活中拒绝肉体的快乐和奢华，以为这是身外物，对自己有害无利，而一心追求知识的快乐，不用外在的饰物打扮自己的灵魂，只用它自己固有的东西来装点它，如明智、公正、勇敢、自由、真实之类，等待着离开今生前往另一世界，准备在命运召见时就去。"②

让我们再来归纳一下。首先，预设灵魂的必然存在；其次，论证其不因躯体的消亡而消亡——灵魂不死；再次，根据人生时的行善还是作恶来对躯体死后的灵魂进行审判和分类；最后，把不同的灵魂安排不同的归宿，反过来教育人们生时要虔诚、为善、求真知，以备死后灵魂能有好的归宿。这与基督教的"末日审判"说、"天堂地狱"说、"救赎"说可谓异曲同工，只是它以哲学的理性思维方式展现出来，似乎更会令人信服。因此，基督教哲学和神学更愿意吸收这些思想以完善自己的思想体系，事实也就是如此。

在上述"灵魂不死"说中，苏格拉底（或柏拉图）忽略了一个重要问题，即生命是什么，以及其与灵魂的关系是什么。这方面，亚里士多德在他的《论灵魂》中对灵魂进行了长篇论述，并给生命以这样的定义："所谓生命乃是指自己摄取营养、有生灭变化的能力。所有有生命的自然躯体都是实体，这样的实体必然由组合而构成。它是这样一种躯体，即

---

① 柏拉图：《柏拉图对话集·斐洞篇》，王太庆译，商务印书馆，2012，第283页。
② 同上。

具有生命的躯体，但躯体并不是灵魂。……灵魂，作为潜在的具有生命的自然躯体的形式，必然是实体，这种实体就是现实。灵魂就是这样一类躯体的现实。"[①] 因此，我们看出，生命是指能自己摄取营养，有生灭变化能力。而为生命摄取营养又有生灭变化的是躯体，当躯体死亡后，为生命摄取营养的"实体"不在了，那么灵魂能自己摄取营养吗？或者是否灵魂干脆并不需要营养，因为它没有"生灭变化"？或者当躯体死亡之后，灵魂就没有为自己摄取营养的载体了，那么灵魂如果仍然能继续存活的话，说明灵魂并不需要摄取什么营养。如果一定要有的话，那也许就如苏格拉底所说，其营养便是虔诚和求得的真知。总之，他将生命分成躯体和灵魂两部分，并由躯体为生命摄取营养，但对于一旦躯体丧失摄取营养的能力后，灵魂将靠什么滋养的问题，并未给出明确答案。

尽管亚里士多德在他的《论灵魂》中，对灵魂详加论述，并提出许多与其前辈不同的观点，但灵魂的存在与不死的观念是相同的，与苏格拉底、柏拉图的灵魂不灭思想一道，都或多或少地被融入基督教哲学和神学之中。

（五）城邦治道——西方治国思想的起源

创维时代，古希腊人建立了诸多城邦。不同城邦的治理模式，有相似也有不同。城邦或城邦联盟与其他民族（国家）之间、城邦与城邦之间为争夺土地、海洋、人口等频繁发生长期战争，也促使希腊城邦寻求更为合适的治理模式；那个时期的哲学家，如苏格拉底、柏拉图和亚里士多德等，以理

[①] 苗力田主编：《亚里士多德全集》第三卷，中国人民大学出版社，1997，第30—31页。

第二章　基本哲学思想体系——创维时代铸成的人类文明生态

性思维的方式对城邦的治理之道进行了大量的分析、探索，并形成了特色鲜明的理论体系，从而为后世西方治国思想的发展和演进奠定了基础，同时也构成了创维时代西方思想体系的又一重要组成部分。

在《上帝之城》的序言中，中世纪哲学史家埃提安那·吉尔松认为：第一，罗马帝国本身不过是罗马城的大范围扩展而已；第二，罗马像雅典一样是一座古城，而每一座古城要么是一个城邦国家，要么是城邦国家的中心；第三，古希腊城市被分为宗族城和联盟城。由此我们可以看出，从地缘上讲，西方的国家治理之道是以城邦治理为起源向外拓展的，不同于中国式大一统模式。现在的美联邦、俄联邦、英联邦、德联邦等国家也都不同程度地留有古希腊城邦治理模式的烙印。

西方的治国思想体系，是建立在古希腊众多蕞尔小邦治理之道的基础上的，而且这些治道是集中产生于当时最为著名，当然也是后世最为推崇的城邦——雅典城邦之内的。

亦如前述神在西方思想中的特殊地位一样，在古希腊，要建立城邦国家，首先要将神置于最高位置，雅典城邦就得名于女神雅典娜。据古希腊神话，大海之神波塞冬与智慧之神雅典娜为争夺雅典的主神之位而斗法。波塞冬使岩石缝里跳出一匹马，而雅典娜使岩石上长出一棵橄榄树。雅典人认为橄榄树有用，因而就选择了雅典娜作为城邦的保护神，并用她的名字作为城邦之名——雅典因此得名。

柏拉图在描述城邦起源时说，是普罗米修斯将火种和各种谋生技艺从不同的神祇那儿盗给人类，"从那时起，人有了一份神性。首先，人成为崇拜诸神的唯一动物，因为只有人与诸神有亲戚关系，只有人建立神坛、塑造神"。"为了寻求自保，他们聚集到城堡里来"，是宙斯派一神祇"把尊敬和正义带给人类，以此建立我们城市的秩序，创造出一条友谊和团结的纽带"。① 在《法篇》中柏拉图更具体地指出："无论是重新创建一个新的基础，还是恢复老的基础，在关于诸神及其圣地的事务上——比如一个城邦必须建什么神庙，应当把神庙献给什么神或什么精灵——没有一个聪明人会想去打扰从德尔斐、多多那、阿蒙神的神谕中得来的信念，或者动摇来自任何神灵显现和神灵启示的古老传说的信念，这些信念已经导致献祭和祭仪的建立，无论它是原创的和本土的，还是从埃图利亚、塞浦路斯，或者别的地方传来的，神谕、神像、祭坛、神龛、圣地的供奉都固定下来了。立法者应当尽可能避免干扰这些事务，他应当给每个区指定保护神，或指定精灵和英雄，他划分领地时的第一步应当给每一位神灵指定一块专门的区域来负责供奉。他们这样做的目的是，在特定时期把崇拜各种不同神灵的人聚集在一起，为满足人们的需要提供机会，宗教节庆可以增进人们相互间的友谊和亲密。"② 城邦的创建者在选定城市的地址之后，"他必须把他的城市分成十二个部分，但他首先要建立一块供奉赫斯提、宙斯和雅典娜的圣地——他会称之为城堡——从那里他再延伸出城市的十二个区和整个城邦的领土"。还要"把这十二个部分指定给十二位神，以神的名字为这十二个部分命名，如此确定下来并神圣化的人群就称作部落"。③ 雅典城邦著名改革者梭伦（西元前638—前559年），更是"相信神道无处不在

---

① 柏拉图：《柏拉图全集》第一卷，王晓朝译，人民出版社，2002，第443页。
② 柏拉图：《柏拉图全集》第三卷，王晓朝译，人民出版社，2002，第497页。
③ 同上书，第503—504页。

第二章 基本哲学思想体系——创维时代铸成的人类文明生态

并确信最高之神宙斯的天理公义，而不逊之举必受惩罚"①。由此，我们可以看出神在古希腊城邦的建立和生活中处于首要和中心的地位，是古希腊城邦的精神支柱，建立城邦和维持城邦的公共生活，神庙的建立是首要任务；而在城邦与城邦、城邦与外族的战争中，最终的胜利或失败的标志，是毁其神庙或自己的神庙被毁，这样的历史故事有很多。后世在研究古希腊的政治和城邦治理时，多只关注其法律和政治体制，而常忽略体制与法律背后的精神和信念取向，而那却是体制与法律得以建立和演进的根本起点。古希腊思想家其中的一个重要概念就是虔诚，也就是对城邦供奉之神的虔诚，例如苏格拉底的背叛罪，主要就是被指控对城邦之神不信、不虔诚。

有了城邦的精神支柱，我们来看看其人口。柏拉图认为，"小国寡民"是理想的城邦规模。他把城邦公民的总数确定为5040个家庭，他认为这个规模的人口"足以保护自己，反对侵略，还能在邻国受到侵犯时帮助邻国"，并且这个数字可以被1~12（11除外）的数整除，他认为这有利于战争、征税和公共分配，并要求立法者将城邦分成12个部分。② 如果按每个家庭5~8人测算，则其认为的理想的人口规模应为25200~40320人（这里应不含外邦人和奴隶）。

关于城邦土地的分配，也是按照这12个部分，以土地肥沃与贫瘠、在城邦中心与城邦边境相搭配进行平等的分配。③ 而事实上，在梭伦改革时期的部落数为4个，后来到了克勒斯泰尼时期，则将全邦部落数分为10个，以取代原先的4个。④

---

① N.G.L.哈蒙德：《希腊史》，朱龙华译，商务印书馆，2016，第249页。
② 参见柏拉图：《柏拉图全集》第三卷，王晓朝译，人民出版社，2002，第496页。
③ 同上书，第504页。
④ 参见苗力田主编：《亚里士多德全集》第十卷，中国人民大学出版社，1997，第23—24页。

事实上，关于古希腊城邦的人口和土地面积，因缺少历史资料记载，研究者大多从不同相关资料中推断和分析。有资料认为，古希腊有大小城邦千余个，土地面积和人口差别甚大。城邦土地面积大者约8500平方公里，最小者不过22平方公里。至于人口，一般从其历史战争中各邦拥有军队数量进行推测。如出现在西罗多德①笔下的共有20个城邦，其中重装兵人数超过3000人的只有5个，在1000人以下的有12个，甚至还有不足200人者。② 由此看出，古希腊城邦是地域狭小、人口很少的"小国寡民"的部落。

在雅典的生民中，最重要的概念是"公民"。"公民"一词在今天一般是指"具有一国国籍的人"。而在古希腊，公民群体实际上是扩大了的统治集团的成员。根据亚里士多德在《雅典政制》中的记载，要想成为一个公民，其父母必首先是公民（世袭与血统），当他到18岁时要到居住区注册，之后要经过年龄、是否为自由人和合法出生等的审查。如果经审查认为其非自由人因而也就没有注册为公民的正当权利，城邦将把他卖掉。如果通过了审查，其所在部落将为其选出一名"风纪官"和一名督察统管。在其统管之下，这些年轻人先巡访各处神庙（再次看出神的元素在希腊城邦中的重要性），到城邦的不同地方值守，并有人专门教给他们军事技能，这需要一年的时间。接下来的一年里，他们首先要在公民大会上展示他们所学的技能后获得一面盾和一支矛，然后巡戍邦土，在各处卫堡中度过时日，其卫戍生涯持续两年。之后，他们就可以加入其他公民的行列，行使参与城邦

---

① 古希腊历史学家，有西方"史学之祖"之称。
② 参见刘玮主编：《西方政治哲学史》第一卷，中国人民大学出版社，2017，第2页。

各种政治活动的公民权利了。古希腊历史上著名的梭伦改革（约西元前594年），按其拥有财产的多寡将公民分为四个阶层，即五百麦第姆诺户、"马户"（骑士）、有牲口户和雇工。各种官职只能由前三个阶层的公民担任，官阶高低也是按财产多寡进行分派，雇工阶层只有参加公民大会和陪审法庭的权利。N.G.L.哈蒙德在其《希腊史》中也有类似的描述并指出："他（指梭伦——笔者注）的第一个步骤是改变官职候选人的资格，把原来的'生身与资财'并重改为全凭'资财'。"①

《希腊史》在论及古希腊城邦的兴起特点时，指出公民权一般规定由父母双方世袭承接而来，它使主人和农奴之间的区分永久化并保持社会上的公民阶级和特权，这些特权阶级的公民享有相当程度的闲暇以习武艺或其他技艺，也就是享有受教育的特别权利，并且认为"这些特点在许多城邦中都保持了好几个世纪之久"。这之后，该书还详细描述了当时的城邦斯巴达对具有公民资格的男孩子的教育和培养："18~20岁他们接受军训并对农奴搞侦缉暗探（crypteia）活动。以后就在营垒里过纪律严明的军事生活一直到30岁，这样才算完全结束了教育（agoge）的过程。"接着又写道："超过上述年龄的人可被接纳为聚餐会（andreion或syssition）的成员，对他的加入若无人反对便可通过。获通过者即为全权公民或'平等人'（homoios），未获通过者或'次等人'（hypomeion）则无选举权，在法律上也低人一等。"进一步分析后，作者指出："世袭制仍是取得公民权的原则。只有公民之子才能成为公民。""'平等人'的特权集团必须联合一致，以镇压臣属阶

---

① 苗力田主编：《亚里士多德全集》第十卷，中国人民大学出版社，1997，第244页。

级。"① 由此，我们更加清晰地看出，古希腊城邦的公民，实际上是统治阶级或贵族阶级集团的统称，绝非近现代以来的公民概念，或者说，近现代以来，西方借用了这个概念，并将其反推回2000多年前的古希腊时代，以此标榜西方文明一开始就有强烈的"公民"意识，并以此美化西方文明，给人以西方文明一开始便如近现代西方社会一样是"民主"的"公民"社会的假象。至于近现代以来西方常常挂在嘴边上的"平等"概念，从其起源看，是不平等的，而且实际上的西方近现代社会也是同样不平等的。

关于城邦国家的政体形式，古希腊哲学家和古希腊城邦进行了广泛的探索和实践。柏拉图在其《理想国》中将其归纳为四种制度，包括："第一种被叫作斯巴达和克里特政制，受到广泛赞扬的。第二种叫作寡头政制，少数人的统治，在荣誉上居第二位，有很多害处的。第三种叫作民主政制，是接着寡头政制之后产生的，又是与之相反的。最后，第四种，乃是与前述所有这三种都不同的高贵的僭主政制，是城邦的最后的祸害。"②

柏拉图认为有多少种不同类型的政制，就有多少种不同类型的人的性格，而且政制制度不是从木头里或石头里产生出来的，而是从城邦公民的习惯里产生出来的，习惯倾向决定了其他一切方向。他把斯巴达政制的最显著特点归纳为好胜和爱荣誉；把寡头政制的特点归纳为根据财产资格来确定的制度，政治权力掌握在富人手里，并且认为"一个国家里尊重了钱财，尊重了有钱财的人，善德与善人便不受尊重

---

① N.G.L. 哈蒙德：《希腊史》，朱龙华译，商务印书馆，2016，第150—152页。
② 柏拉图：《理想国》第八卷，郭斌和、张竹明译，商务印书馆，2011，第313页。

了"①。关于民主政制，柏拉图在论述了它的自由、宽容和人们多样性选择后，认为它对其要"建立的理想国时所宣布的庄严原则是蔑视的"，并认为"民主制度以轻薄浮躁的态度践踏所有这些理想，完全不问一个人原来是干什么的，品行如何，只要他转而从政时声称自己对人民一片好心，就能得到尊敬和荣誉"，"是一种使人乐意的无政府状态的花哨的管理形式"②。他认为僭主政制是从民主政制中产生出来的，"一个民主的城邦由于渴望自由，有可能让一些坏分子当上了领导人，受到他们的欺骗"，"烂醉如泥"，受不了任何约束，物极必反，形成了僭主政制产生的根源，最终那城邦的保护者（当上领导人的坏分子）"攫取了国家的最高权力，由一个保护者变成了一个十足的僭主独裁者"③。

在对上述四种政制模式进行分析与批判的基础上，柏拉图从"正义"的概念出发，提出由哲学家领导实现正义的理想国的设想，他写道："只要让真正的哲学家，或多人或一人，掌握这个国家的政权。他们把今人认为的一切光荣的事情都看作是下贱的无价值的，他们最重视正义和由正义而得到的光荣，把正义看作最重要的和最必要的事情，通过促进和推崇正义使自己的城邦走上轨道。"④ 他认为国家应有四种品质，即智慧、勇敢、节制和正义。他所认为的正义，是指"每个人必须在国家里执行一种最适合他天性的职务"，"只做自己的事而不兼做别人的事"，这样就能使"节制、勇敢、智慧在这个城邦产生"⑤。由此，柏拉图的正义就是维持一定的

---

① 柏拉图：《理想国》第八卷，郭斌和、张竹明译，商务印书馆，2011，第322页。
② 同上书，第333页。
③ 同上书，第346页。
④ 柏拉图：《理想国》第七卷，郭斌和、张竹明译，商务印书馆，2011，第310页。
⑤ 柏拉图：《理想国》第四卷，郭斌和、张竹明译，商务印书馆，2011，第154页。

社会分工和秩序而达至和谐,而这是建立理想国度的基础。

柏拉图还提出了实现"理想国"的一些具体设想。如国家的治理者们(护卫者与辅助者)应该没有个人私产,包括其妇女和儿女也应共有,"因为他们一切公有,一身之外别无长物,这使他们之间不会发生纠纷。因为人们之间的纠纷,都是由于财产、儿女与亲属的私有造成的"①。除了共妻外,在他们之间生育的孩子也要统一培养,不使其互相知道父母与子女的关系。

作为西方政治学说的创始人,亚里士多德在对古希腊上百个城邦考察的基础上,深入研究了各种城邦治理模式,归纳出六种政体:君主制、贵族制、共和制、僭主制、寡头制和平民制。他把前三种政体视为正宗,后三种视为变态的政体。

亚里士多德认为:"人天生是一种政治的动物。"② 他从家庭关系入手,从主奴关系、夫妻关系和父子关系推及城邦的统治者和被统治者的关系。认为"能够运筹帷幄的人天生就适于做统治者和主人,那些能够用身体去劳作的人是被统治者,而且是天生的奴隶;所以主人和奴隶具有共同的利益"③。他还认为:"雄性更高贵,而雌性则低贱一些,一者统治,一者被统治,这一原则可以适用于所有人类","那些较低贱的天生就是奴隶。作奴隶对于他们来说更好,就像对于所有低贱的人来说,他们就应当接受主人的统治"④。在他的《政治学》一书中的开篇主要是论述这些关系和观点,因此,这些

---

① 柏拉图:《理想国》第五卷,郭斌和、张竹明译,商务印书馆,2011,第201页。
② 苗力田主编:《亚里士多德全集》第九卷,中国人民大学出版社,1997,第6页。
③ 同上书,第4页。
④ 同上书,第11页。

观点是作为其论述各种城邦政体的基础。他从家庭的分析出发，认为家庭是人们满足日常生活的共同体，在家庭中，奴隶只是主人会说话的工具，丈夫（男人）是家庭的主宰，要为其妻儿"立法"。他认为家庭由几个要素构成：主奴、夫妻、父子关系，还有一个是"财富术"。以家庭为基础形成村落，多个村落的共同体便形成城邦。这样我们可以看出，其对各种城邦政体的研究是建立在等级（高贵与卑贱）和财富的基础上的。比如，他把父权的统治比作"君主式"政体，夫权比作"共和式"政体。

亚里士多德分析了几种主要城邦政体的利弊，并对柏拉图的许多观点进行了批判，探讨了什么是最优秀政体。他首先认为一切城邦均由三个阶层组成：极富阶层、极穷阶层和介于两者之间的中间阶层——"拥有一笔中等的财富"[①]。中间阶层的人最易听从于理性；极富之人容易变得"无比凶暴"，极穷之人容易变成"流氓无赖"，均难以听从于理性的安排。因此，他认为，"最优良的政治共同体应由中产阶层执掌政权，凡是中产阶层庞大的城邦，就有可能得到良好的治理"[②]。这说明，亚里士多德将政体的本质归结为最高统治权的归属，并且认为由平民政体与寡头政体的组合或混合，形成奉行"中庸"之道的共和政体为最佳政体。

雅典城邦的平民政体并非亚里士多德最为推崇的政体，他对此提出了批判："平民领袖们把一切事情都交付平民百姓表决，这是造成群众的决议取代法律的权威的原因。他们的

---

① 苗力田主编：《亚里士多德全集》第九卷，中国人民大学出版社，1997，第141页。

② 同上书，第142页。

地位日渐显著，因为权力在全体平民手里，而他们可以左右平民百姓的意见，群众们也甘愿听任这些人摆布。"① 他认为城邦的最高权威应是法律，而各种官员只需对个别的特例作出裁决。这说明，古希腊先贤对于被后世西方至为推崇的民主制持理性的批判态度（包括前文提到的柏拉图的观点），且并不将其作为理想的政体来看待。

总体来讲，古希腊先贤基于当时小国寡民、城邦林立且相互征伐的社会背景，从社会等级（不同人群、不同性别等）和财富多寡为出发点，对不同政体进行了分析探索，提出了理想政体诸多方面的设想，对后世西方政治学说产生了深刻而持久的影响。

在城邦建立上，注重其理性设计，在神祇供奉、人口构成、土地分配、权力分配、法律制定、对外关系等诸多方面，都体现了一种理性分析和理想化的设计。比如对立法十分重视，甚至提到，"还有对宴饮的立法，规定由头脑清醒者主持宴会"②。

在城邦权力的分配与制衡方面，提出了在议事机构、行政机构和司法机构之内分配权力，各司其职相互制衡的设计框架，并将其视为"一切政体的三个部分或要素"③。这应是西方政治权力"三权分立"的最早理论基础。

在人口和种族问题上，一方面，将人口分为极富、极穷和中产三个阶层，形成了以财产多寡进行社会分层的等级观念，将父权和夫权置于至高无上的位置，形成了男女严重不

---

① 苗力田主编：《亚里士多德全集》第九卷，中国人民大学出版社，1997，第129页。
② 同上书，第72页。
③ 同上书，第148页。

第二章 基本哲学思想体系——创维时代铸成的人类文明生态

平等的观念;另一方面,将不同种群分为统治者和野蛮人,并认为某些人天生就是奴隶,把野蛮人与奴隶视为同一类人,认为希腊人是天生的统治民族,"应当让希腊人来统治野蛮人"①。这可以说是奠定了以财富为基础的西方文明中心论和种族主义的思想基础。

  关于殖民思想。由于当时古希腊诸多城邦林立,受土地的限制,或出于维护本城邦的利益考虑,经常出现一城邦之人到另外的地方(或岛屿)建立定居点的现象,由于城邦之间的相互独立性,因而产生了殖民和殖民地的概念。正如柏拉图在其《法篇》中的描述:"有些人由于缺乏生存手段而准备追随他们的领袖参加杀富济贫的战斗,这种人被立法者视为国家的大患,立法者会尽可能善意地把他们送往国外,委婉地说来就叫作'解脱',这一过程的名称就叫'殖民'。"②在《法篇》的末尾还提到在克里特岛的一大块地方正在建设一个殖民地城邦之事。亚里士多德在其《政治学》第一卷第八章讨论财产以及致富术时说:"战争技术乃是一门关于获取的自然技术,作为包括狩猎在内的有关获取的技术,它是一门这样的技术,即我们应当用它来捕获野兽,并捉拿那些天生就应当由他人来管理而不愿臣服的人;这样的战争自然而公正。"③这些应是西方殖民主义思想和实践的起源或理论基础。而殖民扩张和殖民主义在整个西方文明史中占据重要位置,它始于古希腊殖民城邦的建立:"建立殖民城邦,不仅是希腊文明而且也是欧洲文明发展中的一个决定性的步骤。殖

---

  ① 苗力田主编:《亚里士多德全集》第九卷,中国人民大学出版社,1997,第4页。
  ② 柏拉图:《柏拉图全集》第三卷,王晓朝译,人民出版社,2002,第494页。
  ③ 苗力田主编:《亚里士多德全集》第九卷,中国人民大学出版社,1997,第17页。

民运动的推行者是城邦，殖民运动造成的结果也是城邦。"①人们在赞扬古希腊政治学说的同时，不应忽视其关于种族、男女平等、公民与奴隶、殖民等这样一些思想对后世乃至今日所带来的恶劣影响。

古希腊这种理所当然的殖民主义思想，在基督教文明中也得到了很好的继承和发扬。《圣经·彼得后书》讲，"因为人被谁制服就是谁的奴仆"，虽然所指的是人受情欲和邪淫引诱使自己成为败坏的奴仆，但同样折射出基督教文明的"丛林法则"和"弱肉强食"精神。奥古斯丁把真正崇拜上帝的人视为好人，并且指出："那么对于好人来说，四处扩张他们的帝国并且长久地对她加以统治，就是有益的事。"② 这是一种多么赤裸的，以上帝名义的强盗逻辑。

三、印度的基本哲学思想体系

古代四大文明之一的印度，其文明应是从考古可证的哈拉巴文明（约西元前2400—前1700年）开始。哈拉巴文明的人种，以达罗毗荼人为主。后来，哈拉巴文明消失了，其原因至今仍是个未解之谜。而据印度古籍《梵书》和《往世书》等记载，印度的第一位国王是摩奴（Manu）。这之后的印度人种便以雅利安人为主。而事实上"雅利安"是一种语言的称谓，这种语言在发音上与希腊语和拉丁语有密切联系，据说讲这种语言的人起源于里海地区和南俄大草原，随着游牧生活的展开，向广袤的欧亚大陆辐射，有的到了希腊，有的

---

① N. G. L. 哈蒙德：《希腊史》，朱龙华译，商务印书馆，2016，第162页。
② 奥古斯丁：《上帝之城》，庄陶等译，复旦大学出版社，2011，第46页。

去了小亚细亚，其中一支来到伊朗，约在西元前 1500 年，他们移进到印度次大陆的西北部的印度河流域。

印度雅利安人最早的文献资料是吠陀古籍，是雅利安民族歌颂神的赞美诗和歌曲集，是印度最古老宗教——婆罗门教和后来的印度教的根本经典，也是奠定印度哲学思想的经典。

"吠陀"原意为"学"或"知识"，我国古代也译为"明""围陀"等。吠陀典籍分为狭义吠陀和广义吠陀。狭义吠陀是指吠陀本集，共有四部：

《梨俱吠陀》，对诸神的赞美诗，是四部吠陀本集中最重要的一部，因为其他三部吠陀本集均引用此经中的许多诗颂。在祭祀（天启祭）中由诵者祭司念颂《梨俱吠陀》。

《耶柔吠陀》，带有祈祷性的散文或韵文式的颂赞。祭祀时，由执行祭祀礼仪的行者祭司低颂《耶柔吠陀》。

《娑摩吠陀》，基本上是从《梨俱吠陀》抽取出来的可以歌唱的部分赞歌。在祭祀时由歌者祭司伴随供奉祭品和苏摩洒，高唱《娑摩吠陀》赞歌。

《阿闼婆吠陀》，是关于消灾积福、战胜敌人等的咒语或巫词的汇集。

从广义上讲，吠陀典籍包括三大类：《梵书》、《森林书》和《奥义书》。《梵书》是说明吠陀本集有关祭祀起源、目的、方法、赞歌、祭词的意义等内容的文集。四部吠陀本集都有自己所属的《梵书》。它进一步阐发了吠陀所提出的生主、原人、梵我、理法、有无、诸大（原素）等哲学观点。《森林书》是因在森林中传授而得名，它又是《梵书》的附属部分，不仅包括对祭祀的仪式和实行方法的说明，而且也涉及为什么要祭祀，什么是宇宙和人生的奥秘等哲学问题。《奥义书》

则是《森林书》的附属部分，也是吠陀的最后部分①，它从多方面开始摆脱宗教神话的内容，以思维的方式来探讨人的本质、世界的根源、灵与肉的关系、死后的命运等哲学问题。印度哲学最早和比较系统的学说是从《奥义书》开始，"而《奥义书》之智，则已进入哲学之域，必智者乃可知之"②。

在印度的古代典籍中，有两部重要的史诗，《罗摩衍那》和《摩诃婆罗多》。《罗摩衍那》讲述印度一个古国阿逾陀国的王子罗摩（大神毗湿奴的化身）与另一古国遮那竭国国王女儿悉多的爱情故事，罗摩与其异母之弟罗什曼那的兄弟情义和罗摩尊重父亲意愿自愿放弃王位继承权而被流放到森林14年，历经艰难后，在神猴哈奴曼的帮助下重回国都登上王位的故事，赞扬了罗摩忠义、无私、忘我和友爱的高尚品格和精神。罗摩作为大神毗湿奴的化身，后来成为印度教最大的派别——罗摩派供奉的主神。③而史诗《摩诃婆罗多》描写的是发生在古印度婆罗多王族两个支系——俱卢部落与般度部落——之间的战争。《摩诃婆罗多》的第六篇《毗湿摩篇》中的第23章至第40章，是《摩诃婆罗多》中关于宗教、哲学最重要部分，也就是著名的《薄伽梵歌》。它的根本思想是宣扬印度教的人生哲学和伦理道德思想，主张一个教徒必须按照自己的"达摩"（社会职责，也是印度的道德法则）去履行职责；在履行职责过程中，不去考虑个人荣辱得失的结果，而只是尽责才能使自己的灵魂"我"和宇宙的最高"梵"相结合、相统一，最终可达到摆脱生死轮回的解脱。

---

① "奥义书"梵文的原意是"近坐""秘密的相会"，引申为师生对坐所传的"秘密教义"。"奥义书"也称为"吠檀多"，即"吠陀的末尾"或"吠陀的最高意义"。
② 汤用彤：《印度哲学史》，新世界出版社，2017，第33—34页。
③ 参见朱明忠：《印度教》，福建教育出版社，2013，第54—56页。

第二章 基本哲学思想体系——创维时代铸成的人类文明生态

《薄伽梵歌》对其之后直至现代的印度哲学思想产生了深刻的影响，包括近代印度民族独立的领袖甘地等，都把《薄伽梵歌》推崇为最重要的经典。"印度教之有《薄伽梵歌》，犹伊斯兰教之有《可兰经》，基督教之有新、旧约《圣经》也。"[①]

在印度哲学史上，有正统派和非正统派或异端派之分。凡是承认吠陀经典的权威性的婆罗门教哲学都被称为正统派哲学，而否认吠陀经典权威性的哲学流派则被称为非正统派或异端派。正统派包括：正理论、胜论、数论、瑜伽（或称钵颠阇利的瑜伽）、弥曼差、吠檀多，又被称为"六派哲学"。异端派包括：佛教、耆那教、顺世论（或译为路迦耶多）。[②]

宗教盛行，是印度的一大特点。印度的哲学思想均寓于各派宗教之中，在印度的哲学思想中，哲学与宗教之间很难分出一个明显的界限，而各派宗教与哲学追求的最终目标都是要获得解脱而渡到彼岸。创维时代的印度思想可谓"百家争鸣"，体系庞大而驳杂，文献典籍浩繁，且长期靠口耳相传方式传续，其间相互重复重叠之处颇多。后世的各种译本，名词称谓多有不同，而通晓梵文者甚少，殊难甄辨。由于尊重或崇尚梵文原意的原因或找不到完全对应的汉语词汇等，唐玄奘还确定为后世翻译所遵从的因秘密故、多义故、此无故、顺古故和生善故的"五不翻"原则，如我们中国人熟悉的佛语六字真言"唵嘛呢叭咪吽"，其原意为"哦！莲花里的珠宝"，并不将其译出，而用一些奇怪的汉字组合成音译，以彰显其神秘。体系的庞杂、译文的殊异与艰涩，加之受西方

[①] 徐梵澄：《薄伽梵歌论》，商务印书馆，2003，第463页。
[②] 参见孙晶：《印度吠檀多哲学史》上卷，中国社会科学出版社，2013，第1—2页。

学术霸权影响而大多译文和论说均以近现代西方学术术语去定义、分析、解构古老的印度思想,等等。这些都使得绝大多数读者难以理出印度哲学思想的清晰脉络或正确把握其核心思想内容。

笔者努力收集和研读现今出版的一些印度典籍译文和相关论著,试图从中梳理和归纳出创维时代古老印度思想中的一些主要的、核心的、对后世印度文明有深刻影响的思想内容,并把其带到与其他文明相比较的视域之中。

(一) 寻本溯源——探求宇宙和人的本原

印度的先民们,富于哲理思考,勤于探究宇宙和人的本原。"盖其国君民上下,几以研穷哲理为人生唯一事业。"① 他们面对灿烂星辰、风雨冷暖、万物生死枯荣等自然现象,深思穷问,提出了一系列的寻根溯源的哲学问题。

> 晚上太阳到哪里去了?
> 白天星星到哪里去了?
> 太阳为什么不落下呢?
> 白天与黑夜,哪个更早,哪个更晚呢?
> 风从哪里刮来?又刮到哪里去呢?②

这些在今天的人们看似普及的自然科学知识,在古时也是往复循环的自然现象,却引起了印度先民们的深刻思考和探索。

由于当时科学知识的局限,难以解答这些问题,便把这一切赋予了诸神。以歌颂诸神的最重要的印度古籍《梨俱吠

---

① 梁漱溟:《印度哲学概论》,上海人民出版社,2013,第11页。
② 徐远和、李甦平等主编:《东方哲学史·上古卷》,人民出版社,2010,第14页。

第二章 基本哲学思想体系——创维时代铸成的人类文明生态

陀》将世界分为天界、空界和地界三个部分，与此相对应的33个神也分别居于此三界之中，平均分配为每界11个神。天界的神主要有天父神狄奥斯、遍摄天婆搂那、友爱神蜜多罗、太阳神苏利耶、朝暮神莎维德利、育生神谱善、遍入天毗湿奴、黎明女神乌沙、双马童阿须云等；空界的神主要有雷电神因陀罗、荒神鲁陀罗、风暴神群摩鲁特、风神伐由伐陀等；地界神主要有火神阿耆尼、酒神苏摩等。

> 遍照之曙光，升起于东方，
> 脱离夜黑暗，纯洁现本相。
> 乌沙天之女，遐迩放明光，
> 愿为黎民利，开路示航向。①

这是对黎明女神乌沙的美丽颂词。也可以说，是把黎明曙光普照大地的光辉赋予了一位美丽的女神，或者借用女子的美丽来描绘黎明曙光的美妙。

然而，印度的先民们并未停留在对诸神的赞美上，而是进一步探索宇宙的本原和万物的起源，因而提出"谁人曾看见，最初者出现，不具实体者，支持实体者？从地生气血，何处有我在？谁去寻智人，请教此道理？"② 这些基本的哲学问题。在《梨俱吠陀》中关于宇宙起源的颂诗最著名者为《有转神赞》或称《有无歌》，关于世界万物被创造的图景描述是《原人歌》。

我们先来看看《有转神赞》的汉译文字：

---

① 巫白慧：《印度哲学：吠陀经探义和奥义书解析》，东方出版社，2000，第5页；亦见《梨俱吠陀·神曲选》，巫白慧译，商务印书馆，2010，第86—87页，其第一句译为："此光在东方，照耀最经常。"
② 巫白慧：《印度哲学：吠陀经探义和奥义书解析》，东方出版社，2000，第31页。

（1）
无既非有，有亦非有；
无空气界，无远天界。
何物隐藏，藏于何处？
谁保护之？深广大水？

（2）
死既非有，不死亦无；
黑夜白昼，二无迹象。
不依空气，自力独存，
在此之外，别无存在。

（3）
太初宇宙，混沌幽冥，
茫茫洪水，渺无物迹。
由空变有，有复隐藏；
热之威力，乃产彼一。

（4）
初萌欲念，进入彼内，
斯乃末那，第一种识。
智人冥思，内心探索，
于非有中，悟知有结。

（5）
悟道智者，传出光带；
其在上乎？其在下乎？
有输种者，有强力者；
自力居下，冲力居上。

（6）
谁真知之？谁宣说之？

第二章 基本哲学思想体系——创维时代铸成的人类文明生态

彼生何方？造化何来？
世界先有，诸天后起；
谁又知之，缘何出现？
（7）
世间造化，何因而有？
是彼所作，抑非彼作？
住最高天，洞察是事，
唯彼知之，或不知之。①

从《有转神赞》中可以看出，印度的先民们认为在太初之时，"无"不存在，"有"也不存在；没有有空气的气界，也没有更远的天界；没有死亡，也没有永生；没有昼夜迹象。却有一个"不依空气"的"自力独存——太一"，它靠自身的"热力"产生于太初宇宙茫茫洪水，渺无物迹之时。之后，在"太一"之内，出现了"欲念"，它是产生思想的最早种子。圣人（智人）经过冥思和内心的探索，从"无"中找出"有"。太一的光线横向射出，有在其上者，有在其下者。有生育者，有滋养者。下面有自存的能力，上面有冲动的力量。谁又能知道并说出这世界，这造化是从哪里来的呢？天神产生于世界创造之后，那么，谁又知道它是在哪里出现的呢？最后结论还是疑问不解，即这世界造化是造出来的，抑或不是造出来的，住在最高天上的太一到底知不知道这些呢？尽管这赞歌中有许多疑问，其自身并未回答清楚，但有一点是清楚的，即"有"与"无"是相对的，且并非最初的起源，而最初的起源是太一，是宇宙的唯一本体。太一又被赋予了人格特点，具有欲念和思考力，以及自然的能量——热力，

---

① 《梨俱吠陀·神曲选》，巫白慧译，商务印书馆，2010，第245—246页。

由此便有了种子、滋养和诸神。尽管转来转去,并未得出宇宙的最初起源到底为何,却体现了印度先民们为求宇宙本体的探索精神,为求宇宙根本,抽象出一个最初的起因(亦如西方最后把万物起源归结为上帝一样),因而之后发生的事情便是这个"因"的"果"。

"世界先有,诸天后起",按照《有转神赞》的这个顺序推理下去,太一之后有诸神,而在《梨俱吠陀》中又生动地描绘了一位伟大的神——原人之神化生万物的图景。《原人歌》如下:

(1)
原人之神,微妙现身,
千头千眼,又具千足;
包摄大地,上下四维;
巍然站立,十指以外。

(2)
唯此原人,是诸一切;
既属过去,亦为未来;
唯此原人,不死之主;
享受牺牲,升华物外。

(3)
如此神奇,乃彼威力;
尤为胜妙,原人自身;
一切众生,占其四一;
天上不死,占其四三。

(4)
原人升华,用其四三,
所余四一,留在世间。

是故原人，超越十方；
遍行二界，食与不食。

(5)
从彼诞生，大毗罗阇；
从毗罗阇，生补卢莎。
彼一出世，立即超越；
后造大地，及诸众生。

(6)
诸多神祇，祭祀之时；
春为酥油，夏是柴薪；
秋是供品，牺牲原人。

(7)
初生原人，放置草上；
祭司亲临，沐浴灌淋；
诸多神祇，以他献祭；
圣者智者，无一例外。

(8)
祭祀完结，圆满成就，
流出膏脂，混合酥油；
天空之下，森林之中，
村落万有，由此而生。

(9)
祭祀完结，圆满成就，
生出赞歌，以及颂诗；
神秘咒词，也即出生；
祭司之词，亦由此生。

(10)
世间之马，由此出生，
从今以后，双齿兽生；
牛羊野羊，也从此生。

(11)
原人之身，若被肢解，
试请考虑，共有几分？
何是彼口？何是彼臂？
何是彼腿？何是彼足？

(12)
原人之口，是婆罗门；
彼之双臂，是刹帝利；
彼之双腿，产生吠舍，
彼之双足，出首陀罗。

(13)
彼之胸脯，生成月亮；
彼之眼睛，显出太阳；
口中吐出，雷电火天；
气息呼出，伐尤风神。

(14)
脐生空界，头现天界，
足生地界，再生方位，
如是构成，此一世界。①

这位千头千眼千足的原人是一切，是过去，又是未来，是不死之主，将其自身化生万物：四分之三留给天，四分之

---

① 孙晶：《印度吠檀多哲学史》上卷，中国社会科学出版社，2013，第56—58页。

一留给众生；一番以原人为牺牲的神秘祭祀之后，由原人化生出世间万物并由此产生赞歌、颂诗、咒词；其身体部分化为日月星辰，风火雷电；特别是其口、臂、腿、足分别化为婆罗门、刹帝利、吠舍和首陀罗四种姓；脐、头和足又分别化为空、天、地三界而构成一世界。由此我们看出，印度的先民把"原人"作为最高的实在，以拟人的表现方式，令其存在于世界万物之中，宇宙时空之间，这也是在世界众生和宇宙万物中抽象出一个人性的自我（个体的灵魂）和宇宙的自我（宇宙的灵魂或理性）。宇宙的"自我"与众生的"自我"在《原人歌》中都是原人的神性表现，这也就是最后成为"梵我同一"的基础。

（二）梵我同一——抽象的人生最高境界

前文我们已经看到，在吠陀本集经典中，认为太一是宇宙的最初起源，而万物的化生又是伟大的"原人之神"之功，这原人之神遍存于宇宙万物之中，无所不在。而原人能达此大成，乃是用祭祀之法助其成功。因此，祭祀显得至关重要，也是婆罗门教三大纲领之一（吠陀天启、祭祀万能、婆罗门至上）。在吠陀本集之后，便出现了说明吠陀本集有关祭祀的起源、目的、方法、赞歌的文集——梵书。"'梵'在早期吠陀文献中常常用于指称吠陀颂诗，由此，念诵吠陀颂诗的人叫作婆罗门（Brāhmana，阳性），解释吠陀颂诗的著作叫作'梵书'（Brāhmana，中性）。""在这些梵书中，祭祀本身成了最高目的。包括天神在内的一切力量都源自祭祀。"[①] 因此，我们看到原人之神在祭祀之后才能化生万物，遍存于万物之

---

① 《奥义书》，黄宝生译，商务印书馆，2014，导言第3页。

中。这种祭祀万能思想之中"蕴含着奥义书哲学的萌芽,也即'梵我同一'的哲学模式"①。

《梵书》之后是《森林书》和《奥义书》,前文已简要列举了其与《吠陀本集》《梵书》的关系。《奥义书》被认为是"传统印度哲学的思想渊源,印度古今一切哲学流派,包括佛教哲学在内,都可以寻根于此书"②。而《奥义书》所探索、追求的最高境界,也是人生的最高目的是认知梵,达到"梵我同一"。

那么什么是梵,什么又是自我呢?二者为什么要,又如何能达到同一呢?各种奥义书对此展开了详尽甚至反复的讨论。

"梵"(Brahman)是印度哲学中的一个独特的概念。仅就字面,它有圣智、咒力、祈祷、增强、增高等含义。而梵作为印度哲学的一个抽象概念,它被当作宇宙的本原、生命的根本、一切事物存在的原因,是宇宙万物中不依人的意识而存在的至高存在。

梵是创造者。"确实,在太初,这个世界唯有梵。它只知道自己:'我是梵。'因此,它成为这一切。"③ 它是唯一者,又不显现,它创造了优秀的众天神、优秀的形态刹帝利性、吠舍性、首陀罗性的善神,优秀的形态正法(正法也是达摩,就是真理)。

这就从最初吠陀典籍中的"原人之神"创世说过渡到了梵创造一切说,为确定梵的至高存在、宇宙本体地位奠定了基础。正如在《爱多雷耶奥义书》(也有译为《他氏奥义书》)中所说:"他是梵。他是因陀罗。他是生主,所有天神,五大元素地、风、空、水和光,各种各样微小的混合物,各种各

---

① 孙晶:《印度吠檀多哲学史》上卷,中国社会科学出版社,2013,第64页。
② 巫白慧:《印度哲学:吠陀经探义和奥义书解析》,东方出版社,2000,第291页。
③ 《奥义书》,黄宝生译,商务印书馆,2012,第29页。

样的种子，卵生物、胎生物、湿生物、芽生物，马、牛、人、象，任何一种生物：动物、飞禽和植物。这一切以智慧为眼，立足智慧。世界以智慧为眼。智慧即根基。智慧即梵。"[1] 这是一种对梵正面的、以万物为梵的显现者的表述，简单归结为"这些众生从它那里产生；产生后，依靠它生活；后又返回它，进入它。你努力认识它吧！它就是梵"[2]。从梵既是无所不在，又是不显现的角度，对梵还有这样的描写："婆罗门们所说的这个不灭者不粗、不细、不短、不长、不红、不湿、无影、无暗、无风、无空间、无接触、无味、无香、无眼、无耳、无语、无思想、无光热、无气息、无嘴、无量、无内、无外。它不吃任何东西，任何东西也不吃它。"[3] 因此，梵意味着"不是这个，不是那个"，它既是一切，又什么都不是。"是一切"表明它是宇宙、万物的至高本体；什么都不是才能表明它的至高与神秘，才需要人终生去悟证它的存在，如果能简单地或有限地将它定义为某某或什么，则其神秘不在，也无须终生悟证。这也许就是一切"宗教"或所谓"哲学"必须预设一个至高抽象，才能使将其建立在这种至高抽象之上的思想体系成为有本、有源之体系，也才能保持其体系的繁荣与神秘和足够的吸引力。

梵既是宇宙的至高存在，也是宇宙的"自我"。在《奥义书》中又有关于宇宙的自我的类似描述，而且常常"自我"与"梵"交替出现在上下段文字中。如《大森林奥义书》："确实，在太初，这个世界唯有自我。他的形状似人。他观察四周，发现除了自己，别无一物。他首先说出：'这是我。'从

---

[1] 《奥义书》，黄宝生译，商务印书馆，2012，第230页。
[2] 同上书，第244页。
[3] 同上书，第65页。

此有了'我'这个名称。"① 也可以说，《奥义书》把宇宙的一切赋予了梵，也赋予了自我，便首先把宇宙的自我与梵统一起来了，这种统一表现在对自我和梵经常作出了几乎一样的描述。除上述外，在《奥义书》中经常出现类似："最初，自我就是这个（世界），他是唯一者，没有其他任何睁眼者。他想：'现在让我创造世界吧！'"② 接着他（这个宇宙的自我）创造这个世界：水、光、死亡等。甚至连原人也是他从水中取出，赋予形状，将其加热。原人受热后，从其嘴、鼻等中产生语言、气息等。由此，梵与宇宙的自我具有同样的原始性和创造性，也就归结为"宇宙即梵，梵即自我"。

《奥义书》将宇宙中的各种自然体系又与人体的各种生理的、精神的现象与功能确立了相对应的关系，从而提出人的内心自我与宇宙的自我的同一性。在《大森林奥义书》中有一个系列的"密说"来一一说明这一点。"这大地对一切众生是密。一切众生对这大地也是密。这大地中由光构成、由甘露构成的原人，以及与自我相关的身体中由光构成、由甘露构成的原人，确实就是这自我。这是甘露，这是梵，这是一切。"③ 这里把宇宙中的原人与人身体中的原人统归为"这自我"，既说明梵我的同一，也说明人体内也有一个与梵同一的自我，它囊括一切，永恒不灭。接下来，《奥义书》以几乎是完全重复的描述方式，将水对应人的精液、火对应人的语言、风对应人的气息、太阳对应人的眼睛、方位对应人的耳朵、月亮对应人的思想、闪电对应人的精力、雷对应人的声音和音调、空间对应人的心中空间、正法（达摩）对应人的恪守

---

① 《奥义书》，黄宝生译，商务印书馆，2012，第26页。
② 同上书，第225页。
③ 同上书，第48页。

正法（达摩）者，真理对应人的恪守真理者、人类（宇宙的）对应人类（自我相关的）、自我（宇宙的）对应自我（人体内的）。因此，"这自我是一切众生的主人，一切众生的国王。正如那些辐条安置在轮毂和轮辋中，一切众生，一切天神，一切世界，一切气息和一切自我都安置在这自我中"①。而这个内在的自我，与宇宙的自我也是同样"小而无内，大而无外"地包含一切，如《歌者奥义书》："这是我内心的自我，小于米粒，小于麦粒，小于芥子，小于黍粒，小于黍籽。这是我内心的自我，大于地，大于空，大于天，大于这世界。包含一切行动、一切愿望、一切香、一切味，涵盖这一切，不说话，不旁骛。这是我内心的自我。它是梵。死后离开这里，我将进入它。信仰它，就不再有疑惑。"②

这样，印度的先人们从宇宙万物中抽象出一个自我——梵，又从人自身抽象出一个自我，这个自我与宇宙的自我——梵是同一的，也就是说"宇宙即梵，梵即自我"。

由此，我们得出，梵和自我是印度先人们认为的最高知识和境界。了解了梵和自我，也就知道了宇宙、万物和人的一切。明白了"梵我同一"的道理，也就认知了至高境界，达到至高境界（"梵我同一"），也就获得了解脱，悟证了真实。"这是自我。它不死、无畏，它是梵。这个梵，名为真实。"③ 为求这真实，达到至高境界，人要在生前努力去悟证梵和"梵我同一"，死后"将进入它（梵）"。

由于梵与自我的无处不在和不显现性，要认知梵与自我，须遵循合适的方法并付出努力。在《由谁奥义书》第三章和

---

① 《奥义书》，黄宝生译，商务印书馆，2012，第51页。
② 同上书，第159页。
③ 同上书，第216页。

第四章中讲了这样一个故事：当梵向众天神显形时，众天神并不认识梵，于是众天神分别派火神和风神去了解一下那个显形的"是哪一个药叉（某种精灵）"，结果二神皆无功而返；他们又派因陀罗（神王）去，"然而，梵从他面前消失了"，但因陀罗在梵消失的那个地点遇见了漂亮美丽的雪山之女乌玛，他询问她："这是哪个药叉？"她说道："那是梵。"于是因陀罗当即知道了"那是梵"，因此，因陀罗便远胜于其他天神，因为他最接近地接触到了它，也最先知道了它是梵。由此，我们看出，即便是天神也不易辨认和接触梵，就算是天神之王因陀罗也要在雪山之女的指引下，才能认知到梵，更何况凡人。可见认知梵，达到梵的境界不易。

被认为是真实的梵和自我，常常被不真实所掩盖。"正像埋藏的金库，人们不知道它的地点，一次次踩在上面走过，而毫不察觉。同样，一切众生天天走过这个梵界，而毫不察觉，因为他们受到不真实蒙蔽。"① 如何认知这真实，理解梵，生主对他的三支后裔天神、阿修罗和凡人指出："你们要自制！你们要施舍！你们要仁慈！"因为这个自我（梵），深藏在一切众中，隐而不显，要想看见他，必须有"无上微妙的智慧"。如何能做到这一点呢？《伽陀奥义书》指出："智者将语言控制在思想中，将思想控制在智慧自我中，将智慧自我控制在伟大自我中，将伟大自我控制在平静自我中。"②

如何能做到这种控制，产生"无上微妙的智慧"？奥义书指出，要依靠数论瑜伽来理解。③ 特别是修炼瑜伽，是达到与

---

① 《奥义书》，黄宝生译，商务印书馆，2012，第216页。
② 同上书，第97、271—272页。
③ 同上书，第333页。"数论"原意为计数，引申为包括计数在内的分析研究方法，后发展为印度哲学的一个流派。"瑜伽"原意为联系或驾驭，引申为修炼身心的方法，也是后世一个重要哲学流派。

梵"合一"的方法。《弥勒奥义书》说:"这是与它合一的方法:调息、制感、沉思、专注、思辨和入定。这称为瑜伽六支。依靠这个方法,见到这位金色的创造者,神主,原人,梵的源泉,于是,智者摒弃善和恶,一切与至高不灭者合一。"①

(三) 业报轮回——为今世确定道德指引

从"梵我同一"的最高目标,我们可以看出,在人的体内存在一个不死的"自我",我们也可以把它看作人的灵魂,而灵魂如果不死,那当人的躯体死亡后,它去哪里,便是一个严肃的哲学问题和宗教问题。"业报轮回"的观念,便是古代印度思想中解决人死后灵魂去处的观念。它的渊源,"最早可以追溯到远古时代的灵魂不死观念。在梨俱吠陀时代,已经出现了业(karma)的概念,……一些《梨俱吠陀》的诗文,谈到了人死后的去处……人们已经认为人的肉体即使死亡了,人的灵魂是不死的,灵魂还可以到另外一个世界继续生存"②。但是很多学者达成了共识,只有到了奥义书时代,才产生了系统的"业报轮回"观念。因为"梵我同一"的思想,说明在人体内还有一个"自我"——精神或灵魂,在人死后可以进入宇宙的至高存在——梵,与梵同一,永生不灭。这个人体内的"自我"便是轮回的主体。③

在《大森林奥义书》和《歌者奥义书》中都提出同样的

---

① 《奥义书》,黄宝生译,商务印书馆,2012,第 377—378 页。据译者注,瑜伽六支后来发展成八支:禁制、遵行、坐法、调息、制感、专注、沉思和入定。
② 朱明忠:《印度教》,福建教育出版社,2013,第 124—125 页。
③ 其实,世上一切宗教存在的基础,便是以"灵魂"的存在与不死为前提的。离开这个前提,宗教便失去了对人的意义。中国人没有真的认为灵魂不死,因此,中国便自古没有西方语境定义下的"宗教"。

问题:"你知道人们死后怎样分别前往各处吗?""你知道他们又怎样返回这个世界吗?""你知道天神之路和祖先之路的区分吗?"这些问题的提出,也就表明,人的躯体断灭后,还有某种不灭的东西——自我或灵魂——它要有一个去处:或者到天神那里去,或者到祖先那里去,然后返回这世界。返回这世界便是"轮回"。

印度的先人们认为,人死之后,他身体的各个部位和意识都有一定的去处,而唯独自我(灵魂)归于空界,它的去处,取决于生前的"业":"一个人死后,语言回归火,气息回归风,眼睛回归太阳,思想回归月亮,耳朵回归方位,身体回归大地,自我回归空,汗毛回归草,头发回归树,血液和精液回归水,此时,这个人在哪儿?"接下来书中的两位对话者离开众人,私下讨论后面的问题:"他俩谈论的唯独是业,他俩称颂的也唯独是业:'确实,因善业而成为善人,因恶业而成的恶人。'"①

《奥义书》认为,人是由欲望构成的,有什么样的欲望,便形成什么样的意愿,也就按照这种意愿去从事行动,那么不同的行动,就获得了不同的业果,因此,"执着者带着业果前往思想执着处,直到耗尽在这世积累的任何业果,又从那个世界回到这个世界作业"②。而对于参透梵和自我的人,就能摆脱欲望,成为无欲望者,"一旦摒弃盘踞心中的所有欲望,凡人达到永恒,就在这里获得梵"③,他就能走向梵,上达到天国,从此不再有轮回之苦。

人死后,自我(灵魂)的这种不同结果,在《奥义书》

---

① 《奥义书》,黄宝生译,商务印书馆,2012,第58页。
② 同上书,第86页。
③ 同上书,第87页。

中描述为两种不同的道路。一个是要有轮回的祖先的道路，一个是不再轮回的天神之路。

> 我听说凡人的两条路，
> 祖先之路和天神之路；
> 所有一切依靠这两条路，
> 在天地父母之间活动。①

进入天神之路者，获得永恒，进入祖先之路者，在那里耗尽其在世上的德业，又重回世间进入轮回。行善者有善报，行恶者有恶报，其轮回转世的结果是大不相同的："那些在世上行为可爱的人很快进入可爱的子宫，或婆罗门妇女的子宫，或刹帝利妇女的子宫，或吠舍妇女的子宫。而那些在世上行为卑污的人很快进入卑污的子宫，或狗的子宫，或猪的子宫，或旃陀罗妇女的子宫。"② 而《乔尸多基奥义书》（也有译为《乔氏奥义书》）还有一种说法，即人死后，其灵魂全都前往月亮，月亮是通向天国之门。凡能答出被问的问题者，月亮便放行让其进入天国，获得永生，不再轮回。不能回答者，则变成雨水降下，按照他们的宿业和知识，在世上各处再生，或为植物、动物、昆虫（兽道），或为人（人道）。这样，人死后的去处就变成了三个途径：天道、祖道和兽道，所谓"三道"。《奥义书》又把世间生物分为胎生、卵生、湿生和种生，这样与轮回思想一起形成了"三道四生"说。

印度的先人们，对人生在世的种种苦难的思考，对荣华富贵一世终将死去的思考，对死后去向的思考，促使灵魂不

---

① 《奥义书》，黄宝生译，商务印书馆，2012，第108页。
② 同上书，第184页。

灭转世和解脱思想的产生。《弥勒奥义书》第一章说:"骨、皮、筋、骨髓、肉、精液、血、唾液、泪、眼屎、粪、尿、风、胆汁和黏液,聚集在这个难闻、空虚的身体中,尊者啊,有什么乐趣可言?欲望、愤怒、贪婪、痴迷、恐惧、沮丧、妒忌、爱别离、怨憎会、饥、渴、老、死、病和忧伤等等,侵袭这个身体,有什么乐趣可言?我们看到所有这一切走向毁灭,正如蚊蝇和草木等等生而又灭。这算什么?"还有那些英雄、国王等,"全都当着亲人的面,舍弃庞大的财富,离开这个世界,前往另一个世界"。"在这样的生死轮回中,有什么乐趣可言?我们看到那些过来人一再返回这个世界。"这种对现实世界喜怒哀乐痛苦的思考,对灵魂(自我)永生不再轮回的向往,与达到"梵我同一"、求解脱的思想相辅相成,构成了一套完整的思想体系。

"善者善报,恶者恶报"的业报思想,也从道德伦理方面指导和约束人们的现世行为。以自我(灵魂)不灭思想为基础,为求脱离轮回之苦,进入梵界,或能够求得一个好的轮回结果,人在有生之年就应努力悟证梵,以求达到"梵我同一"的至高境界而永脱轮回之苦;或多行善事,以求来生轮回到一个好的去处。这种"梵我同一"和"业报轮回"的思想,对印度人的思想、对印度宗教和哲学的发展产生了深远的影响。由古老的印度哲学、宗教衍生出的各种哲学和宗教流派几乎都接受了这种思想,它也构成了创维时代至今印度哲学思想体系的重要基础。

(四) 达摩之道——古老而持久的生活方式

笔者在阅读一些印度古籍和现代学者的研究专著时深深体会到,不同的文明古国,在其创维时代都形成了一套完整

第二章　基本哲学思想体系——创维时代铸成的人类文明生态

的思维观念和世代传承的生活方式。这种思维观念和生活方式都有其特殊的语言表达方式，有时用其他文明的思维观念和语言给出的往往是教条的、异化的、难以准确对应的表述。从 19 世纪，甚至更早些时候，西方文明向全世界渗透起，一些古老文明的思想体系被西方的文化观念和语言重新定义了，被框定了，或被解构了。因此，当用西方观念和语言表达其他古老文明的思想观念和生活方式时，这些文明的思想体系和生活方式被扭曲、被西方化了。现代中国译者在翻译印度古籍时，一方面遵循了我国古代翻译梵文的一些原则，如唐玄奘的"五不翻"原则；另一方面，也自觉或不自觉地大量应用了西方的思想观念和学术语言。当中文读者读这些译文时，如不深究，也可能会按照西方的观念和思维方式去理解印度的思想和生活方式，这必将造成很大程度的扭曲和误解。

最为典型的一个例子便是对梵文 dharma 一词的翻译问题。一般将其译为"法""正法""职分"。一个"法"字，对于现代中国人来说，可能有"规律""秩序"之类的理解，更多的可能理解为现代意义的"法律"。例如，《摩奴法典》中的"法典"两字，其梵文是 dharmasastra，dharma 是达摩，sastra 是"经""论"之义。而译为"法典"就易给中文读者造成两个误解：一是容易让人认为这是古印度的一部成文律法，正如我们对许多西方著作译为某某法典一样（如 18 世纪法国启蒙运动重要人物摩莱里所著《自然法典》本是一本学术著作，却易让人理解是早期的律法书）；二是曲解或丢弃了许多其原意中涵盖的有关思想观念和生活方式的丰富内容。而事实上"《摩奴法典》同其他法经、法论一样，不是国家颁布的法典，而是婆罗门教祭司根据吠陀经典、累世传承和古来习惯编成的教律与法律结合为一的作品"①。

"达摩",是印度思想中的一个核心概念。dharma 一词源于词根 dhr,原意为托撑、支持或承担。它具有广泛的含义,有"宇宙之法""社会的和宗教的秩序"等义。而将其译为"法"或"正法"则对其深刻含义难以全面表述,还不如像"唵嘛呢叭咪吽"等那样,直接音译为"达摩",更能较好地体悟印度思想中的这一重要概念。

前文提到,奥义书将宇宙中的各种自然现象与人体的各种生理、精神现象与功能确定了一一对应的关系,从而提出人的内心自我与宇宙自我的同一性关系,或者用宇宙的种种规律和秩序来推演人类社会的规律和秩序。在《大森林奥义书》的密说中,有一段关于宇宙"达摩"与人生"达摩"之关系的描述:"这达摩对一切众生是密。一切众生对这达摩也是密。这些达摩中由光构成、由甘露构成的原人,以及与自我相关的恪守达摩者中由光构成、由甘露构成的原人,确实就是自我。这是甘露,这是梵,这是一切。"② 这里我们看出,奥义书将宇宙的达摩与人生的达摩对应起来,并指出,"恪守达摩者,能够达到内心自我与梵的同一"。这说明古代印度思想中,把遵行达摩,作为实现人生最高抽象境界的根本途径,正如《弥勒奥义书》所说:"确实,这是众生自我的疗法:掌握吠陀知识,尊行自己的正法(达摩),履行自己人生阶段的职责。自己的正法(达摩)是誓愿,其他的都是枝节。这样

---

① 《摩奴法典》第一卷,迭朗善译,马香雪转译,商务印书馆,1982,译序。
② 《奥义书》,黄宝生译,商务印书馆,2012,第 50 页。书中,译者将 Dharma 译为"正法",并注曰:"正法指法则,诸如宇宙规律,社会律法和伦理规范。"此处引用书中段落时将"正法"表为"达摩"。又,林太著《印度通史》载:"'大法'(Dharma,音译'达磨')一词源出于词根'dhr','dhr'原意为'托撑'、'支持'或'承担'。Dharma 一词有广泛的含义,阿育王就是在一种很宽的意义上使用这概念,常译为'宇宙之法','社会的和宗教的秩序'等。"

就会向上，否则就会堕落。自己的正法（达摩）依据吠陀。逾越自己的正法（达摩），便不可能履行人生阶段的职责。"①（引文括号中的"达摩"为笔者加注，以便于说明，以后的相关引述亦如此）上述"人生阶段的职责"指婆罗门教将人生分为四个阶段：梵行期、家居期、林居期和遁世期，每个阶段都有特定的职责。"自己的正法（达摩）"指每种种姓各有自己的行为法则，亦即达摩。

在印度人看来，"达摩是能够维持一切形式的生命和秩序的那种东西，如宇宙的生命和秩序、人的生命和秩序、动物的生命和秩序、神的生命和秩序等"②。由此看来，在印度人思想中，宇宙有宇宙的达摩，世界万物各有其达摩，人有人的达摩，不同种姓的人亦有其不同的达摩。从达摩关于宇宙和人间所包含的意义看，达摩与中国的"道"和"礼"十分相近。道既是宇宙、自然的规律和秩序，也是人生的真谛，所谓"朝闻道，夕死可也"；礼则是中国数千年来一整套的人的行为规范。

系统阐述印度不同种姓人群行为规范的典籍当属《摩奴法典》。梵文 Mànava-Dharma-Sâstra，第一个词是人名摩奴，据印度神话，他是人类始祖，第一个国王；第二个词便是"达摩"；第三个词是"经"或"论"的意思。因此，这部典籍也可译为"摩奴达摩论"，只是从汉语用词和语音上有重复之弊，且中国人多将"达摩"译为"法"或"正法"，又把"经"或"论"译为"典"，"法"与"典"一合，成了"法典"，特别是对现代人常以西方术语概念进行表达的情况下，

---

① 《奥义书》，黄宝生译，商务印书馆，2012，第366页。
② 朱明忠：《达摩——印度文化的核心概念》，《南亚研究》2000年第1期，第72页。

其意义便有了很大的出入。

《摩奴法典》一书共 12 卷，其中第一卷系统地描述了印度的创世神话和四种种姓的来历，第二卷到第十二卷则系统地阐述了不同人生阶段、不同种姓的思想和行为规范以及轮回解脱思想。

《摩奴法典》认为，任何人的行动是有所"希求"的，因为人无论做任何事情，都是从其愿望出发的，如果人克尽规定的义务，而不从希望果报出发，可以达到不死之境，此生此世就得以实现心灵所能想象的一切愿望。这是要求人生在世期间要尽到人生不同阶段的各种义务，又不应对每个行动期望现实的果报，最终就能达到"梵我同一"的最高愿望。正如在《薄伽梵歌》中薄伽梵对阿周那所说："抛弃了职责和名誉，你就会犯下罪过。"①"你的职责就是行动，永远不必考虑结果，不要为结果而行动，也不固执地不行动。"②"智者具备这种智慧，摒弃行动的结果，摆脱再生的约束，达到无病的境界。"③

《摩奴法典》按照婆罗门教的人生四期，即梵行期、家居期、林居期和遁世期，按不同种姓和男女性别之分，对不同种姓和性别的人群各自命运、社会责任、婚丧嫁娶、生活起居、行为规范、财产的取得与继承、诉讼与惩戒、最终轮回与解脱的原因和途径等都作出了规范性甚至律法性的规定，严格规定了古印度人的言行和思想方法与思考内容，可以说是古印度人生活方式的百科全书。而且把这一套生活规范视为由梵所创造的不可逾越、达成正果的"真理"，并常常预言

---

① 《薄伽梵歌》，黄宝生译，商务印书馆，2012，2：33。
② 同上书，2：47。
③ 同上书，2：51。

第二章 基本哲学思想体系——创维时代铸成的人类文明生态

或诅咒不遵行此规范将产生恶果。正如《大森林奥义书》所言:"确实,正法(达摩)就是真理。因此,人们说他说正法(达摩)也就是说他说真理;说他说真理,也就是说他说正法(达摩)。确实这两者是一回事。"①

据有关史书的研究结果,达摩思想被以国家行为推行,始于印度古代孔雀王朝的阿育王时代②。他除在政治、军事上的伟大建树之外,在思想和宗教方面推行了新的观念,他所倡导的就是"达摩"。"作为一个对各教各派都能包容又能为他们所接受的信仰,大法(达摩)不是以规章和条例来作出定义。"③阿育王宣传"达摩",专门设置了负责此事的官员。为让"达摩"家喻户晓,阿育王命人将自己的诏令刻在岩石上或石柱上,分别称为"岩谕"和"柱谕";还派出使者四处传播"达摩"思想。"他甚至过度夸耀自己不假兵戈,依靠大法(达摩)征服了世界。"④

综上,达摩作为印度文明中的一个核心概念,包含了对宇宙规律、事物内在本质和固有秩序的认识;规范了印度人的思想和行为方式以及道德伦理标准和价值观;在某种意义上形成了带有法律约束力的规范;同时也是印度宗教的核心概念,代表了一种精神信仰和生活方式。因此印度思想家J.D.卡特里说:"'达摩'的意思是指,一套支持万物存在的规律和法则、宇宙的秩序。另外,它还代表一种能使人在活着

---

① 《奥义书》,黄宝生译,商务印书馆,2012,第30页。
② 孔雀王朝的建国者是为难陀王室养孔雀的吠舍种姓之旃陀罗笈多(汉译"月护王"),其王朝始于约西元前321年或西元前324年。阿育王意译为"无忧王",乃旃陀罗笈多之孙。
③ 林太:《印度通史》,上海社会科学出版社,2007,第45页。
④ 同上书,第47页。

的时候获得前途和和平、死后达到解脱的理论和实践。"[1]

（五）种姓制度——独树一帜的等级制度

人类的不平等现象自古有之。不同历史时期，不同的社会形态下，各民族、各国家人们中间都有些此消彼长的不平等现象存在。如古希腊民主制下的公民与非公民间的不平等，在许多国家长期存在的奴隶阶层所受的不平等对待，不同肤色种族间的不平等，不同社会阶层间的不平等，男女间的不平等，等等。但全世界唯有印度将人们之间的不平等观念以宗教的、哲学的，甚至律法的和社会风俗的方式确定下来，并且数千年坚持这种不平等的文化观念和推行这种不平等的生活方式——这就是印度的种姓制度。

据历史研究，印度民族的主体雅利安人在进入印度之前，过着游牧生活，其内部就因社会分工不同而形成三种不同的阶层：最顶层是主持祭神活动的僧侣，其次是出征打仗的战士，最下层是从事游牧业的一般牧民。进入印度后，他们学会了当地的农业生产技能而定居下来。随着生产力的提高和经济的发展，上述等级更加分明。对于神灵的无限崇拜和为崇拜神灵而经常进行的祭祀活动，成为雅利安人的重要精神和文化内容，祭司阶层成了能与神沟通、建立人神关系的神秘阶层，因而上升为人的最高阶层，这就形成了印度最高种姓——婆罗门。而那些能征善战的将军和武士在战争中，特别是在征服土著居民的战争中起到重要的作用并积累了财富和权势，渐渐成为第二阶层，也就是印度的第二种姓——刹帝利。那些从事一般劳动，如农业、畜牧业、手工业和商业

---

[1] 朱明忠：《达摩——印度文化的核心概念》，《南亚研究》2000年第1期，第72—73页。

的一般平民构成了第三种姓——吠舍。被征服的土著居民则沦为从事屠宰、清扫、侍奉更高种姓的"低贱""肮脏"职业的奴隶，他们构成了第四个等级的种姓——首陀罗。在上述四种种姓之外还有贱民阶层，他们或是没有种姓或因某些罪过而被开除出前几种种姓，要么是一些居住偏远的落后部落的居民，他们被定义为"不可接触者"，成为最受压迫、受歧视的社会阶层。早在梨俱吠陀时代就产生了的种姓制度——印度人称为"瓦尔纳"（本义是"颜色"或"肤色"），把印度社会分成不同的集团。所有的印度教徒都分成不同的、等级森严的社会集团，形成印度社会的坚固基础，延续几千年直到今日。

如前文所述，《梨俱吠陀》中的创世说和《原人歌》中，从创世之初，就把人分为四种种姓。原人之口产生婆罗门，原人双臂产生刹帝利，原人双腿产生吠舍，其双足产生首陀罗。从四种种姓出自原人身体不同部位的神话开始，就昭示了不同种姓的高低贵贱之别。

到了《摩奴法典》，不仅将这种创世神话更加系统化，更重要的是以社会礼法的形式详细固定了不同种姓的社会分工和不平等待遇以及遵行这种社会规范（达摩）与否所能达到的果报或解脱。

在种姓制度中，首先是确定不同种姓的社会分工，从而也就确定了其在社会中的不同地位。而分工的理论依据来自"清净"观念和创世神话。他们认为"人体自脐以上被宣布为比较清净部分，而口被自存神宣布为最清净的部分"[①]。婆罗门出自原人之口，因此他们是"清净"的，"地上一切人都应

[①] 《摩奴法典》第一卷，迭朗善译，马香雪转译，商务印书馆，1982，第18页。

该从生在这个国家的婆罗门口中，学习他们特有的处事方法"①。由此规定，婆罗门的职业或义务是学习吠陀、传授吠陀、自己祭祀、为他人举行祭祀、布施和接受别人布施。特别是传授吠陀经典、为他人举行祭祀仪式、接受他人的布施，是婆罗门种姓的特权，其他种姓没有这样的权力。实际上，婆罗门被赋予了与神打交道、传递神的启示的特权，是一种精神领袖和贵族。刹帝利的义务被固定为保护人民（对外征伐）、行布施、祭祀、诵读圣典、掌管行政权力、管理国家等。吠舍的职业是务农、经商、从事手工业、照料家畜，有义务学习经典、祭祀、布施等。而对首陀罗"只固定了一种本务，即服役于上述种姓而不忽视其功绩"②。而且只要首陀罗温和驯服地好好侍候上面种姓的人，一生托庇于婆罗门，他将转生为高等种姓。至于贱民（"不可接触者"），他们只能住在村外，不能用完整的器皿，他们要穿死者的衣服，以破碗为盘，他们只应该在他们之间互通有无、通婚姻，他们要奉国王的命令对死刑犯执行死刑，并取得死刑犯的衣服、床榻和装饰品。

在婚姻制度方面，更有极为严格的规定。一般只能在同种姓之内通婚，特别是初婚。高种姓男子被允许娶低种姓女子，称为"顺婚"，但是如果"糊涂到娶最后一个种姓的女子为妻的再生族，很快就使家庭和子孙堕落到首陀罗境地"③。如果婆罗门男子娶首陀罗女子为妻，则他们的孩子将被剥夺婆罗门资格，该婆罗门男子被诅咒将堕入地狱。看来，这既是一种规定，也是一种诅咒。如果低种姓的男子娶

---

① 《摩奴法典》第一卷，迭朗善译，马香雪转译，商务印书馆，1982，第 24 页。
② 同上书，第 18 页。
③ 《摩奴法典》第三卷，迭朗善译，马香雪转译，商务印书馆，1982，第 51 页。

高种姓的女子，则称为"逆婚"，被视为大逆不道，并要受到惩罚。

在业报轮回、转世再生方面，对不同种姓也有严格规定。前三个种姓可以学习吠陀经典、参加祭祀、参拜神庙等，获得神的启示和宗教知识，达到精神上和宗教上的再生，可以多次轮回再生，称为"再生族"。而第四种姓首陀罗则不被允许学习和诵读吠陀经典，甚至不能听人诵读吠陀经典，不能进入神庙和参加祭祀，如果违反了这些规定，将受到割舌、耳中灌以熔化的锡或蜡的残酷刑罚。首陀罗只有父母给予的一次生命，而没有精神上和宗教上的再生权利，来生只能轮回到动物等生命中，因此称为"一生族"。

在种姓制度中，还明确地规定了男女的严格差别，妇女的地位是极为低下的，完全依附于男人。"妇女少年时应该从父，青年时从夫；夫死从子；无子从丈夫的近亲族；没有这些近亲族，从国王。妇女始终不应该随意自主。妇女绝不要寻求脱离父亲、丈夫和儿子；因为脱离他们，她要使两家都被人轻视。"[①] "妇女幼时处在父亲的监护下，青春期处在丈夫的监护下，老年时处在儿子保护下；妇女决不应任意行动。"[②] 如果妇女不被监护，可能给两家带来不幸；即使妇女被监护，如果不是出自自觉自愿的，也是很不保险的，因为造物主在创造妇女时，便赋予妇女很多恶性，"摩奴给了妇女们对卧床、座位和穿戴装饰的爱好，以及情欲、愤怒、恶习、做坏事的念头和邪僻等的禀性"[③]。因此，妇女们"要终生耐心、忍让、热心善业、贞操、淡泊如学生，遵守关于妇女从一而

---

① 《摩奴法典》第五卷，迭朗善译，马香雪转译，商务印书馆，1982，第122页。
② 《摩奴法典》第九卷，迭朗善译，马香雪转译，商务印书馆，1982，第200页。
③ 同上书，第201页。

终的卓越规定"①。古代印度妇女之极不平等地位还表现在童婚制，禁止妇女同男人自由行动和谈话的"深闺制度"，以及陪送嫁妆制度、"神庙侍女"制度、"寡妇殉夫"制度等。

四、伊斯兰的基本哲学思想体系

回顾历史，从伊斯兰教形成和发展的过程看，伊斯兰教是在早期阿拉伯半岛游牧民族游牧生活方式和多神偶像崇拜以及犹太教和基督教影响下形成的。而伊斯兰基本、系统的哲学思想是在伊斯兰教形成之后，以《古兰经》、圣训等为根本基础，借鉴、嫁接古希腊特别是柏拉图和亚里士多德的哲学思想而形成的。

古希腊哲学思想具有理性、形而上和逻辑推理的原创性，它首先是以理性思考、分析、推理等方式来阐释宇宙观、人生观、伦理、道德等。但当其走到极点，难以推理下去的时候，则把最终解释归结为神——那时的神并未得到更系统的哲学和宗教的归纳，常常也是多神的神，各神亦各有神通，反正在一切理性阐释之后，不能够再进行下去的时候，便归结为泛泛的"神"或神王宙斯。

伊斯兰哲学的不同之处在于先有万能、唯一、全知的神——真主为永恒存在、无所不能、无所不在的前提下，来构建其基本哲学思想体系。

穆罕默德在世时，伊斯兰教是在其旗帜下统一的宗教，而当其刚刚去世，各种利益群体为争夺领导权及对教义的不同理解和阐释权，使伊斯兰教分裂成大大小小不同的教派、

---

① 《摩奴法典》第五卷，迭朗善译，马香雪转译，商务印书馆，1982，第123页。

学派、教团等，它们并未遵循《古兰经》中"你们当全体坚持真主的绳索，不要自己分裂"①"你们应当谨守正教，不要为正教而分门别户"② 等的教诲，而形成门派林立，甚至互不兼容、相互斗争的局面。有几十个至近百个大小不同的门派，如经常提到的什叶派、逊尼派、苏菲派等。虽然门派繁多，学说林立，但其讨论的根本问题不外乎人与真主的关系，人与社会和自然等外部的关系，具有一些共同的和基本的哲学思想基础。这也是尽管伊斯兰教门派林立，但均在真主的大旗下形成和发展，统称为伊斯兰教的根本原因和基础。

(一) 多神归为一神是根本思想基础

6世纪末7世纪初，伊斯兰教兴起时的阿拉伯半岛正处在原始氏族部落解体，向阶级社会过渡的大变革时期。其人民主要以游牧生活为主，逐水草而居，自然环境和经济发展差异很大。各氏族部落各据一方，常常为争夺牧场、水源、土地等发生征战。不同氏族、部落人民有不同的原始宗教信仰，基本上以万物有灵和灵魂不死为基础确立自己的崇拜对象或偶像，大自然、动植物、祖先等都可能成为崇拜偶像。麦加城中心的克尔白神殿供奉有360多尊各氏族部落神的偶像，受到祭祀、祈祷和献牲。而同时，犹太教和基督教作为一神教早已传入这一地区，虽未形成主导性宗教，但对伊斯兰教的形成给予巨大启发和影响。

由于半岛内部不同信仰部族之间的争夺和外部侵略造成的危机，客观上形成了思想统一的需要，反映在宗教上，对统一宗教的形成提供了经济和社会基础。在这种社会背景下，

---

① 《古兰经》，马坚译，中国社会科学出版社，1996，3：103。
② 同上书，42：13。

阿拉伯人中出现了模糊的一神教观念，出现了一些一神教的思想先驱，这些人自称"哈尼夫"。"哈尼夫"（Hanif），阿拉伯语，原意为"正统的""正确的""真诚者"。哈尼夫者既不接受犹太教，也不接受基督教的一神教。按后来的《古兰经》记载，他们只信奉易卜拉欣所传播的宗教，即被称为"哈尼夫宗教"，亦即"正统的宗教"，简称"正教"，信奉独一无二的真主，并形成了"哈尼夫派""哈尼夫运动"。哈尼夫思想最终并未形成一种新的一神宗教，但其对穆罕默德和伊斯兰教的形成却产生了重要影响并奠定了思想基础。

从《古兰经》的记载可以看出，伊斯兰教的形成过程和真主一神地位的确立，是经过一番艰辛历程的，因为《古兰经》中随处可见对多神崇拜、以物配主的反对和诅咒，即使是当时阿拉伯人广泛崇拜的"三女神"也不例外。这三个女神分别是拉特（al-Lat，太阳神）、欧萨（al-'Uuzzā，万能神）和默那（Manāt，命运神）。"你们告诉我吧！拉特和欧萨，以及排行第三，也是最次的默那，怎么是真主的女儿呢？……这些偶像只是你们和你们的祖先所定的名称，真主并未加以证实，他们只是凭猜想和私欲。正道确已从他们的主降临他们。难道人希望什么就是什么？后世和今世，都是真主的。"①

"不信道者，确是你们的明显的仇敌。"② 更不能与之通婚，"你们不要娶以物配主的妇女，直到她们信道。已信道的奴婢，的确胜过以物配主的妇女，即使她使你们爱慕她。你们不要把自己的女儿嫁给以物配主的男人，直到他们信道。已信道的奴仆，的确胜过以物配主的男人，即使他使你们爱慕他。这等人叫你们入火狱，真主却随意地叫你们入乐园和

---

① 《古兰经》，马坚译，中国社会科学出版社，1996，53：19—25。
② 同上书，4：101。

得到赦宥"①。关于"以物配主",是指"给创造你的真主树立匹敌",被认为是在真主那里最严重的罪恶,也是不可饶恕的。实际上是说除了信真主外,不可信别的主宰,否则罪不可赦。"我要把恐怖投在不信道的人的心中——故你们当斩他们的首级,断他们的指头。这是因为他们违抗真主及其使者。谁违抗真主及其使者,真主就严惩谁。这种(刑罚)你们尝试一下吧。不信道的人,将来必受火刑。"②"否认我的迹象而且加以藐视者,所有的天门必不为他们而开放,他们不得入乐园,直到缆绳能穿过针眼。我要这样报酬犯罪者。他们在火狱里要垫火褥,要盖火被,我要这样报酬不义者。"③ 类似的描述还有许多,不一而足,难以一一列举。

在作为伊斯兰教中重要经典的"圣训"中也有许多类似的表述:"凡笃信'除真主以外,绝无应受崇拜的主宰'而亡者,必入乐园。""只要一个人见证除真主以外,绝无应受崇拜的主宰;并见证我④是真主的使者,就不会进入火狱(或尝试火狱)。"⑤

伊斯兰教的基本信仰由信真主、信使者、信经典、信天使、信末日、信前定"六大信仰"组成,但核心是信真主和使者,即"万物非主,唯有真主;穆罕默德是主的使者"。从其创教的历史背景我们可以理解,面临当时的多神崇拜和具有很长历史的犹太教、基督教的传播等,如不能在人们心中建立起唯一万能的主宰,形成统一且唯一的思想基础,那么

---

① 《古兰经》,马坚译,中国社会科学出版社,1996,2:221。
② 同上书,8:12—14。
③ 同上书,7:40—41。
④ 此处"我",指穆罕默德。
⑤ 穆斯林·本·哈贾吉:《穆斯林圣训实录全集》上册,祁学义译,商务印书馆,2016,第44、49页。

伊斯兰教的创立与传播是难以做到的。作为伊斯兰教"圣经"的《古兰经》这种对信道者应允的光辉报酬和对于不信道者的严厉惩罚，既起到统一思想易于传播的作用，也是一种强烈的心理暗示，不断强化人们对于这种宗教信仰的心里接受、敬畏、顺从和信心。

伊斯兰教早期的大部分传播过程，还强烈借助于军事征服与领土扩张。

西元 632 年，穆罕默德去世，之后的 30 年里，为四大哈里发时期，建立了强大的军队，平定内部叛乱，开始对外征战和扩张，先后征服了叙利亚、巴勒斯坦、伊拉克、埃及、亚美尼亚等等。西元 661 年至 750 年的伍麦叶王朝时期，从 7 世纪开始，继续大规模向外扩张，占领阿富汗和印度北部，攻占西班牙的西哥特王国等。西元 750 年至 1258 年的阿拔斯王朝期间的前 100 年，基本完成了大规模对外征战，并逐渐完成了被征服国家和地区的阿拉伯化和伊斯兰化过程，伊斯兰教成了整个帝国占主导的宗教。西元 1299 年至 1922 年的奥斯曼帝国时期，灭拜占庭帝国（1453 年），逐渐形成了横跨亚、非、欧三大洲的伊斯兰帝国。

简言之，伊斯兰教早期向世界的传播，与阿拉伯帝国的向外征服和扩张密切相连。其在所到之处，或强令被征服国家和人民改奉伊斯兰教，或施以吸引政策，让人们皈依伊斯兰教，如采取凡归伊斯兰教者免交人丁税等政策。同时，10 世纪后，伊斯兰教在非洲、亚洲和东南亚的广泛传播，以及伊斯兰化的过程，还大力借助贸易和文化交流得以实现。

综上，伊斯兰思想或基本哲学思想的根基、根本源头和由此衍生出来的生活方式、政权建立、律例法令、文化教育、今生后世观等等，都是以多神归一神，只信奉唯一、全知、万能的真主为核心的,这是伊斯兰—阿拉伯文化不可改变和不可逾越的最初也是最终的出发点和落脚点。

(二) 造物主真主主导一切的今世、后世两世观

伊斯兰教认为"一切赞颂,全归真主,全世界的主",他是"至仁至慈的主,报应日的主"①。是真主创造了世间万物并使他们维持秩序和运转:"你们的主确是真主,他在六日内创造了天地,然后,升上宝座,他使黑夜追求白昼,而遮蔽它;他把日月和星宿造成顺从他的命令的。真的,创造和命令只归他主持。多福哉真主——全世界的主!"② 真主既可以创造万物,亦可毁掉万物并再造:"他确已创造了万物,而且必加以再造,以便他秉公地报酬信道而且行善者。"③"在他们之前,我曾毁灭了许多世纪,并且把没有赏赐你们的地位赏赐了他们,给他们以充足的雨水,使诸河流行在他们的下面。嗣后,我因他们的罪过而毁灭他们,在他们(灭亡)之后,我创造了别的世纪。"④

关于人类,真主在乐园中用泥创造了人类的始祖阿丹,赋予阿丹以智慧,"他将万物的名称都教授阿丹"⑤,然后要求众天使和人们向阿丹致敬、叩头,并将人类称作阿丹的子孙⑥。阿丹与其妻哈娃也有受惑食禁果,被下派人间等一系列与《圣经·旧约》中亚当和夏娃相似的故事。

为了证明安拉为确实的真主、万能和全知,《古兰经》反

---

① 《古兰经》,马坚译,中国社会科学出版社,1996,1:2—4。
② 同上书,7:54。
③ 同上书,10:4。
④ 同上书,6:6。
⑤ 同上书,2:31。
⑥ 同上书,7:26、27、31、35。

复强调要相信真主的迹象,只有确信主的迹象,才是真信;而非要见到真主本人,那只是伪信。什么是真主的迹象呢?"他使天破晓,他以夜间供人安息,以日月供人计时。这是万能者全知者的布置。"①"他从云中降下雨水,借雨水使一切植物发芽,从芽中生出绿枝,从枝中生出累累的果实,从海枣树的花被中生出密接的枣球;并借雨水而创造许多葡萄园,与相似的和不相似的橄榄和石榴。""他从一个人创造了你们,然后,你们有住宿的地方,有寄存的地方,我已为能了解的民众解释了一切迹象。"② 总之,宇宙和日月运行、世间万物枯荣,人的生老病死、生活起居等均是真主显示其存在、万能、全知等的迹象。

对于不信真主迹象者,要受到严厉的惩罚。"他们确已向穆萨请求过比这更大的事,他们说:'你使我们亲眼看见真主吧。'急雷为他们的不义而袭击他们。"③ "否认我的迹象而且加以藐视者,是火狱的居民,他们将永居其中。"等等。

任何文明都离不开怎样看待今生与来世的问题。伊斯兰教,作为其教义的重要组成部分,把人的生前死后分为两世,即今世与后世——今世的现实生活与死后的归宿。今世对于后世有因果关系。在今世"信道而且行善者,我将他们入于下临诸河的乐园,而永居其中"④。"不信道者,你绝不要以为他们在大地上是能逃避天谴的,他们的归宿是火狱,那归宿真恶劣。"⑤ 因此,今世"你应当借真主赏赐你的财富而营谋后世的住宅,你不要忘却你在今世的定分"⑥。人活在今世,

---

① 《古兰经》,马坚译,中国社会科学出版社,1996,6:96。
② 同上书,6:98—99。
③ 同上书,4:153。
④ 同上书,4:122。
⑤ 同上书,24:57。
⑥ 同上书,28:77。

要认识到"今世生活,只是嬉戏和娱乐;后世,对于敬畏的人,是更优美的"①等。对于不信道、不信真主的人,"凡欲享受今世生活及其装饰的人,在今世我要使他们享受自己的工作的完全的报酬;在今世,他们不受亏待。这等人在后世只得享受火狱的报酬,他们的事业将无效,他们的善行是徒然的"②。

那么这一切将在何时发生,何时到来呢?这就是作为伊斯兰教重要信条之一的"末日"的到来,即"末日审判"(Yawm al-Din),也称"报应日""赏善惩恶日""清算日"(Yawm al-Hisāb),是真主对人最终审判和总清算之日。这一天也称为复活日。人们会问,这日何时到来,"他们问你复活时,在什么时候实现。你怎能说明它呢?唯有你的主能知它的究竟"③。这样设问,本身就是对真主的不信任,是要受到严厉惩罚的。"众人问你复活时在什么时候?你说:'那只有真主才知道。'什么使你知道它何时发生呢?复活时,或许是很近的,真主确已弃绝不信者,并为他们预备烈火。他们将永居其中,不能得到任何保护者,也不能得到任何援助者。"④所有这一切,是一种"幽玄",世人无法知晓,只能相信。而只有真主才知道:"天地的幽玄只是真主的。复活时刻的到来,只在转瞬间,或更为迅速。真主对于万事,确是全能的。"⑤因此,对于"末日"何时到来的问题,是不宜问的,只有相信,其何时来完全是真主的意志,而且是天机(幽玄)不可事前泄露的。

---

① 《古兰经》,马坚译,中国社会科学出版社,1996,6:32。
② 同上书,11:15—16。
③ 同上书,79:42—44。
④ 同上书,33:63—65。
⑤ 同上书,16:77。

"末日"（复活日）到来时，会是什么样的图景呢？《古兰经》在多处作了描述。如第82章写道："当苍穹破裂的时候，当众星飘堕的时候，当海洋混合的时候，当坟墓被揭开的时候，每个人都知道自己前前后后所做的一切事情。"① "在那日，众人将似分散的飞蛾，山岳将似疏松的彩绒。至于善功的分量较重者，将在满意的生活中；至于善功的分量较轻者，他的归宿是深坑。你怎能知道深坑里是什么？是烈火。"②等等。

到"末日审判"（复活日）时，"在那日，命令将全归真主"③。"我以复活日盟誓，我以自责的灵魂盟誓，难道人猜想我绝不能集合他的骸骨吗？不然，（我将集合他的骸骨），而且能使他的每个手指还原。""在那日，唯你的主那里，有安定之所。在那日，各人将接到关于自己前前后后做过的一切事务的报告。"④ 在"末日审判"时，真主将其肉体还原，再使其灵魂复归肉体，接受最终的审判和处置。今世（生前）信主且行善者，将进入乐园；今世（生前）不信主、怀疑主者，将被投入火狱；皆永居其中。

至于乐园与火狱，则是冰火两重天，在《古兰经》中有许多描述。在乐园里可享一切福，妙不可言。如第56章就描述道，在乐园中可享用以珠宝镶成的床榻，受长生不老的童仆服侍，喝着醴泉，吃香甜的水果、无刺的酸枣、所爱的鸟肉；更有如珍珠一般白皙、美目，没人甚至连精灵也不曾碰过、常为处女的妻子等。而在火狱中，将受尽苦难，苦不堪

---

① 《古兰经》，马坚译，中国社会科学出版社，1996，82：1—5。
② 同上书，101：4—11。
③ 同上书，82：19。
④ 同上书，75：1—4、12—13。

言。他们将在毒风和沸水中，在黑烟的阴影下，食的是攒楛木的果实充饥，然后还要饮沸水。其他章节还描写道，在火狱中，烈火燃烧，并且用石头和人做燃料，他们穿着火衣、垫火褥、盖火被；烈火灼烧他们的皮肤，烧焦一层换一层再烧；等等。

当人们看到这样的景象，有可能产生那"就赶快信吧！"的念头，如果你相信今世与后世观念和这些描述的话；或者说不由得你不信，因为如果不信，将会在未来被置于何等恐怖的境况中！

在今世与后世观影响下，特别是面对后世的选择，就要笃信真主，捍卫真主，以求后世进入乐园而免入火狱。

"吉哈德"（al-Jihād），是伊斯兰教的重要思想。"吉哈德"意为"尽力""奋斗"，引申为"为安拉之道而奋斗"。被西方学者译为"圣战"。吉哈德义务包括"用心"抵制邪恶意念、私欲、诱惑，净化心灵，达到虔信真主的目的；用"舌"和"手（笔）"宣传、劝说、辩论等传播伊斯兰教；"用剑"来采取军事斗争，同异教徒、不信真主者、外来侵略者进行斗争或战争，以"生命和财产"来保卫和弘扬伊斯兰教。

综上，在伊斯兰教看来，宇宙本体、世间万物的创造和运行，皆由真主决定，真主是全知的、万能的。世间的人有今世和后世两世之别，但今世是后世的因，后世如何，是入乐园还是进火狱，又是今世的果。唯有信真主且行善，才得入乐园，否则将入火狱。这应是构成伊斯兰文明哲学思想的根本基础，是其宇宙观、人生观和价值观的思想基础。

（三）理性思辨，终归一神

伊斯兰教最有别于其他者，乃是宗教在先，而理性思维与思辨哲学在后，或可说先有宗教后有哲学。

宗教是以先验论或超验论为基础的，而哲学是以怀疑、探索、批判、理性分析与论证为基础的。二者往往相互矛盾。但宗教要想成为体系严密、说服力强的信仰体系，又必须借助哲学的理性分析、逻辑推理来实现。

从伊斯兰教建立的过程看，它是先扫除多神和偶像崇拜进而建立一神崇拜观念的过程，初期的过程并不是靠哲学思辨来完成的，而是完全以先验或超验的说教和推广来完成的。这种单纯的一神信仰，在当时犹太教、基督教和各种偶像崇拜同时存在于阿拉伯半岛的背景下，必然受到来自各方的挑战，特别是对政教合一的阿拉伯王朝提出的种种挑战。

西元632年，穆罕默德去世后，伊斯兰—阿拉伯王朝经历了30年的四大哈里发时期（西元632—661年），近90年的伍麦叶王朝（西元661—750年）和500多年的阿拔斯王朝（西元750—1258年）时期，以及后来的奥斯曼帝国（西元1299—1922年）时期。特别是四大哈里发后期到阿拔斯王朝初期，对于哈里发位置竞争和对教义的不同理解、解释，产生了激烈的竞争和辩论。由此也产生了伊斯兰教的不同派别和不同的教义学或哲学。如形成了承认和拥护四大哈里发时期第四任哈里发阿里（先知穆罕默德的堂弟和女婿）及其直系后裔为先知穆罕默德合法继承人的什叶派[①]；而同时承认和支持包括阿里在内的四大哈里发的穆斯林形成了逊尼派的前身[②]；成为伊斯兰教历史上两大派别。还有如7世纪末8世纪初产生于伍麦叶王朝统治时期，由苦行禁欲主义逐渐发展为

---

① 原意为"追随者""派别""同党"，什叶派本身还有许多分支、支派。
② "逊尼"，系阿拉伯语的音译，原意为"遵守逊奈者"，亦即"遵循传统者"，全称为"逊奈与大众派"，自称"正统派"。

伊斯兰宇宙观、人生观和伦理观的哲学基础。二是吸收和继承了古希腊等的哲学思想和方法，特别是柏拉图的灵魂论和理想国，亚里士多德的唯理论和逻辑思维，毕达哥拉斯的数论，新柏拉图主义的"流溢说"[①] 以及基督教的神爱论等。三是吸收了自然哲学的关于宇宙结构、万物起源、物质构造与运动、事物的运动形式与规律等。在中世纪形成了包括以伊斯兰欧莱玛[②]阶层为主体的经院哲学、神秘主义的苏菲哲学和自然哲学在内的伊斯兰教哲学的主干。近现代，自1798年法国殖民者占领埃及后，伊斯兰世界许多领土沦为西方列强殖民地，伊斯兰国家的社会生活出现了世俗化和西化的倾向。为维护伊斯兰文化和传统价值观，出现了伊斯兰复兴和改革运动。形成了诸如"认主独一论"和以"回到《古兰经》去"为主张的伊斯兰复古主义；以阿富汗哲学家哲马鲁丁·阿富汗尼（1838—1897年）为代表的主张抵制西方殖民主义及物质文明对伊斯兰世界的威胁，号召全世界穆斯林团结一致的泛伊斯兰主义；主张改变传统宗教和社会制度，使伊斯兰教适应时代发展需要的现代主义思潮。这些思潮顺应了第二次世界大战后西方殖民统治下的伊斯兰国家纷纷独立，复兴民族经济和伊斯兰文化的需要。

　　在伊斯兰哲学形成和发展的早期自不必说。即使到了近现代出现的伊斯兰复古主义、泛伊斯兰主义、伊斯兰现代主义，甚至伊斯兰社会主义等，都是试图论证证明、调和适应近现代社会生活发生的剧烈变化（主要是受西方资本主义文

　　[①] 3—5世纪流行，以"太一"作为最高、能动的原因，作为神和善本身，既无所不包又是单一和唯一的神，是先于万物的源泉，由此可以生成其他本体，这一生成过程被称为"流溢"。

　　[②] Ulamā，伊斯兰学者的统称。指精通《古兰经》经注学、圣训学、教义学、教法学，并有系统的宗教知识的学者。

明的深刻影响和冲击）和科学技术突飞猛进发展与伊斯兰教的关系，而所有这一切，都是以伊斯兰教信仰为基础的，即以对真主一神信仰为基础的。所有的哲学思辨、论证，都是以真主为唯一主宰的，既是起点，也是终点。

从上述伊斯兰哲学形成、发展的简要过程看，对外扩张与征服和大量借鉴古希腊等哲学思想和方法构建起了伊斯兰哲学大厦。由于伊斯兰教本身派别繁多，以《古兰经》和圣训为根基，以吸收外来哲学思想和方法为载体的伊斯兰哲学学说亦繁杂多样，并未形成系统和统一的思想体系。其根本特质是，借鉴和吸收外来哲学思想与方法、自然科学成果，特别是理性思辨与逻辑思维，从不同宗教派别的教义和教法出发，论证、说明和认证造物主安拉与被造物、理性与天启、知识与信仰、人与现实和后世之间的关系。而不论是从哪个伊斯兰教派发展起来的不同哲学流派，其根本内核都是想以理性思辨和逻辑推理的方法，达到一切"终归一神"的思想目的，即都试图用理性思辨和自然科学成果来"理性地"证明其一神宗教的"理性"完整与合理和"逻辑"的严密与"自然"。

（四）宗教信仰与世俗生活两面一体

伊斯兰教是世界各宗教中罕有的将世俗生活全面置于宗教信仰之中的宗教，或者说作为伊斯兰教信徒的穆斯林的世俗生活与其宗教信仰是其人生的两个侧面，同时也是融为一体的。

穆斯林作为伊斯兰教信仰者的通称，是由《古兰经》确定的："他拣选你们，关于宗教的事，他未曾以任何烦难为你们的义务，你们应当遵循你们的祖先易卜拉欣的宗教。以前真主称你们为穆斯林，在这部经典里他也称你们为穆斯林，

者行善求善报，作恶亦有恶报。这就要"导人于至善，并劝善戒恶；这等人，确是成功的"①，鼓励信徒施舍、济贫、"争先行善"。施舍，作为行善的一种重要方式，受到鼓励，特别是秘密施舍更是大受奖赏，因为它是施舍者内省和道德自我提升的重要方式："如果你们公开地施舍，这是很好的；如果你们秘密地施济贫民，这对于你们是更好的。这能消除你们的一部分罪恶。真主是彻知你们的行为的。"② 同时反对吝啬和为沽名而行善："他们中有自己吝啬，并教人吝啬，且隐讳真主所赐他们的恩惠的人，我已为（他们这等）不信道的人预备了凌辱的刑罚。他们中有为沽名而施舍财产的，他们不信真主，也不信末日。……真主必不亏枉人一丝毫。如果人有一丝毫善功，他要加倍地酬劳他，并且以他那里的重大的报酬赏赐他。"③

在社会经济层面，《古兰经》也有诸多论述。由于伊斯兰教认为人有两世生活，因此，《古兰经》允许人们享受今世生活，但更强调后世生活。《古兰经》有关经济的生活的相关论述，事实上是伊斯兰经济理论的根本基础，也是穆斯林日常经济生活的遵循。伊斯兰教允许人们享受今世生活，但认为后世生活比今世生活更美好："迷惑世人的，是令人爱好的事物，如妻子、儿女、金银、宝藏、骏马、牲畜、禾稼等。这些是今世生活的享受；而真主那里，有优美的归宿。"④

《古兰经》还对日常经济生活，给出许多详细的规定，比如，买卖要诚实公平："你们当用充足的斗和公平的秤。"⑤ 相

---

① 《古兰经》，马坚译，中国社会科学出版社，1996，3：104。
② 同上书，2：271。
③ 同上书，4：37—40。
④ 同上书，3：14。
⑤ 同上书，6：152。

互借贷要有凭据和作证人:"你们彼此间成立定期借贷的时候,你们应当写一张借券,请一个会写字的人,秉公代写。……你们当从你们的男人中邀请两个人作证;……无论债额多寡,不可厌烦,都要写在借券上,并写明偿还的日期。在真主看来,这是最公平的,最易作证的,最可祛疑的。"① 不可发不义之财,不可吃重复的利息:"谁侵蚀公物,在复活日,谁要把他所侵蚀的公物拿出来。"② "你们不要借诈术而侵蚀别人的财产。"③ "真主准许买卖,而禁止重利。"④ 等等。又如,关于遗产的分配,《古兰经》也作出了详细的说明,严格禁止侵吞孤儿的财产并说明如何监护孤儿的财产等:"男子得享受父母和至亲所遗财产的一部分,女子也得享受父母和至亲所遗财产的一部分。"但女子地位低于男子,不能与男子同等享受:"一个男子,得两个女子的分子","侵吞孤儿的财产的人,只是把火吞在自己的肚腹里,他们将入在烈火之中"⑤,等等,在《古兰经》的第四章多处有详细的比例规定。

关于男女、夫妻关系,《古兰经》的规定也很详细。男女地位是不平等的,但也强调要善待妇女。"男人是维护妇女的,因为真主使他们比她们更优越,又因为他们所费的财产。贤淑的女子是服从的,是借真主的保佑而保守隐微的。你们怕她们执拗的妇女,你们可以劝诫她们,可以和她们同床异被,可以打她们。如果她们服从你们,那么,你们不要再想法欺负她们。"⑥ 关于男女婚配,对于信教的男人,是不能娶

---

① 《古兰经》,马坚译,中国社会科学出版社,1996,2:282。
② 同上书,3:161。
③ 同上书,4:29。
④ 同上书,2:275。
⑤ 同上书,4:7、10—11。
⑥ 同上书,4:34。

一、宗教的概念

如今，人们一谈起"宗教"一词，便会自然地想到基督教、佛教、伊斯兰教、印度教、道教等。然而，当我们浏览中外有关宗教方面的论著时，却发现，关于什么是宗教的定义，并不十分清楚，或者说没有一个比较一致的、公认的定义。汉语《辞海》的宗教词条定义："社会意识形态之一。相信并崇拜超自然的神灵，是支配着人们日常生活的自然力量和社会力量在人们头脑中的歪曲、虚幻反应。……宗教是一种历史现象，有其产生、发展和消亡的过程，随着人类社会高度发展将渐趋消亡。"①② 这段对宗教的描述，是基于马克思主义的宗教观的表达。马克思说："人创造了宗教，而不是宗教创造了人。就是说，宗教是那些还没有获得自己或是再度丧失自己的人的自我意识和自我感觉。""宗教是被压迫生灵的叹息，是无情世界的感情，正像它是没有精神的制度的精神一样，宗教是人民的鸦片。"③ 恩格斯根据世界许多氏族宗教的发生、发展、演变的历史进程对宗教的本质作出如下总结："一切宗教都不过是支配着人们日常生活的外部力量在人们头脑中的幻想的反映，在这种反映中，人间的力量采取了超人间的力量的形式。"④ 由上我们可以看出，马克思主义者

---

① 《辞源》，商务印书馆，2009，第3072页。
② 笔者认为，在中国并不存在这种普遍的"历史现象"，正如本书第一章中引用《辞源》关于"宗教"一词在中国的起源所述，宗教乃佛教传入中国之后，以佛所说为教，佛弟子所说为宗，始有"宗教"之称谓。即中国并无真正的原创宗教，佛教只是外来品，道教既非西方意义上的宗教，又影响有限，其他神鬼之说并非所谓的宗教。
③ 《马克思恩格斯选集》第一卷，人民出版社，1972，第1—2页。
④ 《马克思恩格斯选集》第三卷，人民出版社，1972，第354页。

从无神论的基点出发,认为宗教不过是外部不可知、不可控世界在人们精神上虚幻和扭曲的反映。随着人类社会的发展,特别是科学的发展,不少古代的自然之谜,如星辰的运动等,被逐渐揭开,一些"虚幻和扭曲"的现象被揭穿和匡正,宗教的神秘性在减少。但是,时至今日,有神论者的许多命题并未完全被放弃。

从有神论的角度看,神的存在,是一切宗教存在的基础。古罗马哲学家西塞罗从论证神的存在及其性质入手,为宗教概念的确定提出依据。他甚至认为神的存在是显而易见的事情:"因为当我们仰望天空深思天体时,还有什么比存在着一种统治它们的、具有至高无上的理智的神这个事实更清晰、更显然的呢?"[①]他认为,神不仅存在,而且世间和宇宙间的一切事物均由神明来统治和管理,一切的变化也均是神的意志表现,神能看到每个人在想什么、做什么、怎样做,并且关心人类。这样神与人就自然地联系起来了。人把自己所不能解释、不能控制又深受其影响的外在力量或外部存在赋予了"神"的名义。对神的塑造、解释、依赖和信仰就构成了宗教的根本基础。"其特点是相信在现实世界之外存在着超自然、超人间的神秘力量或实体。"[②]

德国的费尔巴哈在其《宗教的本质》一书中指出,"人的信赖感,是宗教的基础",而这种信赖感的基础是自然,"自然是宗教的最初原始对象"。他从客观的角度分析人与自然、宗教的关系:"我总不是一个离开光、离开空气、离开水、离开大地、离开食料而存在的东西,总是一个依靠自然的东西。这种依赖性在动物和动物阶段的野蛮人中,是不自觉、不自

[①] 西塞罗:《论神性》,石敏敏译,商务印书馆,2012,第61页。
[②] 任纪愈主编:《宗教大辞典》,上海辞书出版社,1998,绪论。

低等动机,其高等动机不成功,宗教而别走一路,而此时便是这样别走一路,其路还即中国走过的那路";这条路"便是孔子的路"①。

西方有关宗教的专论,大多都是首先在预设宗教观念自然存在,从不同的角度去论证宗教的各个方面,而避免给宗教下一个直接的定义。这也说明宗教这一概念的复杂性,以及不同文明对宗教概念理解上的差异。如罗素在其《宗教与科学》一书中指出:"从社会方面来考虑,宗教是一种比科学复杂的现象。每一种历史上的著名大宗教都具有三个方面:(1)教会,(2)教义,和(3)个人道德法规。在不同的时代和地点,这三个要素的相对重要性是极其不同的。"② 这里罗素只提出了宗教的构成部分和与道德的关系,并未明确给出宗教概念的定义。

法国人爱弥尔·涂尔干(1858—1917年)在其《宗教生活的基本形式》一书中对宗教的定义做了认真的分析。他认为,在所有的宗教信仰中,都将一切事物预设分类为"凡俗"的与"神圣"的两大类,并且认为这两大类事物是互不相同的、对立的、相互排斥的,当然也有某种联系和沟通,"倘若凡俗世界与神圣世界全无联系,那么神圣世界也就毫无裨益了"。这种"微妙"的联系是由凡俗事物抛弃某些特征,如规定的某些禁忌和严格的仪式(如祭祀)来建立的。而"当一定数量的神圣事物确定了它们相互之间的并列关系或从属关系,并以此形成了某种统一体,形成了某个不被其他任何同类体系所包含的体系的时候,这些信仰的总体及其相应的仪

---

① 梁漱溟:《东西文化及其哲学》,商务印书馆,2012,第218页。
② 伯特兰·罗素:《宗教与科学》,徐奕春、林国夫译,商务印书馆,2013,第1—2页。

式便构成了一种宗教"。这一分析和定义，充分体现了西方的二元对立思维模式和对不同宗教体系间的"排他性"本质界定。尽管他也指出，"对任何宗教来说，不管它如何等齐划一，都必须承认神圣事物的多样性"①，但这种多样性是指在一个宗教体系之内，如基督教的"三位一体"之外，还有圣母、天使、圣徒等。表明即使是一神教宗教，其内部因对除主神之外的神圣事物不同崇拜和对教义的不同理解，必然产生的"一教多派"现象。他所总结出的宗教的定义是："宗教是一种与既与众不同，又不可冒犯的神圣事务有关的信仰与仪轨所组成的统一体，这些信仰与仪轨将所有信奉它们的人结合在一个被称之为'教会'的道德共同体之内。"② 这个定义最后的落脚点是"教会"，这完全是西方基督文明下的定义。

美国当代宗教史专家休斯顿·史密斯在其《人的宗教》一书中，在论及儒学是否为宗教的问题时写道："儒家是一种宗教，还是一种伦理呢？答案要看如何定义宗教。以它对个人行为以及道德秩序的密切关注上看，儒家和其他宗教比起来，是从一种不同的角度来探讨生命，但这并不必然表示它就没有宗教资格。如果从广义来看，以宗教为环绕一群人的终极关怀所编织成的一种生活方式，儒家显然够资格算是宗教。就算宗教是采取一个比较狭窄的意义，是指关怀人与其存在的超越基础的结盟，儒家仍然是一种宗教，纵使它是一种缄默的宗教。"③ 他肯定了儒学也是一种探讨生命的学问，同时不惜以一个更宽泛的定义来表达宗教的概念，也硬要给

---

① 爱弥尔·涂尔干：《宗教生活的基本形式》，渠东、汲喆译，商务印书馆，2013，第50—51页。
② 同上书，第58页。
③ 休斯顿·史密斯：《人的宗教》，刘安云译，海南出版社，2014，第173页。

儒学，而不说儒教，又有何不可呢？非要用"宗教"一词统而概之，才能体现其意义吗？事实是正好相反。

以西方的历史文化为基础，宗教至少应包括以下几个要素。

1. 神的存在与万能

任何西方意义上的宗教概念，都设定神或超然物外的统治者的存在。而诸如犹太教、基督教、伊斯兰教等一神教，其主神必是万能的，如主神不万能，则信徒就难有坚定的信仰且会"左顾右盼"。每个宗教的主神还必须是唯一的，如果不唯一，则其体系不能统一，体系不统一，就难以维持体系的存续和发展。因此，西方宗教的根本是必有一个"唯一万能"之主。

2. 人有灵魂并且不死

神是宗教的前提，人的灵魂的存在并且不死和躯体死后灵魂必有一个或几个去处或"果报"是宗教赖以发挥终极关怀功能的必要条件，由此才能为"天堂""地狱""救赎""末日审判"等概念与生时的道德准则和行为规范的设计建立必需的联系。

3. "天启""先知""使徒""天使"是人神沟通的桥梁

由于神的神秘与不可验证①，为达成人神之间的联系使命，就造就了"先知""使徒""天使"的存在，没有他们的存在，人神两界无法往来。同时，把宗教经典确定为"天启"之言，也是在人神之间建立联系的必然需要。如果宗教经典不是"天启"之言，则宗教便无所绝对遵循；无所绝对遵循，宗教便没了根本基础，也就不能成立或延续了。

---

① 如果神可见，可以验证，则神就不称其为神了；欲见神才信神的想法，被视为对神的不敬和不信。

4. 体系设计与建设

以"唯一万能"之主神为核心,"天启""先知""使徒""天使"等为辅助,昭示一系列的教义、教规,形成系统的教会组织体系,是宗教的组织保障和运行保障。

5. 政教不分

遍考"闪米特型"各宗教,从古至今,其与政治从未根本分离,它们之间总是在相互推动、相互斗争中前行。以基督教为例,耶稣被钉在十字架上、罗马皇帝君士坦丁一世于西元313年颁布《米兰敕令》、政教合一的教皇国(西元754—1870年)等等,都反映西方政教不分的长期历史。即使在当今西方不遗余力宣传的自由、民主的世俗政治中,也受到宗教的根本性影响,如英国的米字国旗和所有美元上的标语"IN GOD WE TRUST"(我们信仰上帝)的宣示等。这样看来,在美国,如果非基督徒每次拿出美元支付现金递给收款人时,都相当于是在向人家宣示"In god we trust";当英国(包括英联邦国家)的非基督徒庄严地站在英国国旗下时,都明示着基督教信仰的旗子在他们头顶高高飘扬。从这个意义上讲,西方标榜的"宗教自由"从来就不是一句实话。

至于佛教,它肇始于古印度后,逐渐传入东南亚各国(南传佛教)和中国(汉传佛教),并经中国传至朝鲜半岛和日本。佛教传入中国,虽与儒家、道教相互间有批评和争论,但总体是相容、各自安好的,中国亦有"三教归一"之说体现这一点。佛教离开它的发祥地,生根、光大于中国,有两个关键因素:一是以儒学为主干的中华文明具有极强的包容性和融化能力。二是佛教本身,虽有佛陀为教祖,但其本质上不是一神宗教,必须"排他"不是其立教的根本基点。佛教中诸佛、菩萨、罗汉等诸神众多,信者可任选其一而拜之,佛祖并不因此而降罪信徒或凡人。特别是佛教思想的根本宗旨在于通过信奉佛理，礼佛修行，以达到信者自身精神的解脱，度己度人、脱离苦厄的目的，而非只为敬奉佛祖，祈求佛祖"超度"。到了禅宗一脉（中国佛教之主干），更是提倡万物皆有佛性，这与儒家人人修身、皆可成圣的思想，可谓异曲同工。

二、宗教的慰藉

人类，与其他生物相同的是，具有生存的本能，这种本能使人类与其他生物一样，不断地繁衍和延续。人类，与其他生物不同的是，具有思考和学习的本能，这种本能使人类与其他生物区别开来，这种本能使人类不断思考一切外部世界的现象和原因。在人类文明的进程中，人类一方面不断实践、学习、积累、思考，不断有所发现、有所发明、有所创造，使人类的生存状况不断得到改善；另一方面在思考和寻找外部世界的原因，特别是终极原因的过程中，既有所突破，又陷入迷茫。前者因为知识的积累、科技的进步，许多现象获得合理的解释，许多问题和障碍获得解决；而后者，即陷入迷茫的问题，诸如人是从哪里来的，人生为何有那么多苦难，人死后将去向何处，宇宙因何、何时开始恒久地运转之类问题，至今没有答案。而人类思考的本能，又促使其不断地苦苦思考与探索，在这个思考与探索过程中，人类阶段性地把一些无法解释的现象和原因归结于一种超自然且无法验证的力量或原因，以求获得阶段性的心灵上的慰藉。一旦形成这种慰藉，人类就秉持思维的惯性沿着某种路径去思考、总结、提升，从早期的自然崇拜、图腾崇拜、多神崇拜，到形成不同的宗教信仰或理论学说。而对各自的信仰而言，信徒们似乎完成了宇宙终极原因的探索，或实在难以说明这终极原因，就把它推给了"神"，以求安生和慰藉。这正如费尔巴哈在其《宗教的本质》中所指出的，是"人的信赖感"所使然。或是因为"人还有一种与历史上形成的任何宗教无关的信仰天赋。……但它使人感到有'无限者'的存在，于是神有了各种不同的名称，各种不同的形象"①。

人的这种"依赖感"或"信仰天赋"，实际上是对未来、来世的寄托和对现世身心的慰藉。而近世以来，西方将不同民族、不同地区形成的类似的崇拜、祭祀、习俗、学说等等均以"宗教"冠之，并以犹太教或基督教的理念、思维、语言、结构、取向等去分析、解构其他国家和民族的历史习俗与信仰体系。当我们使用"宗教""哲学"这类词汇时，也许对于西方文明而言是有确切概念的，而对于西方以外，特别是中华文明和印度文明，其概念可谓是似是而非的。然而，由于西方文化的迅速传播和西方文明的扩张，人们对这类概念已习以为常，甚至似乎已完全接受，因此，当要说明一些问题时，使用这些概念既方便又易被读者接受。

（一）思想和心灵的慰藉

宗教或非宗教的思想体系，首先是人类思想的结果与慰藉的需要。当人类的先民仰望星空、观测日月时，他们在思考宇宙为什么如此有规律地恒久运行；当他们面对风霜雨雪、山洪地震等自然现象和自然灾害时，他们在思考这究竟是谁在施法。不同地域、不同的族群，总结出了既类似又差别巨

---

① 麦克斯·缪勒：《宗教学导论》，陈观胜等译，上海人民出版社，1989，第11—12页。

大的思想结果。类似之处是不同地域、不同族群的早期先民们都有畏天、敬天、祭天的历史和传统，天也可以称为神。而此后的发展之路，却渐行渐异。

中国人畏天、敬天、祭天，但并未与天过多地纠结，而是采取"敬天法祖""祭神若神在"的态度，更加专注于人自身的问题，更加专注于人与人、人与社会、国与国的关系；以修身、齐家、治国、平天下的逻辑，试图求得"天下为公"的大同理想，形成了一整套以儒学为核心的中华思想体系。

印度人则坚持祭祀万能，上天（梵天）启示的原则，明确人的不同种属和社会责任（种姓制度），从业报轮回到现实"梵我同一"的最高境界，形成了印度独有的婆罗门教和印度教的"达摩"体系。

犹太人、欧洲人、阿拉伯人则坚定地认为一定存在一个各自的超然物外的造物主，是他，并且只有他创造了宇宙万物和人类。他是万能的唯一神，他是宇宙的第一动因，他主宰人的意志，决定着人的生之祸福和死之去向。他是神，是上帝，是安拉，他们各自的思想体系被称为不同的"宗教"。

现存主要文明的先民们这样认为，他们找到了终极原因和终极目标，因而也就找到了他们的终极依赖和信仰，他们的思想和心灵获得了慰藉，有了寄托。这些慰藉和寄托、依赖和信仰一直延续至今，并仍将是其各自后裔思想和心灵的慰藉、寄托、依赖和信仰。

（二）为求脱离苦难的慰藉

历史上，不同地域的人类，由于自然环境的差异和各自周边族群关系的不同，其生存环境存在较大差异，因而其思想的发展脉络就有很大不同，所形成的思想成果也迥异。以犹太教和佛教的形成背景为例，很能说明这一点。

　　历史上的犹太民族在其发展历程中，可谓纷争不断，"苦难深重"。犹太人的称谓，就有一个历史发展过程。首先被称为"希伯来人"，之后被称为"以色列人"，最后被称为"犹太人"。犹太人认为亚当和夏娃由上帝所造，是人类最初的祖先。之后，其较直接的祖先是亚伯拉罕。亚伯拉罕率领他的部族从美索不达米亚平原越过幼发拉底河进入古代的叙利亚—巴勒斯坦一带的迦南地，被当地居民称为"希伯来人"，意为"越过者"，是非犹太人（外邦人）对那时犹太人的称谓。亚伯拉罕原叫亚伯兰，耶和华给他改名叫亚伯拉罕，赐他原不生育的妻子撒莱（后被耶和华改名为撒拉）在绝经后生儿子以撒，并与亚伯拉罕订约——以其子生后第八日施割礼为约，赐迦南地为其子孙之地，即应许地。以撒娶其父亚伯拉罕故乡美索不达米亚女子利百加为妻，生双胞胎兄弟以扫和雅各。雅各本次子，在其母唆使下，用阴谋骗取其父以撒祝福，而成其族人的主。雅各娶其母兄的两个女儿为妻，又纳那两个女儿的两个使女为妾，共生72个儿子。当雅各为让其兄解恨，能容纳他，让仆人带礼物先去见以扫时，雅各携妻带子过了一个叫雅博的渡口，遇一人与他摔跤，雅各得胜，那人乃神，神让雅各改名为"以色列"，这便是以色列名称的由来。而"犹太人"（Jew）最初是希腊罗马人对犹太人的蔑称，2世纪后，Jew逐渐通用，失去贬义。

　　历史上，犹太人因饥荒而被迫迁往埃及。初到埃及时，颇受埃及人善待，后来备受压迫沦为奴隶。在埃及寄居约430年后，人丁繁衍颇众，埃及深感恐惧，因而对其深加迫害。之后，犹太人在摩西的带领下，离开埃及，在返回"应许地"迦南的途中，在西奈半岛（埃及与巴勒斯坦之间）的荒野中游荡了约 40 年，并在西奈山上与上帝订约，使以色列人成为上帝的选民，上帝将律法和诫命赐给摩西。上帝之所以把以色列人作为其选民，是"因为所有的民族都不承认《托拉》①并拒绝接受它，只有以色列选择了神圣的上帝和他的《托拉》"②。耶和华对以色列人说："我是耶和华你的神，曾将你从埃及地为奴之家领出来。除了我以外，你不可有别的神。……恨我的，我必追讨他的罪，自父及子，直到三四代；爱我、守我诫命的，我必向他们发慈爱，直到千代。"③

由上我们看到，上帝是犹太人的救世主：给他们居住地，赐予他们子孙繁衍，把他们从埃及的奴役状态中解救出来，并把他们作为"选民"赐予律法和诫命。这便是犹太教产生的背景。

后来，犹太人返回了迦南地，建立了自己的王国，所罗门为国王时在耶路撒冷建立了第一圣殿。再后来，其国分裂为南方的犹大国和北方的以色列国。西元前 722 年，以色列国被亚述帝国灭亡，10 个以色列人部落流亡并消失。西元前 586 年，犹大国被巴比伦帝国征服，第一圣殿被毁，大批犹太人被掳到巴比伦囚禁，即"巴比伦之囚"。西元前 538 年，犹太人从巴比伦回到耶路撒冷，开始重建圣殿，史称第二圣殿时期开始。西元前 331 年，亚历山大又征服了巴勒斯坦，开始了古希腊统治时期。西元前 63 年，罗马大军攻陷耶路撒冷，犹太人又被纳入罗马帝国统治之下。西元 70 年，第二圣殿被毁。到西元 135 年，经多次起义失败后，古犹太历史终结，犹太人进入长达 1800 多年的流放期。直到 1947 年，联

---

① 《圣经·旧约》的前五章，也称《摩西五经》或《律法书》。
② 赛妮亚编译：《塔木德》，重庆出版社，2008，第 156 页。
③ 《圣经·出埃及记》，20：2—6。

合国通过"巴勒斯坦分治决议"后,现在的以色列国才于1948年5月宣告建立,至今仍与周边阿拉伯国家纷争不断。

回顾犹太人几千年的神话和民族发展史,可以看出,他们一直处在苦难的挣扎之中,家园数度被毁、被占领,人民流离失所,难以获得一块可以永享和平与幸福的家园,所有的抗争、努力都难以达此目标。因此,只能无奈地把摆脱苦难的希望寄托给神——耶和华。上帝,就成了这个民族的心灵慰藉,特别是为求脱离现世苦难的慰藉。在残酷的历史进程中,如果没有这样的心灵慰藉和精神支撑,这个民族可能早已消失。这也正是犹太教得以建立和延续,并被后来的基督教所发扬光大的原因。古罗马的奥古斯丁在他的《上帝之城》中这样写道:"通过摩西,上帝的子民从埃及的枷锁下得到解救,而正是那种枷锁在他们身上唤起了获得上帝救助的愿望。"[①] 在《圣经·旧约》的《撒加利亚书》中也专有一节,叫作"耶和华拯救的应许"写道:"当春雨的时候,你们要向发闪电的耶和华求雨。他必为众人降下甘霖,使田园生长蔬菜。……我必再领他们出埃及地。"[②]

与犹太教为求永久家园、子孙繁衍、财富丰厚而把希望寄托于救世主上帝的脱苦脱难思想不同,佛教的脱苦脱难思想是针对人生的一切"苦厄",以求得到达彼岸——涅槃的自我解脱。佛教的"福音"是针对一切众生的,而不像犹太教(包括后来的基督教)一开始就把自己作为上帝的"特选子民"而首先独享上帝的"福音";之后到了基督教,又为着种种目的去传播上帝的"福音",以此扩大自己的"宗教地盘"。

众所周知,佛教的创始人是乔达摩·悉达多,出生在古

---

① 奥古斯丁:《上帝之城》,庄陶等译,复旦大学出版社,2011,第330页。
② 《圣经·撒迦利亚书》,10:1—12。

印度的迦毗罗卫城（约在今印度、尼泊尔边境靠尼泊尔一侧）的释迦族，约生活在西元前6世纪。乔达摩是迦毗罗卫国净饭王的王子，出身于刹帝利种姓。其母在他出生后7天就死去，由他的姨母抚养他长大。他幼时接受婆罗门传统教育，学习吠陀经典和五明①，后娶妻生子。20岁离家，到处寻师访友，探索人生解脱之道。其出家动机，佛教传说不一：有说他看到了人体的丑恶；有说他看到了人生、老、病、死的痛苦；更有说与他经历了释迦族的国家被灭，"释种"被杀，"积尸如莽，流血成池"的惨祸有关。

据传，乔达摩·悉达多离家后，先跟随当时沙门思潮之一的数论派大师学习禅定。数月后，感到不满，认为禅定并非目的。接着他尝试通过严格的苦行发现真理，寻求解脱。据说，他当时认为：摩擦湿木不能生火，摩擦干木才能取火，因此，人身体亦需经过苦行，清除体液，才能悟到真理。于是他逐渐减少饮食，直到每天只吃一粒米，后来7天才进一次餐。他身穿麂皮、树皮，睡在鹿粪、牛粪之上，有时还卧于荆棘之上。6年后，他身体消瘦，形同枯木，却依然未能发现什么真理。由此，他认识到苦行不能获得解脱，并净身进食。他之后渡过尼连禅河，来到伽耶（今菩提伽耶），坐在毕钵罗树（后称菩提树）下，沉思默想，经过七天七夜，终于悟出了"苦、集、灭、道"——"四谛"的真理。这是他觉悟成道的标志，因而被称为"佛陀"，或简称"佛"，意为"觉悟者"，这一年他35岁。此后，他一心传教，历时45年，直到去世。

---

① 五明：一是声明，即音韵训诂之学；二是工巧明，即工艺技术之学；三是医方明，即医药之学；四是因明，即逻辑推理之学；五是内明，即明自家之宗旨者，或曰《四吠陀论》。

佛教创教时的基本教义是"四谛"说。"苦谛"是把人生的本质断定为"苦",并视这一判断为真理的教义,认为人的所有感受分为三类:苦受、乐受、不苦不乐受。但从根本上说,这一切感受都是"苦",社会人生原本就是一大"苦聚",全无幸福欢乐可言。这一教义,是全部佛教的出发点。所谓苦谛,一般指,生苦、老苦、病苦、死苦、忧悲恼苦、怨憎会苦、恩爱别离苦、所欲不得苦等等,人生皆苦。"集谛"是说明诸苦和人生的原因;"灭谛"提出了佛教出世间的最高理想——"涅槃"说;"道谛"是解脱并通向涅槃之路。

由上,我们同样可以看到,佛教初创,也是因为看到人生苦难多多,为求解脱之道,佛陀试图为众生指出一条明路,即,首先要认识到社会人生皆苦,其次要悟明苦的原因所在,再次指出一条脱离苦厄的道路,最终达到解脱的彼岸——涅槃。

如前所述,同样是为求脱苦难而求慰藉,佛教与犹太教的立教基点各有不同。佛教要拯救众生,为众生求解脱之路;而犹太教首先将上帝的"福音"归给了自己民族和上帝的信徒,之后基督教又去传递上帝的"福音"给别族、别国。佛陀虽然出生在种姓制度盛行的古代印度,他本身又生在刹帝利家庭,但他却反对种姓之间的不平等,提倡众生平等,倡导人人皆可以修习佛法并获得解脱的普度精神。佛说:"今我弟子,种姓不同,所出各异,于我法中出家修道。若如人问:姓谁种姓?当答彼言:我是沙门释种。"[①] 在《别泽杂阿含经》卷五中也有类似记载。当佛陀来到俱萨罗国的

---

① 《长阿含经·小缘经》,载杜继文主编《佛教史》,江苏人民出版社,2008,第25页。

孙陀利河岸时，有一个婆罗门问他："你生在何处？为何种姓？"佛陀答道："不应问生处，宜问其所行，微木能生火，卑贱生贤达。"①

佛教与犹太教、基督教、伊斯兰教等亚伯拉罕系宗教的另一个明显不同是，它未预设或创建一个宇宙的本原——上帝、真主等的万能创造者和控制者。他把救苦脱难寄予修道成佛，而不是排他性地虔信一个万能的主，也不是一切期盼主的慈悲赏赐和终极审判。佛陀始终关心人的精神世界，关心人间的疾苦，并指出通过"四谛"的"道谛"——自我修行之法求得解脱。他不同于西方哲学家和宗教家，非要苦求一个宇宙的本原或本体，无果之后，将那本原赋予神、上帝等的不可验证之主。当一个人中箭之后，不是急急地救人，却要问箭、弓等是如何、由什么制造的比喻，很形象地说明佛教即出世由入世，用世间之法解世间之苦而求出世的哲学思维，所谓"若菩萨欲得净土，当净其心；随其心净，则佛土净"②。

综上，我们可以说，宗教是宗教信仰者为求脱离今生苦难而求得心灵慰藉的产物。

中国人把生、老、病、死看成一种正常的自然现象，"道法自然"地对待这些。把人的喜、怒、哀、乐、爱、恶、欲等看成是人生必然经历，因而中国人没有建立普遍的"宗教"和宗教信仰，其心灵的慰藉则另有一套庞大体系来支撑。

（三）来世的期许和慰藉

前文指出，努力维持生命的存续，是人和万物的本能。

---

① 朱明忠：《印度教》，福建教育出版社，2013，第42页。
② 赖永海主编：《维摩诘经》，中华书局，2010，第16页。

而自然的法则是，人与万物皆有生老病死和枯荣交替。作为最具思维能力的人，从生的本能出发，总想着有打破自然法则的可能——努力思考和寻找获得永生不灭的法子。数千年来的探求与寻觅，终未逃出自然法则的循环规律。于是，聪明的先民们就造出了种种神和神造的世外"天堂"，人只有到了那里，才能得以永生不灭。这就是宗教赋予人类，或准确地说是人类自己赋予自己对于来世的期许和慰藉。

犹太教将未来的期许与慰藉托付给了耶和华——上帝。一般认为，犹太人自从出埃及在西奈山上与上帝再次缔约①而终归形成对耶和华的一神信仰，标志为"摩西受诫"。从摩西带领犹太人出埃及起，到西元135年犹太人被逐出巴勒斯坦，流放到世界各地的1000多年时间里，除了大卫和所罗门王朝统治下的大约80年（西元前1010—前930年）是他们独立的时代外，都是在民族灾难中苦苦挣扎。在漫长的岁月里，犹太人始终坚信上帝耶和华是他们的救世主，始终把民族的希望寄托给上帝，而把1000多年的民族苦难归结为没有好好地遵照上帝意志行事。在《以赛亚书》第一节里，"神责备以色列"，陈述了耶和华对以色列人的责骂："天哪，要听！地啊，侧耳而听！因为耶和华说：'我养育儿女，将他们养大，他们竟悖逆我……'。"因此，神要惩罚悖逆者——耶和华的"选民"，但到"末日"时，要保留一些"余民"："到那日，以色列所剩下的和雅各家所逃脱的，不再倚靠那击打他们的，却要诚实倚靠耶和华以色列的圣者。所剩下的，就是雅各家所剩下的，必归回全能的神。以色列啊，你的百姓虽多如海沙，

---

① 之前的缔约是上帝与亚伯拉罕缔约，将以犹太人作为上帝的"选民"，以施"割礼"为缔约的标志；接下来是上帝与亚伯拉罕子孙——雅各订约，以称犹太人为以色列人为标志。

唯有剩下的归回。原来灭绝的事已定，必有公义施行，如水涨溢。因为主万军之耶和华在全地之中，必成就所定规的结局。"① 这说明，以色列是将整个民族未来寄希望于耶和华，引导他们"走永生的道路"②。并预言有一个"将要来的弥赛亚"成为犹太人国家民族复兴的"复国救主"："因有一婴孩为我们而生，有一子赐给我们，政权必担在他的肩头上。他名称为奇妙、策士、全能的神、永在的父、和平的君。他的政权与平安必加增无穷。他必在大卫的宝座上治理他的国，以公平公义使国坚定稳固，从今直到永远。万军之耶和华的热心必成就这事。"③

到了基督教产生的时代，基督教把这预言将出现的"弥赛亚"④认定是耶稣⑤，这预言也就成了基督教产生的基本依据之一。

犹太教寄托于上帝的，主要是企盼苦难的犹太民族能获得重生。而到了基督教那里，永生、天国、地狱、救赎的观念更加清晰，更加强化了。

"耶和华神用地上的尘土造人，将生气吹在他鼻孔里，他就成了有灵的活人，名叫亚当。"⑥ 亚当是犹太教和基督教认为的人类始祖，他接受了上帝的灵气，也就是由此说人有了灵魂，或者说人的灵魂是来自上帝耶和华的赐予，因而他是不死的。这灵魂与"原罪"一样由亚当传给了后人。人的肉

---

① 《圣经·以赛亚书》，10：20—23。
② 《圣经·诗篇》，139：24。
③ 《圣经·以赛亚书》，9：6—7。
④ 原意为"受膏者"，在以色列人的国王即位仪式上，由祭司代表上帝将橄榄油敷在国王的前额上，表示上帝的祝福，此过程汉译为"受膏"，所以国王被称为"受膏者"。
⑤ 或称耶稣基督，基督是希腊文"受膏者"的意思。而且这时的"受膏者"已不是犹太人的"复国救主"了，而是"救世主"了，凡信他的人，灵魂皆可得到拯救。
⑥ 《圣经·创世纪》，2：7。

身乃尘土所成，人死是尘土构成的肉身之死，而由上帝吹出的"生气"——灵魂是不死的。但这不死的灵魂有两个去处，得到耶稣基督救赎者的灵魂可升入天堂永享福乐，未获得救赎者的灵魂将下地狱永受惩罚。耶稣基督的降生（道成肉身）是上帝派他的独子来做犯有原罪（亚当与夏娃所犯并传于世人）的人们的"救世主"，耶稣基督的受难是以他的死和他的宝血来救赎相信耶稣基督者的罪。既是"赎"，这"赎价"付给谁的问题在基督教历史上见解不同。"奥古斯丁认为人既犯了罪，便是魔鬼的奴仆，为赎其脱离魔鬼的奴役，便由耶稣的血作为赎价，给付魔鬼而将其赎回。"还有的人"认为人犯罪，便向上帝欠下了债，自己无力偿还，耶稣的血乃是向上帝偿付的赎价"①。救赎的日子定为"世界末日"，到那日，所有世人都将接受上帝最后的审判，得到救赎者升天堂享永福，得不到救赎者下地狱受永刑。《圣经·约翰福音》②说："神爱世人，甚至将他的独生子赐给他们，叫一切信他的，不至灭亡，反得永生。因为神差他的儿子降世，不是要定世人的罪，乃是要叫世人因他得救。信他的人，不被定罪；不信的人，罪已经定了，因为他不信神独生子的名。"因此，要得永生，必先信耶稣基督，这是先决条件。

伊斯兰教的信安拉为唯一至上的主宰，信穆罕默德是安拉的使者，信天使，信《古兰经》是安拉启示的经典，信"死后复活"和"末日审判"，信世间一切事物均由安拉前定等六大信仰，同样是将来生或"后世"的期许和慰藉寄托给唯一主宰——安拉。

婆罗门教，后来的印度教、佛教等的"业报轮回"观念，

---

① 丁光训等编：《基督教大辞典（上）》，上海辞书出版社，2010，第330页。
② 《圣经·约翰福音》，3：16—18。

虽未将来生的福祸寄予唯一真神,但同样也是期望通过这些宗教信仰和在这些信仰之下所行各"业",求得来生的福报和现世心灵的慰藉。

综上,解决人的肉身死后,灵魂的去向或人的来世去向问题是宗教的一大功能,也是对人生现世的一种慰藉。

中国人并不认为人真的有来世。他们对祖先灵位的祭拜主要是感恩——记住自己的所从来;延续先人的生命——传宗接代;光宗耀祖——现世要"人当为仁";流芳后世——以修齐治平之功为后人留下遗产或美名。因此,中国不创教,也不需要用宗教作为来世的期许和慰藉。

(四)宗教信徒的道德规范和生活方式

宗教的核心是对神的绝对信仰,特别是一神教更是如此。信神的起因是宇宙和人世间有太多的不解之谜,为求思想与心灵的慰藉,把这迷交给神、归于神。信神,更是为求神的保佑而得幸福和永生。然而,神是不可触及、不可验证的;信者又生活在天地之间的世俗世界,生命的历程要一天一天地度过。为了保证对神的信仰的实施、验证和持续,信者就要有一系列的行为动作来表明对神的信仰,这就包括祭祀、诵经、履行教义等一系列逐渐形成规范的仪式和行为,照此行事,也就表明了对神的信仰。而这些仪式和行为又是生活在俗世,相互间必发生各种生活关系的信者所为,具有相当的共识和约束作用,因而就构成了俗世信者的道德规范和生活方式。

一神教笃信者的道德规范和生活方式是以对神的绝对信仰为核心展开的,时常具有律法的性质。换句话说,如果没有对唯一神的绝对信仰,则一神教信者的道德规范体系将失去基础，其生活方式也将失去精神尊崇。

犹太教的割礼和"十诫"等，既是犹太人与其上帝的约，也是犹太人的道德规范和生活方式。施割礼，是以色列人应其上帝要求进行相互立约的"证据"和"记号"。[①] 这一行为在人神关系中，只是起到一个立约的"证据"和"记号"的作用，但对于一个男性来说，却是生命中的一件大事，行了此事，便标志着与其上帝立了约，不行此事，约即无法得证。因此，它就构成了人的一种行为规范，一种人对神的行为规范，也是神对人的一种道德约束。

再来看看犹太教和基督教中最著名的"十诫"：《出埃及记》第20节和《申命记》第5节均专列一节"十诫"：

> 神吩咐这一切的话，说：我是耶和华你的神，曾将你从埃及地为奴之家领出来。……当记念安息日，守为圣日。六日要劳碌作你一切的工，但第七日是向耶和华你神当守的安息日。这一日你和你的儿女、仆婢、牲畜，并你城里寄居的客旅，无论何工都不可作，因为六日之内，耶和华造天、地、海和其中的万物，第七日便安息，所以耶和华赐福与安息日，定为圣日。
>
> 当孝敬父母，使你的日子在耶和华你神所赐你的地上得以长久。
>
> 不可杀人。
>
> 不可奸淫。
>
> 不可偷盗。
>
> 不可作假见证陷害人。
>
> 不可贪恋人的房屋；也不可贪恋人的妻子、仆婢、

[①] 《圣经·创世纪》，17：9—11。

牛驴，并他一切所有的。①

《出埃及记》和《申命记》所列"十诫"，个别地方虽有不同，但大体一致。所谓"十诫"之说，细数上面引文，按圣经的序号分别，可能并非完全为十，但大体分为两部分内容：一是要求对耶和华绝对信仰并不可信其他神或偶像，爱上帝则得福，恨上帝则获罪；二是日常生活中要做到不杀人、不奸淫、不偷盗、不作伪证、不贪恋别人妻子财务等，对父母做到"当孝敬"即可。这既是对犹太教徒和基督教徒人神关系的严格要求，也是对其日常生活的道德规范。前一部分凸显只有信上帝、爱上帝才能得一切好，否则将获殃及后代之罪。因此，这种诫命构成了犹太教和基督教的道德和生活方式的根本基础，舍此，其道德体系将无根无源。后一部分作为对信徒的诫命，老实讲并无出奇之处，因为任何一个种族如容那类事情随意发生，将陷于混乱和随意偷盗与杀戮之中而永不得安宁。而中国人十分看重的孝道，在诫命之中却没那么突出，英文的原文："Honor your father and your mother, so that your days may be long in the land that the Lord your God is giving you."圣经中译本中翻译为："当孝父母，使你的日子在耶和华你神所赐你的地上得长久。"首先，根据《牛津高阶英汉双解词典》，英文 honor 一词是尊敬、荣誉的意思，并无孝之专意；而专门表述子女对父母关系的英文单词是 filial，也并无孝的意思，但可用 filial affection/duty（对父母的喜爱、责任）这一词组来勉强对应"孝道"。其次，这里对父母的"孝"（权用此词），其目的并未表明是对父母的报恩，而是为

---

① 《圣经·出埃及记》，20：1—17。《圣经·申命记》第五节也有类似描述，此不重复引录。

了达成自己在上帝所赐之地上的日子更长久。由此，我们看出，不同文明下的道德规范和生活方式的巨大差异。

基督教的原罪说和耶稣的救赎说，是构成对上帝和耶稣绝对信仰的根基。上帝初造人——亚当和夏娃所犯之原罪，传于后世一切人类（中国历史上曾有因罪而"株连九族"之说，但也仅限于当世和"九族"之内），且人类无论做什么都不能自己抵顶其原罪，只有等到千秋万代之后的世界末日，由耶稣来救赎，由上帝来审判。因此，基督教形成了"信"——信奉和遵从《圣经》中上帝的感召、启示和耶稣的救赎；"望"——对耶稣复临和最后审判所迎来的新天地，信者获永生之美好结局的希望；"爱"——上帝对人之爱和人由于信上帝所表现的对上帝对世人的爱之三大纲领。从而构成了基督教信者的道德基础。在这三大纲领中，"信"是根本，"望"是对未来美好结局的期盼，"爱"是要付诸的行动，是对基督教信者道德规范的高度概括。如果孤立地谈爱，确是一种美好的道德规范，甚至有人认为基督教是爱的宗教。但是，基督教的爱是有前提条件的，即必以爱上帝为前提，之后去爱世人，如果忽略了对上帝之爱的前提，不仅上帝要恨、要"追讨他的罪"并殃及后代，而且这"爱"也失去了达到被救赎、进天堂的终极目的。

一般来讲，人和动物对于给予自己生命者，都是充满爱与敬仰的。对于中国人来讲，叫作"孝"。而在基督教文明中，认为人的生命只是偶借父母之体，由上帝所创造，可上帝又是不可验证的。那么，人对于给予自己生命者的爱，就取决于他对上帝的信仰程度，因而在其内心的约束和自觉性的原因上，就存在很大的不确定性和自我内心的可选择性，导致约束与自觉的虚化、弱化，甚至随意化。至于对上帝之外的他者，则更缺乏直接的爱与责任感之缘由。这必然导致个人主义、个人自由和个人欲望的随意与膨胀。这种随意与膨胀的边界是上帝的约束和冰冷的法律条条，而对于他者的爱与责任感只是这边界以内的副产品。

上面的讨论并不是想说明基督教的"爱"不是爱，或者基督教缺少爱，而是说明它的"爱"并不是如其标榜的普世的爱或"博爱"，即使在基督教整个体系之内，也不是普世的。纵观整个基督教发展历史，由于包括对《圣经》等在内的"经典"的不同理解，对圣父、圣子、圣灵三者关系的不同组合，对圣母玛利亚地位的不同认定，东西教派的分离，"因信称义"论的提出等，形成了天主教、东正教和新教及其各派三大派别，为争夺教权、世俗权、争论教职教阶的存废等，从未停止过内部斗争。在这一漫长过程中，基督教的"爱"并未得到完美的体现，甚至历史上曾有为争夺教皇之位而发生的命案等极端的例子。也就是说，即使在其体系内，爱也不是"普世"的，更何况对于全人类。在基督教的传教运动中，客观上兴办医院、学校，确实体现了爱世人的理念，但思想深处的主观动机，却是以作为传播上帝"福音"的手段和行动来体现对上帝的遵从与爱，其根本目的还是获得上帝和耶稣给予的最终救赎，实现自己进入天堂、获得永生的愿望。因此，一切道德行为和责任，都是为着荣耀上帝以求达成救赎自己的目的。

与犹太教、基督教渊源极深的伊斯兰教教义中的许多规定，就是对人们日常生活的规范，既是教义、教规、仪式，也是道德标准和生活方式。《古兰经》开宗明义："奉至仁至慈的真主之名。一切赞颂，全归真主，全世界的主，至仁至慈的主，报应日的主。我们只崇拜你，只求你佑助，求你引导我们上正路,你所佑助者的路,不是受谴怒者的路,也不是迷误者的路。"① 首先确立彻底的一神——真主或安拉信仰。

作为道德评价的基本范畴——正义也是以信真主为基本前提的。在《古兰经》中提出了明确系统的正义观念:"你们把自己的脸转向东方和西方,都不是正义。正义是信真主,信末日,信天神,信天经,信先知,并将所爱的财产施济亲戚、孤儿、贫民、旅客、乞丐和赎取奴隶,并谨守拜功,完纳天课,履行约言,忍受穷困、患难和战争。"② 这规定了伊斯兰教徒以信真主等六大信仰为基础,应尽的基本义务,既是宗教义务,也是世俗道德规范。

《古兰经》几乎对伊斯兰教徒世俗生活的各个方面都作出了详细规定,这些规定既构成了体现其信仰的行为规范,也是信徒们的日常生活准则。《古兰经》中有一段类似《圣经》"十诫"的内容,可以说是对伊斯兰教而言具有律法性质的规定:"你们来吧,来听我宣读你们的主所禁戒你们的事项:你们不要以物配主,你们应当孝敬父母;你们不要因为贫穷而杀害自己的儿女,我供给你们和他们;你们不要临近明显的和隐微的丑事;你们不要违背真主的禁令而杀人,除非因为正义。他将这些事嘱咐你们,以便你们了解。你们不要临近孤儿的财产,除非依照最优良的方式,直到他成年;你们当用充足的斗和公平的秤,我只依各人的能力而加以责成。当你们说话的时候,你们应当公平,即使你们所代证的是你们的亲戚;你们当履行真主的盟约。他将这些事嘱咐你们,以便你们觉悟。这确是我的正路,故你们当遵循它;你们不要

---

① 《古兰经》,马坚译,中国社会科学出版社,1996,1:1—7。
② 同上书,2:177。

遵循邪路，以免那些邪路使你们离开真主的大道。他将这些事嘱咐你们，以便你们敬畏。"①

关于行善、济贫、饮食禁戒、妇女和婚姻、遗产继承和幼儿抚养以及商业活动的公平交易等，《古兰经》中均有详细的规定。这里仅举几例。关于行善，经文规定："信仰真主，而且行善的人，他将解除他的一切罪恶，而且使他入下临诸河的乐园，而永居其中。"② "行一个小蚂蚁重的善事者，将见其善报；做一个小蚂蚁重的恶事者，将见其恶报。"③ 关于饮食禁戒的规定："他只禁戒你们吃自死物、血液、猪肉，以及诵非真主之名而宰的动物；凡为势所迫，非出自愿，且不过分的人，（虽吃禁物）毫无罪过。因为真主确是至赦的，确是至慈的。"④ 关于婚聘："你们应当把妇女的聘仪，当作一份赠品，交给她们。如果她们心甘情愿地把一部分聘仪让给你们，那么，你们可以乐意地加以接受和享用。"⑤ 关于遗产继承："真主为你们的子女而命令你们。一个男子，得两个女子的份子。如果亡人只有两个以上的女子，那么，她们共得遗产的三分之二；如果只有一个女子，那么，她得二分之一。如果亡人有子女，那么，亡人的父母各得遗产的六分之一。如果他没有子女，只有父母承受遗产，那么，他母亲得三分之一。……这是从真主降示的定制。"⑥

《古兰经》关于信徒的日常宗教功课的规定也十分详尽。仅举一例，关于礼拜前的沐浴："信道的人们啊！你们在酒醉

---

① 《古兰经》，马坚译，中国社会科学出版社，1996，6：151—153。
② 同上书，64：9。
③ 同上书，99：7—8。
④ 同上书，2：173。
⑤ 同上书，4：4。
⑥ 同上书，4：11。

的时候不要礼拜，直到你们知道自己所说的是什么话；除了过路的人以外，在不洁的时候不要入礼拜殿，直到你们沐浴。如果你们有病，或旅行，或入厕，或性交，而不能得到水，那么，你们可趋向洁净的地面，而摩你们的脸和手。真主确是至恕的，确是至赦的。"①《穆斯林圣训实录》中则有更详细的规定，例如，禁止拜中仰望天空："礼拜中仰望天空的人，要么即刻停止仰望，要么丧失视力。"②

综上，伊斯兰教的一个重要特征是，把信徒的宗教信仰、宗教义务、道德规范、日常生活方式等，都以经文的方式明确地规定出来，指导着穆斯林的思考和日常生活，把宗教信仰和宗教义务与日常生活完全融合起来。穆斯林世俗生活的每一言、每一行都要体现对真主的信仰并按经文规定的内容作为道德、生活方式的准则，可谓宗教即生活，生活即宗教。

关于印度教，除了之前已讨论过的"梵我同一"、"践行达摩"、"业报轮回"和求得最终的"精神解脱"外，印度教经典对其信众如何在日常生活中达到上述宗教目标，也作出了详细的规定。特别是在《摩奴法典》中，对宗教义务和世俗生活的各个方面都提出了详尽的规定或规范，指出："人克尽规定的义务，而不从希望果报出发，可以达到不死之境，此生此世就得以实现心灵所能想象的一切愿望。"③《摩奴法典》从创世神话和确定种姓制度后，便是对"净法，梵志期""婚姻、家长的义务""生计、戒律""斋戒和净法的规定、妇女的义务""林栖和苦行的义务"等世俗生活，均有详细规

---

① 《古兰经》，马坚译，中国社会科学出版社，1996，4：43。
② 穆斯林·本·哈贾吉辑录：《穆斯林圣训实录全集》，祁学义译，商务印书馆，2016，第231—232页。
③ 《摩奴法典》第二卷，迭朗善译，马香雪转译，商务印书馆，1982，第22页。

定，并以类似法律的形式加以宣示。

例如，关于起名字，规定了婆罗门种姓应如何取名，妇女应这样取名："妇女的名字要易于发音，柔和，清晰，可爱，吉祥；结尾要用长元音，类似祝福的用语。"关于用餐："不要把残食给任何人，早晚两餐之间，不要吃任何东西；不要吃得太多；也不要在饭后不先漱口就到任何地方去。"① 规定得如此详细，犹如今天流行的饭前洗手、饭后漱口一样。关于婚姻的规范，《摩奴法典》关于同种姓和不同种姓男女婚姻关系，占用了比较多的篇幅，并对不同种姓男女婚配的顺序提出了比较严格的规定，若违反这些顺序可能于家庭或家族不利，例如，第3卷第17节："不娶本种姓女子，而与首陀罗妇女同床的婆罗门堕入地狱；如从她生一个儿子，即被剥夺其为婆罗门的资格。"根据男女达成婚姻的不同方式，《摩奴法典》还提出了梵天的、诸神的、圣仙的、造物主的、阿修罗的、天界乐师的、罗刹的（抢来的姑娘）和吸血鬼的（趁女方熟睡、醉酒或者精神错乱时潜入其身旁）八种婚姻形式。关于日常生活的细节，有这样的表述："不要跨过系牛犊的绳索，下雨时不可跑步，不要对水注视自己的容貌；这是规定"②；"葱、蒜、韭菜、香蕈和一切生在不净物质中的植物，再生族不应该吃"；"吃一个动物的肉者，叫作吃此动物者；吃鱼者是吃各种肉者；所以应该戒鱼"③；等等。

再如，当婆罗门不能单靠教授圣典维生时，他可以操刹帝利的职业，去从政或入伍以保护人，再不行则可操吠舍的

---

① 《摩奴法典》第二卷，迭朗善译，马香雪转译，商务印书馆，1982，第26、29页。
② 《摩奴法典》第四卷，迭朗善译，马香雪转译，商务印书馆，1982，第85页。
③ 《摩奴法典》第五卷，迭朗善译，马香雪转译，商务印书馆，1982，第107—108页。

职业，去经商或耕田。但最好不要去耕田，因耕田要借助牲牛帮助并且铁犁会伤害土壤中的生物。要做生意，出售物品，也有很多禁忌，要避免卖各种植物汁、任何红布、鱼肉、任何森林的兽类等。

因此，印度教或早期的婆罗门教为实现"梵我同一"的解脱，践行达摩秩序，除对祭祀、学习和诵读吠陀经典作出一系列规定外，对人们日常生活的方方面面也都作出了详尽的道德规范，特别体现在不同种姓之间的权利、义务和生活方式上；并强调"由于古来传承，在国内原始种姓和杂种种姓间流传久远的习惯，称为良习"①。

由于印度教或婆罗门教不是一神教，尽管其经典也对人们的日常生活方式和与其履行宗教义务的关系都做了详细的规范，而且有些还具有立法性质，如国王应如何断判罪案等，但它不像伊斯兰教那样十分严格地要求其信徒必行《古兰经》等经典所示之规范。这与非一神教的开放与包容关系重大。

至于佛教，除了一些必要的宗教仪式、戒律和宗教节日外，它并未对信众作出过多的硬性生活规定，更多的是揭示其思想和哲学，如"苦集灭道""五蕴""十二缘起"等，让信众自己去参悟，去修持。它也几乎没有硬性的必须遵从的"神示"，也没有严密的教会体系来掌控教权、推行教义和对"异教"进行排斥和惩罚。它也没有唯一的经典和不可更改的神谕及教规，更无唯一的"真主"或"上帝"。佛既是"觉者"的意思，是一种理念的抽象；佛既不是造物主和万能的神，也不是救世主和"审判者"。它留给人们更广泛的选择空间。

---

① 《摩奴法典》第二卷，迭朗善译，马香雪转译，商务印书馆，1982，第23页。

三、宗教的禁锢

前文曾提到，宗教作为一个特定的概念，尽管对其定义并不统一，但它的核心思想、核心概念是缘起于"闪米特型的宗教"，即犹太教—基督教—伊斯兰教系统的，并随着西方文明（以古希腊文化和犹太教为基础，将古罗马文化和基督教相结合并经选择的产物）的扩张而被逐渐普遍接受的一个概念。它本有特定的含义，特别是指一神崇拜、救赎和"末日审判"等。但被普遍应用后，近现代人，特别是西方人，把历史上各民族先民们在不同时空下的所有祈天、祭祀、各种崇拜（包括多神崇拜）等，均以宗教之名冠之，并以闪米特一神教特有的思维方式和思维惯性去分析、解构、评判、框定拥有不同文化背景的族群的多样的崇拜对象、崇拜方式和由此衍生的伦理观念、道德标准和生活方式。符合其思维方式和思维惯性者，获得赞赏；不符合者，受到质疑、贬损和批判，并总是试图对其进行归化和用其思维方式与术语进行定格。这便形成了不同"宗教"信仰族群间的误解、隔阂，甚至冲突。宗教，特别是闪米特一神教，各奉一万能之主，并由此衍生出一整套思想观念、道德标准和生活方式，各自认为自己那套体系乃普遍真理，其他均系伪命题或只是自己体系的另一种表象，必欲使其归化而后快。这就把他们和不同宗教信仰族群以及没有宗教信仰的人们的思想、信仰、习惯等禁锢在他们的宗教体系之内，不仅难以接受其他体系（事实上，也没法接受，因为如果接受了，自己的万能唯一体系就崩溃了），而且还要通过传教，并用政治、经济和军事手段去扩大自己体系的版图，总是试图同化或消灭"异教徒",导致族群间的歧视、偏见、冲突,甚至战争,大有"顺我者昌,逆我者亡"的味道。两千多年来,闪米特一神教的创立和发展过程中,无可辩驳地证明并还将继续证明上述观点。

(一)禁锢必然导致排他

闪米特一神的共同特点,也是它们的核心观念,包括信一位万能的主(上帝、安拉)、"救赎"和"末日审判"等。这些思想由《圣经》和《古兰经》等经典明确表达出来,对这些基本观念,其信徒们可以做某些不同的解释(如基督教的"三位一体"说),但决不可怀疑,更不能更改。特别是那"万能之主"存在无疑,爱那"万能之主"是人间爱的根本基础这一观念,决不能动摇,一旦动摇了,那各自的体系便彻底崩塌了。因此,这既是信仰,也是禁锢,因而也必然导致根本上的排他。

《圣经·旧约·创世纪》说得明白,上帝创造一切,说有光便有光,说有空气就造出了空气,说什么就有什么,要宇宙如何就如何了,又造了人类的始祖亚当,等等。这些事写在《圣经》中,是犹太教和基督教最基本的信仰基础,是不可更改、不能怀疑、不能动摇的,尽管后来基督教又将圣子耶稣和圣灵与上帝合为一"体",但还是以耶和华为第一位,形成"三位一体"的上帝概念。任何更改、怀疑和动摇,都会导致其信仰体系的混乱甚至解体。那么,当别的宗教说它们也有一套自己的"上帝"或唯一神的体系才是真理时,犹太教和基督教是决不能同意和接受的,而且还必须坚决维护自己的那一套上帝体系的唯一真理性,否则,要么否定了自己的体系,要么其并非自己体系的真正信仰者。正如奥古斯丁所申述的，基督教是"世上绝无仅有的有益的、真正的宗教"①。因此，这种禁锢导致了必然的排他和冲突。

为了说明和证明上帝体系的"真理性"，基督教逐渐搭建了一个庞大的宗教神学、宗教哲学和宗教伦理学体系，但不论体系多么庞大，其根本基础是上帝的存在和万能。久而久之，广而宣之，不仅基督教徒，就连部分非基督教徒，也把上帝的存在和万能这一基督教的根本基础当成了自然的、不用再加以思考的思维习惯，并在这一基础之上，津津乐道地讨论其体系内的诸多思想和观念。尽管两千多年来，在基督教神学体系的搭建过程中信徒们存在着各种分歧，如天主教与东正教，新教以及新教诸派别等，但在上帝的存在和万能这一根本基础上是一致的，也必须一致，不然就不称其为基督教了。

《古兰经》在其第一章也是开宗明义，讲明并强调"真主对于万事确是全能的""全知的"，并且是真主创造了人类，始祖为阿丹。同时《古兰经》与《圣经》的最大不同是，它规定了伊斯兰教徒的一套完整生活方式和道德标准，这一点在《圣经》中并不如《古兰经》中那样详细和系统。这一整套道德标准和生活方式，由于出自真主天启经典《古兰经》，因此，它既是穆斯林的信仰，也是其世俗生活的准则。遵守这套世俗生活准则，既是对真主信仰的表现，也是伊斯兰教有别于其他宗教的标志。

由于伊斯兰教与基督教渊源很深，《古兰经》也宣示真主才是唯一的至高者："信道者，犹太教徒，基督教徒，拜星教徒，凡信真主和末日，并且行善的，将来在主那里必得享受

---

① 奥古斯丁：《上帝之城》，庄陶等译，复旦大学出版社，2011，第42页。

自己的报酬,他们将来没有恐惧,也不忧愁。"① 换言之,只有信真主,才能得福报,信其他"神"则不能。与犹太教、基督教一样,伊斯兰教也是没有任何疑义地要奉真主为唯一万能之主,这种信仰同样是伊斯兰教的根本基础,是不容置疑的,而且在其圣殿中明确宣示其唯一性、万能性。对此的任何怀疑或动摇,都将导致伊斯兰教体系的瓦解。

不用过多论述,也能清楚地看到,上述三大宗教,犹太教、基督教和伊斯兰教各自分别奉耶和华、耶和华加耶稣和圣灵的"三位一体"上帝、安拉为其各自的唯一万能之主,没有任何疑问和动摇的余地。它们之间是不能互换、不能调和的,因此,相互之间的排斥、否定也是必然的。

这三个宗教都不容置疑地宣示,信众要在其心灵深处对其各自的唯一万能之主无条件地信与爱,并在日常生活中必须按照各自"圣典"中规定的戒律、律法、道德准则和生活方式来思考和行事。它们不强调人应如何修持自己,如何不断地提高内在修养,以达到从人本身出发的"德高望重"的境界;最主要要做的就是"信"和"依约"行事,只有这样,才能得到救赎,才能有福报,当末日来临接受审判时,不死的灵魂才能有个好去处。基督教甚至认为,不信上帝,连真正的"正义"都没有:"事实是,任何由异教徒组成的市民共同体都必然缺乏真正的正义。"②

由于它们所奉之主的唯一万能性,对于不信者,是不可理解、不可接受的。对上述三大宗教来说,如果信奉其他神祇是可以接受的,那么其自身的"唯一万能之主"便不是唯一万能的了。因此,要努力传播其信仰和其"唯一万能之主"

---

① 《古兰经》,马坚译,中国社会科学出版社,1996,2:62。
② 奥古斯丁:《上帝之城》,庄陶等译,复旦大学出版社,2011,第407页。

的福音，要努力归化那些非信者，或信他者。这样，在这三大宗教之间，特别是基督教与伊斯兰教之间，在它们不同派别之间，在这三大宗教与其他宗教或学说信仰之间，就产生了论战、争执、斗争，甚至战争，自它们诞生以来的几千年时间里，从未间断过，有时甚至是残酷的、流血的。翻阅与这三个宗教的建立、发展、传播有关的人类文明史，就能看得一清二楚。如犹太教圣殿的被毁和犹太人的被放逐，耶稣被钉十字架（尽管基督教宣示这是上帝派其独子受难以救赎犯罪的世人，但客观事实毕竟是当初对基督教的一种残酷打压），罗马帝国起初对基督教的"十大迫害"，基督教东、西两大阵营的分裂，教权与教权、教权与世俗王权的争夺，持续近200年（西元1096—1291年）、先后八次的十字军东征战争（其中第一次攻占耶路撒冷后，就杀戮7万人），欧洲大陆多国参与的"三十年战争"（西元1618—1648年），"伊斯兰旗帜下的扩张战争"（西元632—661年）①，以发生在西元732年的图尔战役②为标志的穆斯林帝国西扩战争的结束③，穆罕默德去世后伊斯兰教的分裂、不同教派的兴起，直至今日仍在继续的基督教背景国家与伊斯兰教背景国家间的残酷战争，还包括17—18世纪在中国发生的各种基督教"教案"和"中国礼仪之争"等，难以列数。

  历史上，这三大宗教，特别是基督教和伊斯兰教并不是完全没有相安无事的短暂时期，或其教义中也存在和平与相容的因素，但由于其各自立教的根本在于均认为各自分别所

---

① 金宜久：《伊斯兰教》，中国社会科学出版社，2009，第21—24页。
② 欧洲史上著名战役，又称普瓦提埃战役，阻止了阿拉伯人在西欧的继续扩张。
③ 如若不然，"牛津大学或许现在还要教授《古兰经》的释义，学生可能要对这个受到割礼的民族宣扬穆罕默德天启的神圣真理"。参见爱德华·吉本：《罗马帝国衰亡史》第5卷，席代岳译，吉林出版集团有限公司，2008，第282页。

奉的神是"唯一万能"的，因此，在最根本、最原初的思想观念上的不可互换、不可调和，就使得某些相容因素变成表面的、暂时的或不得不的现象，而最根子里是相互排斥的，并且一旦有机会（如政治、经济、军事、科技等允许或可能情况下）便要扩大自己的宗教版图，随之而来的是扩大自己的政治和经济版图。

对于非一神宗教的印度教、佛教，甚至道教等，虽然它们都有自己很深的历史渊源，经久不衰的发展历程，也有各自的最高神祇、偶像和不同的宇宙观，但由于它们所信仰的神祇并非"唯一万能之主"，是多元的神祇信仰，因此，其排他性很弱，兼容性较强。因为没有"唯一万能之主"，也就可以有选择地信奉一位自己的"主神"，那么也就允许别人另选一个自己的"主神"。

印度教，除信奉梵天、毗湿奴、湿婆三大主神外，"号称自天上七国到地上七界共有神灵33000万"。在崇拜三大主神的同时，还有"人格化的自然神（太阳神、月神、暴风神、地母神等），动植物神（牝牛、神猿、龙蛇、菩提树、莲花等），以及木石和男女生殖器等；此外，还有被神化了的祖先和英雄的精灵，阿修罗、夜叉和罗刹等恶灵、恶魔"[①]。

佛教的基本信仰是皈依佛、法、僧。其崇拜对象首先是佛。释迦牟尼虽被尊为佛祖，但除他作为现世佛祖之外，还有许许多多的佛，如过去佛——燃灯佛，未来佛——弥勒佛、阿弥陀佛（或无量寿佛，西方极乐世界的教主）、药师佛（东方净琉璃世界的教主）、密教五方佛、东方阿閦佛（不动佛）、南方宝生佛、西方无量光佛（无量寿佛）、北方不空成就佛、

---

① 黄心行主编：《世界十大宗教》，社会科学文献出版社，2007，第66页。

中央毗卢遮那佛等等。次一级的崇拜对象是菩萨，如观世音菩萨、文殊菩萨、普贤菩萨、地藏菩萨等等。再次一级的还有罗汉、天王、度母、护法神等等，难以一一列举。

道教的神仙谱系也很繁杂。道教的三位主神，即三清——元始天尊（亦称玉清元始天尊）、太上老君（亦称道德天尊）、灵宝天尊（亦称上清灵宝天尊）。还有四御，即昊天至尊金阙玉皇上帝、承天效法后土皇地祇、紫微天皇上帝、中天紫微北极大帝等，除此之外，还有许多大帝、灵官、真君等等。并且这些"天""尊""大帝""仙人"出现的时期分布在中国历史上的不同朝代，不同朝代尊奉的神仙位次也有不同。

对于上述这类非一神宗教，除了神祇的多样性外，这些宗教没有"原罪"、"救赎"、"救世主"和"末日审判"之类的概念。它们所强调的是在信仰各自不同神祇的同时，更多地依照各自教义和世俗生活的善行加强人自身的修持和修养，以达到自我解脱或成仙成道的最高境界。更加强调的是人要靠自己认识现世、活好现世，最终达到"自救"。多元崇拜和自我修养，给人的思想和行为以更多的自由空间，也就少了许多排斥，多了许多包容，更主要的是在终极观念和信仰层面上达到了某种平等与自由。这与一神宗教崇拜"唯一万能"之主前提下的平等与自由相比，则有更多的平等与自由的空间。因为一神宗教的平等与自由，首先排除了其他的终极崇拜与信仰的自由，其所提倡的平等与自由是在崇拜与信仰"唯一万能"之神前提下的平等与自由，没有这个前提，自由与平等的前提也就没有了。

（二）禁锢必然导致文明的冲突

随着人类文明的发展，特别是近现代以来，西方殖民主义迅速扩张，经济全球化的快速发展，人类的文化、宗教观念的广泛接触与碰撞，经济利益的得失变化，政治理念的扩张与博弈等日益频繁而深刻，全球范围内的政治、经济、文化、宗教和军事竞争日益加剧，其核心是围绕两大主题——经济利益和意识形态版图（政治、宗教和文化）之争。而以信仰"唯一万能之主"的一神宗教为背景的文明中，犹太人被放逐长达1800多年，现在犹太人的以色列国已是国小式微（虽然某些领域的科技很发达），且仍在为立足和生存发展空间与阿拉伯人征战不休；散居在世界各地（主要是在美国和东欧国家）的犹太人对犹太教的继承与发展又有不同的派别，如正统派、改革派、保守派、重建主义派等，与以色列国既有联系，又非一个统一体。因此，已不构成现存主要文明间竞争的主体。另外两大一神宗教——伊斯兰教和基督教之间的排斥与冲突，在当今世界越来越公开、深刻，波及面也越来越广，常以残酷、高效的现代战争形式表现出来。

闪米特一神教，均以自己的"唯一万能之主"为其终极信仰的根本，并以此为基础建立了他们各自的文明、文化体系。对他们而言，这种终极信仰的根本和相应的体系是永远不能改变并且不能与其他体系相容的。因为他们这套体系是由各自的一个"唯一万能之主"信仰确定的，这"唯一万能"之主信仰的任何动摇和改变，都将使其整个信仰体系分崩离析。因此，他们的思想观念、思维方式和文明体系，是被牢牢地禁锢在这一根本基础和体系内的。这种禁锢既使他们把自己的根本基础和体系当作永恒的真理，又使他们难以理解，更无法从根本上接受其他体系的信仰和文明。特别是近现代200多年历史中，西方经济的繁荣，民主制度的推行，更让他们坚信这一点。从另一角度看，如果他们不这样禁锢自己，而对自己的根本基础和体系有所动摇,那这个根本基础和体系终将不复存在。因为其体系的根本在于"唯一万能之主"信仰及其衍生。因此,不论历史上犹太教的最困难时期,还是基督教的最困难时期,或如今中东国家土地上频繁发生的战争,都没有使他们动摇和改变他们的根本基础和体系。变化的只是各自体系内部不同派别的分歧和调整,以及面对人类不同历史时期所作出的微调。

由于闪米特一神教把各自的根本基础和体系看成是永恒的真理,其圣典中又都或强或弱地对其信徒规定有传播其"唯一万能之主""福音"的义务,因此,其体系本身便具有一种内在的扩张性和传教本能。这种对"福音"的传播,有时是以和平、行善的方式进行,有时则伴随政治、经济和军事扩张的方式进行,而和平与行善的传播方式往往是政治、经济和军事扩张的前奏或先锋。不论采取什么方式,其最终的目标都是试图以他们认为的"永恒真理"去归化其他文明,同时获得巨大的经济利益。这就必然导致文明的冲突。

缺乏宗教禁锢的非一神宗教,则较少有扩张性和内在的传教本能。印度教一方面多集中在它的诞生地——印度次大陆,另一方面它更强调自己种群的责任与义务(践行达摩)和由此达成的终极解脱。佛教离开它的诞生地,基本以和平方式走向世界,特别是到了中国以后,逐渐与中国本土文化相融合,到了禅宗一脉,更是儒释道相融的产物。至于中国道教,更是自求成仙,力求脱离俗世的"宗教"。在中国及其周边国家与部族之间,在印度次大陆及其周边部族与国家之间,从古至今(西方宗教传入之前),几乎没有宗教战争的概念。信奉这些宗教的族群之间,更多的是交流与融合,极少因宗教背景的不同,而产生激烈的文明冲突。

当代美国学者塞缪尔·亨廷顿的文明冲突论，集中代表了以基督教的"唯一万能之主"为信仰基础的西方文明对现存其他文明间关系的基本观点和基督教文明骨子里的排他性以及对其他文明的傲慢与偏见。他承认："西方国家的普世主义日益把它引向同其他文明的冲突，最严重的是同伊斯兰和中国的冲突。"① 而所谓"西方国家的普世主义"观念正是基于其基督教文明自奉的"唯一万能之主"信仰，沿着这样的终极信仰观念和宗教禁锢模式，西方世界必然认为其所发现、发明的一切必是最优、最好的，终将战胜其他文明的一切，为全世界所接受、所采纳为"普世真理"。同样，在此"唯一万能之主"信仰基础上产生的"西方自由民主"的政治理念，也被他们认为是普世的真理，并终将成为人类政治制度和意识形态的终结。正如日裔美国人弗朗西斯·福山（Fracis Fukuyama）所认为："自由民主制度也许是'人类意识形态发展的终点'和'人类最后一种统治形式'，并因此构成'历史的终结'。"②

由于基督教文明对"唯一万能之主"及其体系的终极信仰和被其禁锢，在西方思想体系中，一直试图用基督教文明说明人类的全部历史，他们认为："所有民族都是广大人类的一个分支，而人类命运可以理解为上帝的安排。"③ 因此，当基督教文明遇到其他文明时，它首先根本不可能理解和接受其他民族创造的不是由上帝安排命运的文明，一方面，它们贬损其他文明或将其称为"野蛮"；另一方面，一旦它们有机会、有能力，便试图以其认为的普世文明、禁锢了的思维惯

---

① 塞缪尔·亨廷顿：《文明的冲突》，周琪等译，新华出版社，2017，第5页。
② 弗兰西斯·福山：《历史的终结及最后之人》，黄胜强等译，中国社会科学出版社，2003，第1页。
③ 同上书，第62页。

性去归化或同化其他文明。其次也难以与其他文明的群体寻找到共同的利益平衡，正如奥古斯丁在《上帝之城》中所描述的那样，他把群体之间的共同利益，也完全建立在对上帝的宗教信仰之上："而关于我们所定义的共同利益——正是对共同利益的追求使人结合成'人民'——我们能说什么呢？仔细的审视将表明，对于那些生活中没有宗教的人来说，根本就没有共同的利益可言。我们所说的生活中没有宗教的人，指的是那些不敬奉上帝而敬奉魔鬼尤其是那些污秽魔鬼的人。"① 这是基督教文明在明确宣示，它与其他宗教信仰或非宗教信仰群体（族群、国家）间，毫无共同利益可言，剩下的只有争夺与冲突。

塞缪尔·亨廷顿在《文明的冲突》一书中关于普世文明的来源，说得很明白："普世文明的概念是西方文明的独特产物。19世纪，'白人的责任'的思想有助于为西方扩大对非西方社会的政治经济统治作辩护。20世纪末，普世文明的概念有助于为西方对其他社会的文化统治和那些社会模仿西方的实践和体制的需要做辩护。普世主义是西方对付非西方社会的意识形态。"② 当非西方社会的人们或国家抵制西方文明，努力实现民族自觉时，西方文明又制造出了"民族主义"的概念或大帽子冠在那些国家或社会中坚持民族自觉，试图坚守或恢复自身文明传统的人们头上。或者就以西方所指责的民族主义来说，这种民族主义的产生，也完全是由于西方几百年来的殖民主义统治和西方"普世文明"的扩张所造成的。

文明的冲突，根本地源起于将"唯一万能之主"及其体系作为终极信仰的一神宗教的"排他性法则"的自我禁锢，

---

① 奥古斯丁：《上帝之城》，庄陶等译，复旦大学出版社，2011，第399—400页。
② 塞缪尔·亨廷顿：《文明的冲突》，周琪等译，新华出版社，2017，第58页。

以及这种法则和禁锢对其他文明体系的基本思想体系的否定。因此，当西方文明得到顺利扩张时，它们一方面感到获得了巨大精神胜利和荣耀，另一方面也同时获得巨大经济利益；当其扩张遭到抵制时，它就挥起"普世文明"的大棒，并联合它们编织的所谓的"国际社会"一起讨伐之。正如塞缪尔·亨廷顿所言："西方与属于挑战者文明的伊斯兰国家和中国的关系可能会持续紧张，并经常出现严重的对抗。"[1] 这表明，他将西方文明当作固有的、理所当然的文明，而其他文明则是不合理的、生来是为挑战"合理"的西方文明的。

西方文明中这种强烈排他性思维是很有历史渊源的。基督教宗教哲学名著《上帝之城》第20～21章在讨论《圣经》关于"不可杀人"的诫命时，首先认为人无自杀的权利；其次认为植物没有感觉，动物和植物"和我们没有任何紧密的联系"，不适用"不可杀人"的诫命。基于以上，提出："神的禁止杀人的法则允许某些例外，诸如当上帝依照通则准许杀人，或者当上帝明确授予某人在一定时限内杀人特权时。"[2] 由于上帝不可验证，人又不能与上帝直接联系（实际上人也不能与任何神联系），那么在这种结论下，怎么知道上帝依照什么"通则"，允许谁去杀谁呢？上帝又会将杀人的特权授予谁、授予多长的时间呢？那只能由基督徒自己确定，自己授"特权"给自己。这样，基督徒要杀某人，便可以上帝的名义而妄为了，也不会有怜悯之心的谴责了！因此，这种"排他性法则"如果不改变，则宗教对话的开展、建立"世界伦理"的构想（瑞士天主教学者孔汉思，"Hans Küng"，20世纪90年代倡导），要么无果而终，要么又成为基督教文明传播其上

---

[1] 塞缪尔·亨廷顿：《文明的冲突》，周琪等译，新华出版社，2017，第205页。
[2] 奥古斯丁：《上帝之城》，庄陶等译，复旦大学出版社，2011，第16—17页。

帝的福音并最终试图用基督教文明"终结"人类文明的迂回策略和手段（类似于16—18世纪，以利玛窦为代表人物的入华耶稣会士在中国传教的某些迂回策略）。但是，如果改变它的"排他性法则"，基督教等一神宗教将因此失去其根本源头而陷入混乱，甚至消失。这是基督文明与人类其他文明相处的悖论。

基督教不可能是一个完全和平的宗教。因为它从一开始就假定人犯有原罪，而罪与罚是"孪生兄弟"，有罪必有罚，有罚必争斗。例如，在其宗教的创立和发展过程中，始终将不虔信上帝和基督教者视为异端（heresy）、异族人（heathen）；而对于这些"异教徒"必欲讨伐之、尽杀之[①]；还于西元1220年设立异端裁判所（宗教裁判所），专门用于侦缉和审判"异端分子"，对这些"异教徒"严刑逼供、拷打、没收财产、监禁、流放和施以火刑。"西班牙的异端裁判所尤为残暴，据载，从1483年到1820年的337年时间里，先后迫害所谓'异端分子'30万人，其中以火刑处死者就达10万之多。"[②] 从这些历史事实可以看出，最没思想言论自由的便是基督教的"异端"说。

不论是原罪说，还是"异端"说，都是从其宗教的源头就假设了对立面或敌人的存在并必欲残酷斗争之。这种前提（原罪与异端）是直到"末日审判"之前都始终存在的，而末日何时来临，基督教建立两千多年以来无人知晓，以后仍将无人知晓。那么在整个基督教的存续过程中，原罪、异端、冲突、战争、杀戮等将始终伴随其宗教文明内部和与其他文

---

① 参见《圣经·申命记》第3章，《圣经·约书亚记》第11章，《圣经·士师记》第1章，《圣经·撒姆耳记（上）》第15章，《圣经·撒姆耳记（下）》第8章，等等。
② 梁工编著：《圣经百科辞典》，辽宁人民出版社，2015，第1073页。

明的关系之中。这就是西方文明（基督教文明）的逻辑和宿命。

西方文艺复兴以来为什么要大谈自由与平等，重要原因就是基督教教条的禁锢和异端迫害太久，加之欧洲中世纪长期的黑暗统治，造成人们太不自由了，因而要挣脱。但同时，西方又将其自身背景下产生的这些完全为挣脱自身历史上的宗教禁锢和黑暗统治的自由、平等概念扣在了全世界人民的头上，一方面认为完全产生于其特定宗教、历史背景下的自由平等概念是完全正确的；另一方面由于认为其"正确"，必也适用于全世界。这就是西方文明：他们认为对自己是正确的，对全世界也一定是正确的，因为他们的上帝是万能的，他们的思想和行为是上帝的意志体现，因而就是"万能""万用""普世"的。这种思想禁锢，必然导致文明冲突。

或许，基督教文明能遵循《圣经·旧约》经文中"因为你归耶和华你神为圣洁的民，耶和华你神从地上的万民中拣选你，特作自己的子民"[①] 的初始约定，仅把自己作为自己"唯一万能"神的选民，而不去刻意，甚至强行把自己的"唯一万能"神强加给其他文明，那么这个世界也许才能进行真正、有效的文明对话与融合，并尽可能避免文明的冲突。

---

① 《圣经·申命记》，7：6。

第四章
儒道——天地无私，人当为仁

文明核心思想也，亦道。道，天地恒常规律与无私品性也。道，法自然，顺天地，无偏私，成三才，立人伦，故可普适。教，亦派，有教必有派，有派必有私，有私必排他（即使佛教，亦排世俗），故不可普适。

在第三章中，我们已讨论过，"宗教"一词完全是在西方的历史和文化背景下产生的概念。但由于近世以来西方文化的扩张和传播，它几乎成为一个被普遍应用的概念。近现代的许多中国学者在探讨中华文明史的过程中，也自觉或不自觉地把宗教作为一个当然的概念去分析诠释中国历史上的神话，如鬼、神、天、命等，去梳理中国历史上的所谓"宗教"问题。

例如，邹昌林著《中国古代国家宗教研究》一书，其书名首先就当然地认为中国古代国家有如西方概念下的宗教问题需要研究；其次在该书关于"中国宗教的定位问题"一节中指出，中国文化是原生道路的文化典型，西方文化是次生道路的文化典型，而近400年的中西文化碰撞后，"二者所依据的诠释系统却一致了，即都是以西方的价值尺度和概念系统作为统一的衡量标准。所以，当人们拿这样的标准来衡量中国宗教时，就产生了种种的不适，总是似是而非。故人们从不同的角度来诠释中国宗教，也就得出了不同的结论，甚至完全相反的结论。这正是中国宗教定位问题，至今无法解决的根本原因"①。

问题在于，作者，包括许多这方面的学者，既然已清楚地知道宗教等概念是"西方的价值尺度和概念系统"，为什么一定要拿西方这把"尺子"和概念系统到具有完全不同于西方发展背景的中华文明史中去"测量"和框定中国独特文化中的所谓"宗教"问题呢？人类过去、现在与未来的文明史，能够告诉我们西方的"尺子"就是一把"标尺"吗？或者我们（不只是中国人）能接受美国学者弗朗西斯·福山关于"自由民主制度也许是'人类意识形态的终结'和'人类最后一种统治形式'"的历史终结说吗？显然不能。"欲比孔子于耶稣、穆罕默德，以孔教为标识，是皆不知孔子者也。孔子不假宗教以惑世，而卓然立人之极，故为有生民以来所未有。"②

如果印度人用"达摩"的"尺子"和概念系统去"测量"和框定西方的文明史会怎样呢？如果我们中国人用"礼"或"道"（此"道"包括儒家的"道"，道家的"道"等中国先秦诸家之"道"）的"尺子"和概念去系统研究西方的文明史，又会如何呢？

西方文明到底是什么？发展到今天的西方文明，可以简单地用两个方面来概括：一是将伦理、道德寄托给神（上帝或其他别的什么神）；二是将社会完全交付给法律（包括宪法、刑法、商法等各种法律）。而人，只是造物主的一类造物

---

① 邹昌林：《中国古代国家宗教研究》，学习出版社，2004，第85—86页。
② 柳诒徵撰，蔡尚思导读：《中国文化史》上册，上海古籍出版社，2001，第265页。

而已（还有其他类，如动物），他与其他类的造物一样，带有一切与生俱来被赋予的秉性——主要是追求自我欲望的无限放大，因而特别需要自由，人人为自己的欲望而自由地奋战；就要求平等，平等地为自己的欲望而自由地奋斗。这必然导致世间的争斗与混乱，因而为了维持一定的秩序，唯一的办法是求诸外部法律（康德称之为"樊笼"）的约束。在法律框架内，人人被鼓励自由地为自己而战。为防止有人突破法律的"樊笼"，便要不断地制定更多的法律，最后的结果，正如老子所言："法令滋彰，盗贼多有。"

近代以来的西方主要发达国家，似乎已认定它们已完全用法律解决了既有"樊笼"限制，又有个人自由追求、自我欲望无限放大的问题（尽管事实远非如此）。个人的自由和自私自利只要未突破"樊笼"的约束，是完全正当并被鼓励的——因为他们认为每个人的自私自利追求的总结果是有利于社会的。

这种根深蒂固的思想和观念应用到国际关系中时，由于没有如国内法那样严格的约束法律，因此，几百年来，西方尽情地发挥着其追求欲望的自由，灭了一些种族，占了大片陆地和海岛，掠夺了大量资源……为自己的自由、欲望和幸福而战，全然不顾他国人民、其他民族的感受，并常常美其名曰"荣耀上帝"和"传递福音"。

这又回到伦理道德层面的问题。在西方文明中，人之所以行善（如办医院、办学校、救助困难人群等），并不是出自个人天赋本性的需要，而完全是为了传递上帝的福音、荣耀上帝，为了表达对上帝的虔信。至于人本身，并无发自内心的善念的缘由——因为一切善均源自上帝，出自上帝的意志和意愿。西方崇尚的"丛林法则"便说明，除了上帝的"道德"约束（实际上是为求上帝在"末日审判"时给自己一个好去处）和社会的外部法律约束可限定一下人的私欲（包括国际关系中的国家和种族私欲）以外，人便与动物没有更多分别了。

同样，西方的"理性"的根本目的和用途，也是在上帝与法律的框架内，最大限度地、理性地（实际上是算计地）自由追求个人、自己国家和种族利益及欲望的最大化，而不顾他者的任何感受。

从理论上讲，西方文明完全没有中华文明那种推演自生养人类的大自然的"天地无私，人当为仁"，发自内心的警醒、自我约束、自我修养——发自人本心的善。

因此，笔者提出，以中华文明史中创生和完整形成的"儒"和"道"的思想和概念系统为基础，构建"儒""道"并用、体系统一的"儒道"概念系统和思想体系，作为中华文明传统的主流和思想体系的高度概括，系统整合中华文明史上的优秀思想，系统梳理和阐发中华文明的概念系统，统摄中华文明的思想脉络和思想体系。由此，既能解决对于中国思想史上不同思想体系的分散认知、解读和尊崇，又可避免汉初董仲舒"罢黜百家，独尊儒术"之类的偏颇，从而兼收各家之长，作为民族优秀思想的整合与提炼；既能更好地延续中华文脉，更好地把握中华文明传统发展的正确方向，又能彻底解除近世以来尽用西方标准和概念系统定位或诠释中华文明的困惑与混乱。

一方面，世界现存主要文明的思想体系之所以能传承下来，不断发展，并成为一个民族的思想主流，一般必须兼具信仰、伦理和治世三大功能。儒学正是同时具备了这三大功能。而中华文明史上的其他思想流派虽在春秋战国时期与本出自中国上古一脉的儒学形成百家争鸣之势，各有建树和特色，但基本没有哪一派是同时完整地兼具信仰、人伦和治世三大功能的。这也是儒学始终居于中华文明思想体系主流的原因。

另一方面，先秦诸子百家，特别是儒、道、墨、兵、法等各家，虽各具特色，但"道"的概念均浸润各家学说之中，此"道"既有道家等"原始察宗"的本体论（西方概念下的）意义，更是作为各家学说体系的精髓和内核来使用的。

因此，以"儒道"合为一个词组，以儒为主，兼收各家之精髓（道），统摄中华文明的传统思想体系之各家，既有其历史根源、渊源、依据和相融性，又能以"儒道"为核心，厘清和彰显中华文脉并使其更好地发扬光大于当今和后世，正所谓：立儒道，化西教。

一、"儒""道"本一脉

世人皆谓，中华文明博大精深。"博大精深"四个字，可谓博囊万象，大而无外，精而无内，深不可测。通过这四个字对中华文明的表述，亦足见汉语体系的高度概括能力。既然博大精深，便不易把握，更加之近代以来，西方文明受其排他性本能使然，极度扩张，我们也曾与西方一道共同发起了对这博大精深的古老文明的强烈且无情的批判与冲击，使近现代中国人自己常常也对这伟大的原生文明体系产生重重疑虑，甚至必欲去之而后快。然而，正是由于她的博大精深，在"数百年未有之变局"的冲击下，她仍以其顽强的原生生命力、适应力和无法摧毁的原生动力，深刻影响着世世代代的中国人和这个似乎已经基本西化了的世界。

世所公认，博大精深的中华文明思想体系，是以孔子创立的儒家学说为主要代表的，同时兼有道家、墨家、法家、兵家、名家等等的思想，以及后世的理学、心学和中国化了的佛教等在内的诸多思想流派所构成。

作为中华文明思想体系主要代表的儒家学说，至晚奠基于周公[①]，后由孔子创建成为较完整的思想体系。儒家思想的根源并非起于孔子，正如《汉书·艺文志》所概括："儒家者流，盖出于司徒之官，助人君顺阴阳明教化者也。游文于《六经》之中，留意于仁义之际，祖述尧舜，宪章文武，宗师仲尼，以重其言，于道为最高。"[②] 因此，儒学之所以能成为中华文明思想体系的主要代表，并非由于汉初董仲舒"罢黜百家，独尊儒术"，或者由于其"对封建统治阶级的服务功能"，而是由于儒学是根植于并继承和发扬光大了中华文明思想体系的原创和原初，其思想源头是来自中华文明的人文之初和"三代"的思想精华，其发展、丰富与完善的过程贯穿了中华文明的创立和发展的全过程。"儒家思想本身是三代以来中国文化的产物。……儒家思想是接续着三代文化的传统及其所养育的精神气质的，儒家思想的一些要素在三代的发展中已逐渐形成并在西周成形地发展为整个文化的规范意义的取向。儒家和孔子的思想由以发展的大量思想资料在西周至春秋已充分发展出来。西周的思想又以夏商文化历史发展的过程为背景和基础。西周时代是中国文化的文化模式与文化取向开始确定和成形的时期，孔子以前的儒家思想要素，

[①] 据考，"儒"在殷商时期就已经存在了，甲骨文中作"需"，像似以水冲洗沐浴濡身之形。《礼记·儒行》："儒有澡身而浴德。"借沐浴洁身而喻沐浴身心于道德之中。《说文解字》："儒，柔也。术士之称。"
[②] 班固：《汉书·艺文志》第二册，中华书局，2012，第1534页。

正是参与了这一过程的建构。……可以说在孔子以前就已经有儒家思想了。"① 即使近世以来西学盛行，中国人的思想深处仍是以儒学为代表的传统思想起着决定性的作用。"儒学之所以能成为华夏文化的主流、骨干，主要在它已化为民族的文化心理状态。"②

　　文以载道。当我们追溯任何一种文明或任何一种思想体系的源头时，必求诸这一文明或思想体系所由始的最初典籍，并不断予以考证。遍寻"创维时代"或先秦时代以及在此之前的古书典籍，绝大多数均系儒学一脉。诸如现仍传世的《易经》《诗经》《书经》等，既是至今能见到的中华文明的最初记载，又是儒学的奠基之作。这些中华文明的典籍，有赖于孔子整理、阐发和传承，是儒学思想的重要基础和重要组成部分。即使后来在清末民初对孔子和儒学开始质疑、批判甚至意欲抛弃，但作为中国人，作为中华文明的延续，是无法改变这些已植于中国人心髓之中的基因，更何况孔子和儒学思想本就与上述典籍所表达和传承的思想一脉相承。否定了孔子和儒学思想，也就是否定了一脉相承的周孔，从而也就否定了中华文明和中华民族的思想传统和思想原脉，我们将不知我们的思想是何以发端、传承、延续下来的，将不知何以思、何以行、何以立。"孔子者，中国文化之中心也。无孔子则无中国文化。自孔子以前数千年之文化，赖孔子而传；自孔子以后数千年之文化，赖孔子而开。……故虽老子与孔子同生于春秋之时，同为中国之大哲，而其影响于全国国民，

---

　　① 陈来：《古代宗教与伦理——儒家思想的根源》，生活·读书·新知三联书店，2009，第 373—374 页。
　　② 李泽厚：《由巫到礼　释礼归仁》，生活·读书·新知三联书店，2015，第 182 页。

则老犹远逊于孔，其他诸子，更不可以并论。"①

关于"道"，作为中国传统思想体系中的一个重要概念或范畴，并非专属于道家或老子。《周礼·天官冢宰第一·大宰》即言："儒，以道得民。"② 根据中国古代典籍成书的先后，道先出现和应用于《易经》、《书经》和《诗经》之中。一般认为，这三部经典成书于西元前700年以前③，远早于老庄、孔孟等先秦诸子。这三部经典，特别是被誉为"群经之首，大道之源"的《易经》，既是儒家学说的重要原初，更是中华文明思想体系至今有据可查的最初经典要籍。

据笔者不完全统计，在《易经》中，"道"字出现过七八十次，《书经》中出现三十次以上，《诗经》中出现十几次（当然，这些"道"字在这些书中有本体论意义上的"道"，有规律意义上的"道"，也有道路的"道"）。这些典籍所表达的思想和观念均早于老子、孔子和先秦诸子所阐述的思想。换句话说，先秦诸子的思想，不论哪家哪派，都或多或少地吸收、发扬或发展了这些远古思想的结晶。"中国上古文化一统于'道'"④ 之道，绝非单指道家之"道"。

中国人自古便坚定地认为，人与万物生于和生活于天覆地载的中间。天有两大特征。一是它有恒常不变的运行规律，如四时交替等，所谓"天行健"。二是天上有阳光照耀大地，有雨露滋润大地，使人和地上万物得以生和长，但天建此大功，却从不言语从不居功，"阴阳之和，不长一类；甘露时雨，不私一物"，这便是天（地）无私的品性。这两大特征，

---

① 柳诒徵撰，蔡尚思导读：《中国文化史》上册，上海古籍出版社，2001，第263页。
② 周公旦：《周礼》上册，中华书局，2014，第39页。
③ 参见马孚、陈云合编：《世界哲学史年表》，华夏出版社，2009，第1页。
④ 南怀瑾：《中国道教发展史略》，复旦大学出版社，1996，第1页。

即天地规律恒常和天地品性无私，便构成"天道"，也可以理解为天的规律和天的道理，即运行有规律，不私一物。再加上地的配合（地道），才能够使人与万物生生不息地生存于天地之间。因此，人既然生于天地之间，受天地养育，受制于天道，就应效法天道，效法天的规律和品性（这也包含了地道）来治理国家，建立伦理和规范人本身的思想和行为（礼与修身）。正所谓："夫'大人'者，与天地合其德，与日月合其明，与四时合其序，与鬼神合其吉凶，先天而天弗违，后天而奉天时，天且弗违，而况于人乎？况于鬼神乎？"[①] "天道者，无私就也，无私去也；能者有余，拙者不足；顺之者利，逆之者凶。"[②] 这应是中国人关于道的思想之根本原意：道，天地恒常规律与无私品性也。因此，我们可以看到，从古至今，从圣贤至庶民，皆有言"某某道"者，盖源于此理。

《易经》第一次出现"道"字，便阐明充满乾元之气的"天"或天道，恒常运行与不私一物的两大特征："大哉乾元，万物资始，乃统天。云行雨施，品物流形；大明终始，六位时成；时乘六龙以御天。乾道变化，各正性命。保合大和，乃利贞。首出庶物，万国咸宁。"意思是说："乾元之气太美妙了，它使万物得以萌生，并且统领主宰大自然的运作过程。云雨以时兴降，各类物种在大气的流动中随之长成；太阳终而复始地周天运动，宇宙上下四方之位于是确定；这就好像太阳按时乘驾着六龙有规律地运行于天空。由乾元之气所决定的天道有规律地运动变化，使万物各得其所；乾元之气恒久维持至为和谐的状态，所以它能施利于万物并使万物正常

---

① 陈鼓应、赵建伟注译：《周易今注今译》，商务印书馆，2005。
② 陈广忠译注：《淮南子》，中华书局，2012。

运作。天道生长万物终始相续，天下万物都可宁定安吉。"①

《易经·恒卦》中，进一步说明天地之道的特征和圣人效法天地之道之所为："《彖》曰：恒，久也。刚上而柔下，雷风相与，巽而动，刚柔皆应，恒。恒，亨，无咎，利贞，久于其道也，天地之道，恒久而不已也，利有攸往，终则有始也。日月得天而能久照，四时变化而能久成，圣人久于其道而天下化成。观其所恒，而天地万物之情可见矣。"

以上这些都表明，中国的先民先圣们，全面细致地观察宇宙、天地、四时等自然现象的存在和它们运行的规律，并把这些现象和规律称为"天""天道""地道"，甚至"天命"或"神"。这些现象和规律恒久不变，运动不止，化成万物。它们是可以观察、可以认识、可以效法也是必须效法的。先贤们在认识、把握和效法天道、地道的基础上，思考和确定人间应遵循的"人道"。"观天之神道，而四时不忒。圣人以神道设教，而天下服矣。"这里"神道"亦即"天道"，圣人悟"天道"而设教化之法。这更进一步说明，效法天地神妙变化之道或规律，因以设教，可服天下的道理。正所谓"知变化之道者，其知神之所为乎"，"民咸用之谓之神"。这里所说的神，绝非西方"神学"或"宗教"意义上的神，而是对大自然美妙规律的赞美或叹服。因此说，把中国的"天""天命""天道""地道"，硬用西方哲学和宗教的概念系统和思维方式赋予其所谓的"神学"或"宗教"的意义，既完全误解了中国先贤们的伟大智慧，更无法解释中国智慧和中国思想史与思想脉络。其结果，要么抹黑中国智慧，要么引人——特别是中国人自己——误入思想的歧途。

---

① 陈鼓应、赵建伟注译：《周易今注今译》，商务印书馆，2005，第6—7页。

《易经·说卦》总结道："昔者圣人之作《易》也，将以顺性命之理。是以立天之道曰阴与阳，立地之道曰柔与刚，立人之道曰仁与义。"这说明中国的先贤往圣究天地之理而总结出天地之道，又效法天地之道，而推演出人之道；而人之道，有人伦之道（如孝道）、治世之道、为学之道、用兵之道、君子之道、小人之道，等等，但人之道归根到底是仁与义。

前述所论"道"的概念与脉络，后世主要传承于儒家，同时也是道家学说的源头，两家虽在春秋战国时期各有不同表述，但终是出自同一原脉。老子把天、地、人、道、自然，统一为"人法地，地法天，天法道，道法自然"。这说明，人生于地，当效法地上可见可触之万物和四时及其变化规律；地又在天之下，完全受天（如太阳）影响，因此当有"地法天"之谓；而天的运行规律和"品性"这两大特征，又简而以"道"言之，道便是这宇宙的本然（自然），也就是天地运行的道理、规律和其显现的"品性"，这便是"自然"（本然）了，所以要"道法自然"。因此，道既不神秘也不玄幻，亦非西方概念中的天外之"神"，它只是用以表达天地两大特征（恒常规律与不私一物的品格）的高度概括用语而已。由此分析，我们可以认为，老子的道与《易经》中的道，是完全一脉相承的。只是老子的道更侧重于天地之道"不私一物""大美不言"的品性，并依此推演"不尚贤，使民不争；不贵难得之货，使民不为盗；不见可欲，使民心不乱。是以圣人之治，虚其心，实其腹，弱其志，强其骨，常使民无知无欲。使夫知者不敢为也。为无为，则无不治"的无为之治的治世之道而已。

西学东渐至今，人们逐渐习惯于用西方的概念系统、思维定式来分析、解构中国的思想体系。近世以来，常把道归类于本体论、生成论之类的西方体系之内，横加解剖、解构，硬是要用西方本体论等概念把中国的"道"给框定住。其实，老子之前的道与老子之后的道，都是在总结"天之理"之后得出天地自然有两大特征——恒常规律和不私一物，而将其称为道，并由此衍生出人道——人伦、治世和修身之道。虽各派学说各有侧重，但均基于此道——规律与品性合一。例如，老子的"道可道，非常道""有物混成，先天地生"；庄子的"夫道，有情有信，无为无形；可传而不可受，可得而不可见；自本自根，未有天地，自古以固存；神鬼神帝，生天生地；在太极之先而不为高，在六极之下而不为深，先天地生而不为久，长于上古而不为老"；董仲舒的"道之大，原出于天，天不变，道亦不变"；等等。

把握了规律和品性以及它们的合一性，就把握了天道、地道和人道，也就把握了道的本质。这更加表明中华文明虽百家争鸣，但均原出于上古中华原创思想。如果硬用西方的概念系统和思维定式去解构、分析道，则只能把道的本来含义搞得面目全非，不知道为何物，更不能厘清中国思想体系中由天道、地道推演出的人道和治道。

至于《书经》和《诗经》中所言之道，除专指道路之外，亦不外乎天道、地道和人道，以及由此衍生出的治道、修身之道和人伦之道。孟子简言之："仁也者，人也。合而言之，道也。"此不赘述。

二、儒道的信仰、伦理和治世体系

前文提到，现存主要文明思想体系之所以能从古代灿若星辰的思想流派中存续和传承下来,生生不息地发展下去,并成为当今世界主要文明的载体,主要是因为这些思想体系基本上同时兼具信仰、伦理和治世三大功能。儒学便是同时兼具这三大功能,因此成为中华文明思想体系的主流。而道、墨、名、法、兵等各家各派,虽各有所长,却并不同时完整地兼具这三大功能。但贯穿于天、地、人之中,代表其规律与品性的道,却充盈于儒、道、墨、名、法、兵等各家各派思想体系之中。在各家各派之中,对天、地、人之道所阐释的概念和意义虽有不同,但都是由天道、地道出发,推及人道,都是在遍察天地之规律与品性的基础上,而建立于人道体系之内。因此,以"规律与品性"之道与儒并立,便真正能够全面体现、广泛代表中华文明优秀传统思想体系。

笔者试图整合儒与道于一体,将"儒道"作为一个单一、完整的概念。它既非单独的儒与道的拼凑,亦非儒与道的硬性叠加,而是把"儒道"作为一个完全融合、贯通、独立的概念来探讨并概括中华文明传统的信仰、伦理和治世思想体系。

(一)儒道的信仰:天地无私,人当为仁

关于"信仰"一词,《辞源》解释为:"信服尊敬。《法苑珠林》卷九四绮语引习报颂:'生无信仰心,恒被他笑具'。唐译华严经十四:'人天等类同信仰'。"《辞海》的解释为:"对某种宗教或主义极度信服和尊重,并以之为行动的准则。《法苑珠林》卷九十四:'生无信仰心,恒被他笑具'。"二者皆引用唐朝佛学类书《法苑珠林》来佐证"信仰"之义,这说明,"信仰"一词是在佛教引入中土后才开始使用的,同时是与宗教和近世以来用以概括某种思想体系、社会制度的

"主义"相关联的。

英文 belief 和 faith 在指称信仰时，则更多地强调其"宗教信仰"的含义："something that you believe, especially as part of your religion"（你所相信的某种事物，尤其是作为宗教的一部分）和"strong religious belief"（强烈的宗教信仰）。

由此，我们看出，当我们谈论"信仰"时，其原初的意义主要是与宗教相配匹的。但如果我们把"信仰"这一近现代人普遍接受的概念定义为"对某一文明原创并一直传承下来的宇宙观、价值观和人生观的笃信或（和）对某一思想体系的笃信与追求"，那么"信仰"一词就可以摆脱浓重的宗教色彩并可以适用于不同的文明，而非特别适用于有宗教信仰的文明。

对于近现代的中国而言，上述关于信仰的定义，既包括我们对中华文明传统中宇宙观、人生观和价值观的信仰，也包括中国共产党人对马克思主义和共产主义的信仰。基于本书的主题，我们在本书讨论的信仰问题，是指上述定义的前半部分，即关于中华文明传统中的信仰问题。

在上述定义下讨论中国人的信仰时，我们便可将信仰理解为中国人对其原创的、一直传承数千年之久，并还将传承下去的一整套关于宇宙（或天地）、人生、治世的思想体系的笃信；而非指宗教文明体系下，对某一终极神祇（如基督教的上帝、伊斯兰教的真主）的信仰。由此，某些西方人妄断"中国人没有信仰"的命题也就不存在了，即当谈到信仰问题时，西方文明有其自己文明的宗教信仰基础；中华文明也有我们自己的信仰概念和体系。也就是说，信仰不是宗教信仰的特有概念。

中国人的信仰体系，其实是由天道观推演出的一整套关于天地、人生和治世的思想体系。它不像宗教文明那样以一个终极和唯一神祇为核心的"神本"信仰体系。

自有人类的远古开始，直到今日，人类所生活的这个地球和人所能观察到的天空与星辰，一直就没有改变它的运行规律。现代人对自然环境的过度干预，会逐渐破坏一部分地球生态，但并未根本改变天地的运行规律。如果改变了这种运行规律，人类可能无法再在天地之间生存，因为，人类是在适应这个"天地环境"下产生和发展的，如果这个"天地环境"被彻底破坏了，就可能有其他生物适应而生，而人类则可能因无法适应原来生存环境的剧烈改变而灭亡。

中国的古代先贤在观察、总结"天地环境"的运行规律和品性的过程中，提炼出一整套自己的概念和思想体系，概括为天道与地道，也可统称为"天道"或"天理"，并由此推演出与天道相适应的人道。正如前面曾引用的："昔者圣人作《易》也，将以顺性命之理。是以立天之道曰阴与阳，立地之道曰柔与刚，立人之道曰仁与义。"所谓"性命之理"即是宇宙万物的运行规律，这种规律便是在阴阳和柔刚的作用下形成的，推及至人，则人道应以仁与义来定义。其原因就在于天道或天理的最根本特征是："阴阳之和，不长一类；甘露时雨，不私一物。"更进一步地说是："天无私覆也，地无私载也，日月无私烛也，四时无私行也，行其德而万物得遂长焉。"这一天地间最明显、最突出的根本特征，被中国人认为是天理、天道或道的根本含义，并由此推演出人类应当尊崇和施行的根本道理——这就是"仁"，也就是爱，所谓仁者爱人，"仁者无不爱也"。

这就是中国人的信仰，或者是信仰的根源所在。笔者把它概括为"天地无私，人当为仁"。它不是出自对某个不可验证的神祇的虚构，而是出于对宇宙"性命之理"的究察、尊崇和效法；它是可以被认知的，是可以体验得到的，是每个人都可以努力践行的。中国人将这种规律与品性合一的天理称为"道"，它是宇宙生成与运行之道，是人类每个个体应当模仿和效法之道，是人类社会治理之道的根本基础。这个"天地无私，人当为仁"之道，既是天地规律与品性的根本所在，也是人类生生不息、永续发展的根本保障和根本之道。正如孔子所言："朝闻道，夕死可矣。"闻道即可死，这不是信仰（而且是终极信仰）又是什么呢？

西方的信仰（包括其他宗教信仰）之由来和缘起，是神、上帝、耶稣（包括其他宗教信仰的神）。随着人类科学发现的进步，神的存在不仅越来越难以验证，而且越来越证明其存在的不可信性和不可验证性。走到最后，如果科学验证了神的不存在，那么以神为根本基础的信仰体系将会彻底崩溃，甚至包括其同样建立在神的基础上的哲学体系、伦理道德、生活方式等，也将随之变成无源之水、无本之木。而中华文明源自天地自然规律（道）和推演自此的"儒道"，即"天地无私，人当为仁"的信仰体系，只要地球、宇宙仍然可以供人类生存和繁衍，那么它将与地球和宇宙同在，与人世共生共存。

因此，我们说，中国人自古便有极强的信仰，这信仰既由来有据，又践之可行。

这也就是说，儒学的核心概念是仁，仁即爱人。而儒之仁的源起是道的品性——此"道"非仅指道家之道（但包含道家之道），乃天地无私之道，即天道和地道的品性。道的品性与仁的爱人统一在天地无私的最高境界，便构成儒道体系的核心和信仰基础，即"天地无私，人当为仁"，它也是我们

第四章 儒道——天地无私，人当为仁

天人合一概念的思想精髓之所在。天人合一，是人与天合，即人"法地""法天"的无私品性，循着"天地环境"的规律，与"天地环境"同呼吸、共存亡，从而达到天人合一。如果人不循着"天地环境"的规律，悖逆天地的品性，那人与"天地环境"就成为对抗关系，人就会逐渐失去与其所由来的"天地环境"间的和谐与匹配关系。这种"失谐"与"失配"既会体现在人与"天地环境"的关系上，也会体现在人与人的关系上和人类社会治理方式上。其最终结果，既毁人所由来的"天地环境"，又毁人与人、种族与种族的共生关系，最终使人类走向灭亡。

与儒道观念、体系下这种"天地无私，人当为仁"的信仰不同的宗教信仰（特别是一神教信仰），把人所由来的"天地环境"的起源和运行归结到一个万能的神祇，赋予他创造一切、掌控一切，并可毁灭一切的能力。而这个"唯一万能"之神并不是完全无私地施爱于人间，神爱人必有一个前提条件，即人首先要爱神，神才爱人。人若不爱神或是诋毁神，神将惩罚甚至无情地毁灭人和万物（如诺亚方舟的故事），除非人向神忏悔并得到神的原谅。

由此，我们可以清晰地看出，中国人的信仰和一神宗教信仰的巨大差异是根本性的。中国人的信仰是把遵从"天地环境"规律、效法天地品性作为人类思想和活动的根本基础和最高境界——"天地无私，人当为仁"，因为所有人类都可共识、共享、共行这种天地规律与品性，因而"天地无私，人当为仁"的儒道信仰是最具普世性的。宗教信仰则是围绕某主神的意志为转移的信仰，尽管这种"意志"对虔诚的信徒会转换成"爱"，但不同的宗教有不同的主神，因而，就有不同的意志，也就有不同的爱、差别的爱，而这爱只是因为

信徒们"荣耀了各自的主"才产生的。

有一种通行的说法，认为宗教信仰解决了人的终极关怀问题，即虔诚信徒期许着死后可以进入"天堂"，得永生。在这个信仰体系下，"天堂"是没有一个活着的人体验过的，死去的人又从未能有一个可以向活着的人描述"天堂"是什么样的机会和可能。因此，这个信仰体系只能是活着的人为自己死后幻想出的一个去处作为精神的寄托而已，是人们自我满足的精神慰藉和对来世期许的慰藉。而按照西方的科学精神，人类一直在探索宇宙的根本出处或"第一原动力"，当找不到答案时，就把这"第一原动力"赋予了万能的上帝。可按这种精神追问下去，上帝又是谁创造的呢？为什么以及有什么依据断定上帝之前没有任何先存之"物"、之"神"呢？这个问题没法解释，也只有到上帝为止，正如《圣经·新约·启示录》所说："我是初，我是终。"但如果以西方的科学精神和逻辑推下去，上帝也应非终极的，因为他们的逻辑是要找到一个可以验证的终极。事实上，《圣经·旧约·申命记》就提到，耶和华之上还有"至高者"。

中国儒道体系下的信仰，把"天地环境"看作本然如此，即自然，并不刻意地寻求"天地环境"到底是哪儿来的，由谁创造的。即使使用现代西方哲学概念中的本体论把老子的"有物混成，先天地生。寂兮寥兮！独立而不改，周行而不殆，可以为天地母。吾不知其名，字之曰道，强为之名曰大"中的道，解释为宇宙的本体、万物之母，也并不表明中国人的思想中一定要求宇宙有第一创造者或第一推动者。因为老子还说："人法地，地法天，天法道，道法自然"，即道亦非终极，它还要本遵自然，也就是"天地环境"的本然。更何况，道的概念在老子之前便为中国人广泛应用，根本上是指

"天地环境"的规律和品性。由于中国人早就认为，人类和万物所由来和所生存的"天地环境"本然如此，那么人类应该做的就应是察其规律和品性，遵其规律而行，循其品性而为，最终形成"天地无私，人当为仁"的信仰基础或信仰体系。因此，基督教文明敬神（上帝），一切皆为神之仆，加上科学探索精神，故对大自然极尽攫取之能而不觉亏欠（只要不亏欠上帝即可）和危险；中华文明敬天地，循天地规律而生而发展。正如太史公所记，中华人文始祖黄帝所为："顺天地之纪，幽明之占，死生之说，存亡之难。时播百谷草木，淳化鸟兽虫蛾，旁罗日月星辰水波土石金玉，劳勤心力耳目，节用水火材物。有土德之瑞，故号黄帝。"

由于对"天地环境"本然如此的认识中包括人有生老病死的规律性，虽然中国古代人亦不明人死后是否会有灵魂在世或去到另一个"天堂"之类的去处，但循着"天地环境"中万物有生有灭、有荣有枯的规律，便把主要的精力集中到人生在世的有限生命过程中。在人当如何为人的问题上，正如孔子言："未能事人，焉能事鬼？""未知生，焉知死？"至于道家炼丹成仙思想，并非中国思想的主流，在广大民众之间，主要是以神话和传说呈现。佛教传入中国经改造后，形成中国佛教主流的禅宗一脉，更是以"万物皆有佛性"作为在世人生修持的哲学思想，而非以成佛来求得永生为主要目标了。因此，中国的"天地无私，人当为仁"信仰，是循着"天地环境"的本然规律，仿着"天地环境"的无私品性，以"人当为仁"的信念为终极信仰——人死之后，回归"天地环境"的本然，自是自然，正所谓"入土为安"。

（二）儒道的伦理：礼承天道，礼安天下

儒道的伦理规范是礼。

伦理，是人在人与人、人与自然、人与社会相互关系中所遵循的思考、言语和行为准则与规范；是人日常生活和所追求目标的道德规范与评判原则。人类不同文明伦理体系的逐渐确立，是人类诸文明确定其特质的重要标志。

人作为万物之灵，与其他动物一样，生而有欲，所谓"惟天生民有欲"。动物欲极为简单——饱食、暖体、繁衍、无危而已。而人之欲，除饱食、暖体、繁衍、无危之外，是多方面的，达到欲望目标的思考、言语和行为，构成人们的日常生活和人生目标的追求。作为群居生物的人，为达成其欲望，必然与自然、人和社会发生各种关系。群体或社会中的人，人人有所欲，而资源、财富和荣耀有限。因此，欲之所趋，必有所争。如何既"养人之欲"，又使人和谐共处，便是人类社会面临的一个必须很好解决的共性问题。

《荀子·礼论》曰："人生而有欲，欲而不得，则不能无求；求而无度量分界，则不能不争；争则乱，乱则穷。先王恶其乱也，故制礼义以分之，以养人之欲，给人之求，使欲必不穷于物，物必不屈于欲，两者相持而长，是礼之所起也。故礼者，养也。"荀子这段话，虽是从讨论礼的起源说起，但更重要的是说明了，礼作为人与人、人与自然、人与社会关系的规范，来调整人们本性中就有的欲望的根本作用；既使自然资源能够适度满足人的欲望，又使人类社会不因其与生俱来的欲望引起纷争和产生混乱，从而达到社会和谐有序的目的。因此，礼的规范，是中国伦理思想的根本和人们的社

第四章 儒道——天地无私，人当为仁

会法则。正所谓："礼，经国家，定社稷，序民人，利后嗣者也。"

以礼为核心的这种社会法则或伦理，同样是延续了中国人的信仰体系的核心思想，即遵循自然法则和崇尚自然品性——"天地无私，人当为仁"。"天生烝民，有物有则，民之秉彝，好是懿德。"也就是说，上天生育万民，每一事物和现象都有其存在的法则，民众掌握和秉持这些法则，就能崇尚优良的品德。如何秉持天道、自然法则，进而推演人类的社会法则，这就是"制礼"和以礼来规范。正如孔子所言："夫礼，先王以承天之道，以治人之情，故失之者死，得之者生。《诗》曰：'相鼠有体，人而无礼！人而无礼，胡不遄死。'是故，夫礼，必本于天，殽于地，列于鬼神，达于丧、祭、射、御、冠、昏、朝、聘。故圣人以礼示之，故天下国家可得而正也。"由此，礼是在效法天地法则和品性的基础上，用来规范和约束人们思想、言语和行为的社会法则。老子的"人法地，地法天，天法道，道法自然"，同样是表达了人应以自然法则为依托，兼取自然法则和自然品性而成为人道的思想。但道家并未发展出一整套完整的社会法则来，只是强调自然法则与品性的重要性。

中国的礼，作为涵盖整个社会行为规范的法则，应该说是兼具信仰、道德和社会治理（律法）的多重属性。《礼记·祭义》中说："天下之礼，致反始也，致鬼神也，致和用也，致义也，致让也。致反始，以厚其本也；致鬼神，以尊上也；致物用，以立民纪也；致义，则上下不悖逆矣；致让，以去争也。合此五者，以治天下之礼也，虽有奇邪，而不治者则微矣。"这说明，天下之礼的目标，首先是使人达到不忘本，也就是不忘人之所由来（来自父母、祖先和天地）。这里鬼与

神是指众生死后的精与气[①],它们同样与天地融合在一起,让人敬畏和崇拜。这构成了礼的信仰部分。其次是使物质、财富以一定的制度和规则为众人和谐共用,带有律法的功能和属性。最后是确立人伦关系,以使人与人之间的交往遵循正义原则,体现道德规范,使人们达到相互谦恭礼让,以清除相互间争端。因此,礼是集信仰、规则(律法)和道德精神和原则于一体的伦理体系。

同时,在礼的原则下,还辅以乐的规范,用以调节人们的喜怒哀乐。《礼记·乐记》中说:"乐者,音之所由生也,其本在人心之感于物也。是故其哀心感者,其声噍以杀;其乐心感者,其声啴以缓;其喜心感者,其声发以散;其怒心感者,其声粗以厉;其敬心感者,其声直以廉;其爱心感者,其声和以柔。六者,非性也,感于物而后动。是故先王慎所以感之者。故礼以道其志,乐以和其声,政以一其行,刑以防其奸。礼乐刑政,其极一也,所以同民心而出治道也。"这段精彩的文字,不仅将人们因心所感于外界的不同而发出不同的声音描述得清清楚楚,同时指出,要以礼来引导人们的心志,用乐来调和人们的心声和情感,用治政来统一人们的行动,用刑罚来防止人们的奸邪;而礼乐刑政的终极目标是一致的,最终是使民心协同而达到天下大治的正道。至于声与乐的关系,在《礼记·乐记》的开篇就说得很明白:"凡音之起,由人心生也。人心之动,物使之然也。感于物而动,故形于声。声相应,故生变,变成方,谓之音。比音而乐之,及干戚羽旄。谓之乐。"

---

① 《礼记·祭义》:"众生必死,死必归土,此之谓鬼。骨肉毙于下,阴为野土。其气发扬于上,为昭明,焄蒿凄怆,此百物之精也,神之著也。因物之精,制为之极,明命鬼神,以为黔首则,百众以畏,万民以服。"

以今天的视角和思维模式看，规范人与人、人与社会的关系以及治理国家，皆应以成文的法律为准绳。然而，成文的法律有两个缺憾：一是它不可能将人们日常的一言一行皆写入成文之法（如果那样，人将不知如何说话，不知如何走路）；二是它只具有让人事前敬畏、事后惩罚的功能，而不能让人具有发自内心，"从心所欲不逾矩"的自由言行。它只是"礼乐刑政"的四者之一，更何况，现实社会，法律多如牛毛，民众百姓日常生活之一言一行不可能都按照法律的条条而动。此外，一切以法律为准绳，将彻底损毁人与人之间的亲情、友情、爱情等，使人成为社会中毫无"恻隐之心"的一个个自私自利的行尸走肉。正如马克思所指出的那样："在这个自私自利的世界，人的最高关系也是法律规定的关系，是人和法律的关系，这些法律之所以对人有效，并不是因为它们是人本身的意志和本质的法律，而是因为它们居于统治地位，违反它们就会受到惩罚。"① 因此，对社会的和谐与稳定起着巨大作用的，仍是人们千百年传承下来、约定俗成的言与行的规范和标准，中国的先贤们将其归纳为"礼"。礼不具有法律（刑）的强制性功能，但它是人们言行的规范（示范），人可以学习、修持，最终成为人的自觉行为范式，以此既减少法律的烦琐，又给人充足的机会、空间免于触犯法律而遭到惩罚；同时减少人与人之间的争讼乃至争斗，犹如中医"治未病"原理。"凡人之智，能见已然，不能见将然。夫礼者禁于将然之前，而法者禁于已然之后，是故法之所用易见，而礼之所为生难知也。"②《史记·太史公自序》亦有更简练的总结："夫礼禁未然之前，法施已然之后；法之所为用者

---

① 《马克思恩格斯全集》第一卷，人民出版社，1961，第449页。
② 班固：《汉书》，中华书局，2012，第1965页。

易见，而礼之所为禁者难知。"

这就是礼。不论晚清以来，国人如何批判和否定礼，它不仅没有离开中国人的生活，而且仍将是人们和谐共处、天下大治的基础。虽然它已大为减弱，但其根和魂仍在，必有复兴之日。如果人们每天一言一行都要看看是否符合法律条文，那人将失去自由而成为法网中的"笼中之鸟"。

从包括宗教信仰在内的信仰角度来看，真正信仰上天（中国古人有时也称之为上帝，但不同于基督教的上帝）的恰是中国人。因为中国人是将上天之道或天地之道作为其信仰的基础，也是伦理的基础、治世的基础，也就是"天地无私，人当为仁"。中国人从天地之道的规律和品性推演出人道，进而建立其伦理、道德规范和治世原则。而一神宗教不是天地之道的信仰者。它们在天地之外，硬是创造出一个由人的欲望驱使的唯一万能的神来。它们没有创造出基于天地规律和品性的信仰和伦理体系，反而照着自己的欲念，由它们自己创造的唯一神来约束和规范其信仰、伦理和国家治理，因而，这更缺乏原始反终的依据和来源。

如前面所讨论的，近现代中外学者普遍认为，宗教是由于人们普遍存在的依赖感而产生的。那么，没有产生普遍宗教信仰的中华文明中的人们又是依赖什么呢？他们依赖的是对天地环境规律和品性的深刻认识，并由此推演出人间之道，用以规范和指导自己的人生。这就是以"天地无私，人当为仁"为信仰基础而形成的伦理道德。其集中表现，即礼。

礼的规范形成于先秦时期，后世虽逐渐完善，但并无根本性的改变。于当今之世，其必有某些不相适宜之处，但这并不影响其本质和总体的真理性。只要我们承认其真理性，并依现代文明发展的需要加以适当调整，礼仍将是人类文明得以健康延续不可或缺的保障,因为它是我们人类最适应且无法改变的"天地环境"本质的正确反映,并为人类唯一延续五千多年、从未中断的中华文明史所证实的。近现代的一二百年的历史中,人们试图批判、否定、抛弃它,但无法做到,因为它已深入中华文明的每个"毛孔"之中,构成了这个文明的重要基因。否定和抛弃它,这个文明或将不复存在;没有它,甚至世界文明也终将消失。因为现在世界上占主导地位的西方文明完全摆脱不了其永远争斗的恶性循环,这也是由其文明基因所决定,即以强力制服和占有他者——这个他者当然包括人类赖以生存的天地环境,即大自然——以暴制暴、弱肉强食、以自然为仆从这个逻辑是没有办法自圆其说的。

(三)儒道的治世:以德配天,道洽政治

中华文明中,治世(治国、为政)理论或治世之道最系统、最完备、传世最久(已数千年之久,至今仍影响至深)而能维系中华一统、生生不息者,唯儒学为主脉。而儒学治世思想体系又是以道、德、礼、民本为主线,贯穿始终。

那么何为治世?中国古代先贤认为,必达到"道至普洽"的境地。即"道洽政治,泽润生民,四夷左衽,罔不咸赖"。

正如前文论及,道是宇宙规律与品性的集合,它体现宇宙运行的恒常规律和天地无私的品性,推至人道,则以仁爱为核心。治世者(统治者)只有推行以仁爱为核心的治世之道,才能得到万民的拥戴,才能使国家达到大治之世的状态。治世者的志向、言行,必合乎道:"心之所之,谓之志。人君于己之志,不可以不定也。而定志,莫若以道。方志之未发,则以道涵养之,而非道者勿存诸心。方志之将发,则以道检

察之，而非道者，勿萌诸念。"① 因此，在中华文明史上，治理国家、社会思想体系的基本出发点是以道为始，治理者的思考基点和根本任务就是以道为念，推行道，达到"道洽政治，润泽生民"的目的。正如孔子的大同世界是以大道奉行为前提："大道之行也，天下为公，选贤与能，讲信修睦。故人不独亲其亲，不独子其子，使老有所终，壮有所用，幼有所长，矜寡孤独废疾者皆有所养。男有分，女有归。货恶其弃于地也，不必藏于己；力恶其不出于身也，不必为己。是故谋闭而不兴，盗窃乱贼而不作，故外户而不闭，是谓大同。"

欲使大道行于天下，必以德为治国的根本立足点。孔子说："为政以德，譬如北辰，居其所而众星共之。"

古今中外，人聚而成族群，成部落，成国家。有国家必有治理者。治理者通常是以一最高领袖为代表的统治集团。用现代西方政治学的观点说，统治者在统治之位，应有其合法性、正当性。中国古代先贤早已明确，统治的合法性在于统治者要"行大道""以德配天"，方能"保民""养民"。

"天生烝民，有物有则"，而天地最大的法则是生，最大的德行也是生，即"天地之大德曰生"。"以德配天"之德，就是要效法天地之"生德"，在"天工，人其代之"的过程中，以保万民之生与养。统治者能"以德配天"，代行天工，以养万民，则其就有统治的合法性和正当性；如此，其统治权也被古人称为"天授"，所谓"天地人，万物之本也。天生之，地养之，人成之"。如果不能"以德配天"，以养万民，则天（此天既是上天，更是民心、民意）会另择其人，所谓

---

① 张居正讲译：《尚书》，上海辞书出版社，2007，第235页。

"天命靡常","天难谌,命靡常。常厥德,保厥位;厥德匪常,九有以亡。……非天私我有商,惟天佑于一德;非商求于下民,惟民归于一德"。"惟上帝不常,作善降之百祥,作不善降之百殃。尔惟德罔小,万邦惟庆;尔惟不德罔大,坠厥宗。"在《六韬》中亦有更为明确的表述:"天下非一人之天下,乃天下之天下也。同天下之利者,则得天下;擅天下之利者,则失天下。"中国几千年王朝更替,莫不循此理。

"以德配天",就要顺应天意,亦即民意,"天矜下民,民之所欲,天必从之";就要推行德政、善政,使百姓过上美好的生活,即"德惟善政,政在养民"。而万民所拥戴的统治者正是秉持"惟天惠民"精神,是奉天意亦即民意的统治者,所谓"民罔常怀,怀于有仁",即百姓不会归附和拥戴固定不变的人(统治者),只归附和拥戴有仁德的统治者。

中国的古代先贤已将治国理政的最根本原理讲得一清二楚,就是要遵循天地恒常规律,秉持其不私一物的品性,即要推行大道,以大道之德——生、养万民万物——彰显天地恒常规律和无私品性,亦即"以德配天,道洽政治"。

深受基督教影响的西方世界,同样把公正、正直、正当等这些道德层面的概念作为其治世的根本前提,而非法律。只不过他们把公正、正直、正当概念的最终源头交给了对神、上帝、耶稣等的信仰上了。不同于中国人既遵奉天地恒常规律,又彰显天地无私品性,以生、养为大德的"以德配天"思想。所谓"因信称义"(righteousness through faith):"人称义是因着信,不在乎遵行法律。"[①] 信神(上帝)的这种"义"虽然人眼不能看见,但上帝是通过自然的秩序将这"义"显

---

① 《圣经·罗马书》,3:28。

现在人心里的:"神的事情,人所能知道的,原显明在人心里,因为神已经给他们显明。自从造天地以来,神的永能和神性是明明可知的,虽是眼不能见,但借着所造之物就可以晓得,叫人无可推诿。"① 本来天地环境秩序或规律已是显然和自然的,但西方非要将"自然"归于神或上帝,因此,西方的义(公正、正直、正当等)是以信不信上帝为基准的。而西方的上帝并非自然的代言人,他完全是其创造者人的思想、欲念的反映,说到底是人自己思想、欲念的循环,因而缺乏根本的源头。而中国的德,是基于天地环境规律和品性推演出的,具有根本源头的德,并以此德为根本出发点,以敬天行道、仁民爱物,诚贯始终为根本治世原则。

孔子说:"道之以政,齐之以刑,民免而无耻;道之以德,齐之以礼,有耻且格。"也就是说,以政令来教导,以刑罚来管束,那么百姓可能会免于罪过,但是不知羞耻。而以德行来教化,以礼制来约束,则百姓知道羞耻并能走上正道。这就把德、礼与政、刑(法)之间的关系说得很清楚。前文谈到,中国治世思想,要求治国者以道、德为内在基础,这里又强调对百姓也要以"德导之"作为人们内在的自觉,以"礼齐之"作为外在的约束,这种自觉和约束都是要发生在政令强制和刑罚惩治之先的。儒学道德规范的核心是"仁",主张发自内心的"仁者爱人",是一种道德的最根本认知和追求,不论天子还是庶民,皆应如此。生自内在、内心的仁,如何显于外,施于言行,作为人们表达和奉行仁爱之心的方式呢?那就是由"礼"的规范来"齐之"。因此,礼不仅是由"名"与"器"来彰显的典章制度,更深蕴和折射出"仁"的

---

① 《圣经·罗马书》,1:19—20。

精神。因此，《礼记·乐记》上说："礼以道其志，乐以和起声，政以一其行，刑以防其奸。礼乐刑政，其极一也，所以同民心而出治道也。"也就是说，要用礼来引导人们的心志，用乐来调和人们因感于外部事与物而发出的声音，用政令来统一人们的行动，用刑罚来防止人们的奸邪行为；而礼乐政刑的终极目标是一致的，都是用以协同人们的思想与行动，由此就能使国家走向大治之道。

伦理道德、政令刑罚均是古今中外治世的基本方法，而中国古代先贤的伟大智慧不同且高于西方之处就在于方法的顺序与侧重。由折射以仁为核心的道德精神的礼出发，使人们能够自发地约束自己而免于政令的强制和刑罚的惩治。人们如果能坚持内心之仁和外显之礼，那么就能在仁与礼的境界内达到精神与言行的内在与外在自由，这是在倡导人们主动地实现精神与言行的自由，同时也免于因受到刑罚而蒙受耻辱。

德治是对多数人的"治"——以德教化多数人不犯错误；法治是对少数人的"治"——以法惩治犯错误的少数人。如无德治，多数人都犯错误，则法不能责众，天下必乱；但德治并不能使所有人都向善不犯错，因而必用法治之。此德与法之关系，二者不可偏废，但同时必摆正本与标的关系和顺序。商鞅以法治秦，但必以德为基础施法——立三丈之木，以诚信取信于民，方开始施行新法。

而西方把以法施治放在治世的第一位，倡导人们处处防止触犯法律而获得刑罚，而法律之外，便可肆意妄为；如犯了法，又能钻法律的空子而逃脱法律的制裁，并且不以为耻，反以为傲。其所追求的自由是在不触犯法律的情况下的外在自由，是一种外在力量（法律）迫使下的自由。在西方政治学中，将法律分为"更高法"和世俗社会人类制定的法律。所谓"更高法"，在西方传统中被认为是斯多葛学派和犹太教、基督教传统的混合物。把"更高法"归属于上帝或造物主并认为其高于人类世俗社会制定的法律。但对于"更高法"如何应用，如何浸润人心，除了"因信称义"之类的宗教信条外，便无他法，因而也就成了"束之高阁"的空泛理念了。而世俗社会的法律体系是建立在这样的理念上的："即造物主赋予我们生命、自由以及追求快乐、拥有财产和享受自己劳动果实的权利，任何政府不可以剥夺这些权利。"[①] 这进一步表明，现代西方社会在"上帝体系"约束弱化或干脆已抛弃"上帝体系"约束（只作为心灵的慰藉或终极寄托）的现实中，只有单单依靠现世法律来治世。而在法律的框架内，人几乎可以为所欲为，尽情追逐个人的财富、自由和享乐；除法律外在约束之外，并无顾及他者想法与感受的内在约束。这种极端个人主义同样也应用于国际关系中——只求本国利益最大化，不问他国存亡。

朱熹在为《论语·为政》作注时说："礼，谓制度品节也。格，至也。言躬行以率之，则民固有所观感而兴起矣，而其浅深厚薄之不一者，又有礼以一之，则民耻于不善，而又有以至于善也。""愚谓政者，为治之具。刑者，辅治之法。德礼则所以出治之本，而德又礼之本也。此其相为终始，虽不可以偏废，然政刑能使民远罪而已，德礼之效，则有以使民日迁善而不自知。"[②] 同时，在中国古代先贤的治世思想体系中，也始终将法治（刑）作为治世方法的组成部分，所谓："徒善不足以为政，徒法不能以自行。"因此，笼统将中

---

① 迈克尔·罗斯金等：《政治学》，林震等译，华夏出版社，2002，第255页。
② 朱熹：《四书集注》，张茂泽整理，三秦出版社，1998，第75页。

国古代社会定性为"专制"统治,实与中国文明史严重不符。

我们说,以德治为基,可持久引人向善;全以法治为治,只能形成人们依法行事的外在习惯,不足以使人们发自内心地形成"从善如流"的思想和行为,甚至可能导致人们避善就恶的内在潜意识的增长。故古人有云:"夫法令者,所以抑暴扶弱,欲其难犯而易避也。今律令烦多而不约,自典文者不能分明,而欲罗元元之不逮,斯岂刑中之意哉!"①

道、德、礼、政、刑作为治世思想的源头和方法,其根本目的在于养民,即为民造福,求大同世界。

儒道治世思想的根本目标也在于养民、利民,以民为本,即伟大的民本思想。

如前所述,中国治世思想体系中,"道"占有原初的地位,即治世之法源于道,亦即源于"天道"。而天道之根本在于"生生"和"不私",治世者如能不私而行大道,使民生生不息,便循了天道,顺了天意。而何为天意?天意以公,天意亦是民意,"以公灭私,民其允怀"。

从治世方面来看天,在中国古代先贤的思想体系中,天之意即民之意,如《尚书·泰誓》中说:"天视自我民视,天听自我民听。"而如果天是神的话,则"夫民,神之主也。是以圣王先成民,而后致力于神"。因为"天矜于民,民之所欲,天必从之"。实际上,这已清楚地说明,对于治世者而言,天即天下之万民;替天行道,也就是为民行道。故而"皇祖有训,民可近,不可下。民惟邦本,本固邦宁"。这些思想并非治国的具体方法和程序,而是从根本上确立治国的

---

① 班固:《汉书·刑法志》第二册,中华书局,2012,第1013页。

根基、立足点和最终目标指向，一切以民为本，"圣人无常心，以百姓之心为心"。如果我们不能站在这些基点上去理解中国古代先贤治国安邦思想的根本所在，而与西学随波逐流，将治世者与百姓永远地对立起来，将其分为统治者和被统治者，那么，我们既否定了中国古代先贤创造的最优秀的治国思想基础，坠入历史虚无主义的陷阱；又盲目而扭曲地理解和看待了西方的治国思想。须知，"惟天生民有欲，无主乃乱"，古今中外，概莫能外。这又涉及另一个话题，即"民本"与"民主"的问题（前面已有专门篇章阐述）。西方民主理论基础是"天赋人权论"和每人将人权让渡一部分给统治者；统治者用权是每人让渡出来的权，所用之权是民之权，故而要实行民主。其症结至少有二：一是将民与治者对立；二是让渡之说好似在实验室搞实验，似乎每人投一票，就完成了让渡过程，受让者便取得了合法统治地位，这实际上是用假设代替真实的概念。而中国是要把治者与被治者看成一体，要同忧同乐。由此，形成了历时几千年之久的中国君主及君主集团治理国家的历史。这几千年的历史中，凡是践行了"以民为本"思想的朝代，便为"治世"或"盛世"；凡是违背了这一根本思想的，便为"乱世"，必致朝代更替。

孔子关于"以民为本"的思想，要求治国者要"修己以安百姓"，要"因民之所利而利之"。《论语》告诫君王，只要百姓足，君王就应足："百姓足，君孰与不足？百姓不足，君孰与足？"孔子认为治世者如能"博施于民而能济众"，则其不仅仅是施行仁道，而且一定是已达到了圣德的境界。

孟子关于以民为本的思想的著名论述，可谓名贯古今："民为贵，社稷次之，君为轻。"他要求治世者与民同乐同忧："为民上而不与民同乐者，亦非也。……乐民之乐者，民亦乐其乐；忧民之忧者，民亦忧其忧。乐以天下，忧以天下，然而不王者，未之有也。"并且提出，对那些"四境之内不治"而又不听劝谏改正者，应当弃之（罢其位）："君有大过则谏；反复之而不听，则易位。"

自先秦诸子百家以降的治世论中，阐述以民为本思想者可谓多矣，不能一一列举。同时，也不乏尊君思想的大量论述；由此，近代以来，又将中国古代治世思想一概归于维护帝王统治、维护宗法专治、维护封建礼法之类。然而，爱民与尊君，是中国历史上寻求治世良方整体思想中的"一体两面"，爱民和以民为本是其思想的根本基点，尊君是具体治世方法之一。

近世以来，人们大多都是戴着西方的"滤色镜"来看待中国的历史，因而不能获得中国古代先贤思想之精髓，不能详察其始末与根本，进而皆否之。今人又多厚今薄古，自以为比古人聪明，但又难以创造出如创维时代的伟大思想。今人如果智慧远胜于古人，要么创造出胜于古人且能传之亘古的思想，要么拿出胜于古人的判断力，从古人的思想中拣选出正确的思想加以发扬光大，创造永保太平的盛世乾坤；而不应纠结于古代先贤思想的历史局限性，亦无必要追问那些正确而伟大思想到底是谁说的，那些充满人类智慧的典籍是托古而言还是所谓"伪书"。这些可以留给少数专门学者慢慢地去研究，为政者之首要是判断出哪些是亘古不易、治世经国的根本正确思想而加以应用。在这方面，习近平总书记在他的著作和讲话中，经常引用中国古代先贤们的经典论述和思想精华，实际上已给中国人指明了方向，作出了表率。

此外，在中国儒道治世思想中，如何体现"以百姓心为心"，一切以民为本的思想，除以德配天、施行仁政德治等思想外，古代先贤们又提出了一个"作民父母"的命题："惟天地万物父母，惟人万物之灵。亶聪明，作元后，元后作民父母。"这个命题也是备受近现代人批判的命题之一。然而，天下之大爱、无私之爱，除天地无私外，恐无超过父母之于子女之爱者，即使禽兽亦大多如此。如果为政者、为官者能以其对子女之爱爱民，那他治国理政的根本出发点就达到了"以百姓心为心"的境界。这个命题又何罪之有呢？如果我们单方面把这个命题理解为父母代子女做一切主，进而认为官为民父母也就是官要成为民的主子，那就否定了这一命题的根本所在是要求治国理政者要以父母爱子女之爱爱百姓的思想精髓，也说明我们对古代先贤思想理解和领会的肤浅和幼稚，更是受西方治与被治对立思想的影响至深所致。

孟子对这一命题给出了详细的说明："国君进贤，如不得已，将使卑逾尊，疏逾戚，可不慎与？左右皆曰贤，未可也；诸大夫皆曰贤，未可也；国人皆曰贤，然后察之，见贤焉，然后用之。左右皆曰不可，勿听；诸大夫皆曰不可，勿听；国人皆曰不可，然后察之，见不可焉，然后去之。左右皆曰可杀，勿听；诸大夫皆曰可杀，勿听；国人皆曰可杀，然后察之，见可杀焉，然后杀之。故曰国人杀之也。如此，然后可以为民父母。"这既是为民父母之法、得民心遂民心之法，更是以民心为"天心"之意，同时也真正体现了以民意民心为主的"民本"思想。其根本原因，在于以父母爱子女之爱爱百姓。

第五章

当代西方文明主要表象辨析

近 200 年来,西方文明确实对世界各方面产生至深影响。从政治、经济、军事、科技、文化等方面看,几乎在所有领域,西方文明可谓无孔不入,无所不在,改变着许多国家的既有文明进程。

然而,从人类历史长河看,200 年却只是一小段。随着中国等国家的崛起,特别是西方文明与生俱来的内在矛盾开始显现出不可持续性和非普世性特征,世界正在发生深刻的变革。但西方仍然固守其文明特质并坚持认为其文明仍是世界诸文明中处于"中心"位置的优越文明,而同时积极倡导西化者仍大有人在。事实上,主张西化的人有两种:一种是对西方并不了解的人,另一种是对自己国家民族历史并不了解的人。因此,有必要对当代西方文明的主要特征加以深入剖析和深刻思考。

一、西方民主辨析

"民主"一词,在中国,最早出现在《尚书·多方》:"天惟时求民主,乃大降显休命于成汤,刑殄有夏。"此处"民主",

乃指民之主，或君权神授。在西方，据说最早是出自希腊单词 demos，意为人民。近现代，中国人面对西方 democracy 一词，曾直译为"德谟克拉西"①。谁最先将其译为民主，说法不大一致。不论出处如何，工业革命之后，随着西方殖民主义的扩张、侵略和其民主制度的逐渐建立和发展，西方民主概念大有风行全球之势，以至于到了现代，成了西方国家的一种政治信仰和崇拜，它们不遗余力地，像传播基督教一样在全世界推广，甚至以经济、政治或军事手段摧毁他国政权的方式在全世界多国建立所谓的"民主政权"，一旦这种政府成立，就认为是纳入了西方的政治版图并为之欢呼雀跃。更有日裔美国人弗朗西斯·福山，著书认为西方的"自由民主制"乃人类政治模式的终结。

西方民主概念和政治实践起源于古希腊的城邦社会，其起始于西元前 9 世纪左右。彼时，在古希腊和爱琴海周边，各居民点是孤立的，因此它的居民只能形成单一而自成体制的政治实体；他们保护自己的唯一方法就是集中避居于设防城市之内而使攻城之敌陷于饥馁。在这种情况下，一系列小城邦就在爱琴海周边沿岸出现了，设防的城堡变成了社会和政治生活的中心。

起初的城邦一般都很小，是由相邻的村落形成的小社会，各村落的结合即成长为城邦，一般"公民"约数百人，而其奴隶和农奴则为数众多。"公民"首先由父母双方世袭而来，它使主人和农奴之间的区分永久化并保持社会上的公民阶级的特权。公民阶级享有经济利益的同时，还享有相当程度的闲暇以习武艺或其他技艺。公民也曾叫作"平等人"（homo-

---

① 即陈独秀所称"德先生"，另一个是"赛因斯"（science），即"赛先生"。

ios），此外的是"次等人"（hypomtion），在"法律"上是低人一等的，只有"公民"或"平等人"才能参加人民大会或者说"人民"指的是特权阶级——公民，而公民权也是一种世袭权。城邦之间不断互相侵犯、征服与扩张，一个城邦的"公民"，可以率领他的公民和奴隶去攻打另一个城邦；陷城之后，被陷之城的人们便被降为臣属和奴隶，而非转化为公民。这样，城邦的扩张与扩大，公民特权阶级与农奴、奴隶的比例仍不断扩大，享受特权的公民比例在缩小。正如《希腊史》一书中作者所写："建立殖民城邦，不仅是希腊文明而且也是欧洲文明发展中的一个决定性的步骤。殖民运动的推行者是城邦，殖民运动造成的结果也是城邦。"[①] 而当新的殖民城邦建立稳固后，它与它的母城邦的关系就不复存在了，但它们从其母城邦承袭一整套宗教、政治、历法、方言、字母等，新城邦成了母城邦的翻版。

古希腊城邦的这些特点保持了好几个世纪之久。

上述内容简要回顾了古希腊城邦的发展过程和主要特点，我们再来梳理其以公民大会公选行政官、议事会、人民大会等民主形式，可以归纳出如下一些特点：

第一，古希腊的民主之民，不是我们理解的所有称为人的民，而是极少数享有特权的所谓"公民"——之所以称为"公民"，是因为他们是一个"贵族"阶层，享受特权，特别是享有支配土地和奴隶、管理城邦、发动对外战争并参与战争（奴隶和农奴也必须随之参战）等的"公权之民"（简称公民），而多数城邦之人并非是享有公权的"公权之民"——公民，只是"公权之民"统治下的奴隶、农奴或可称为"贱民"。

---

① N. G. L. 哈蒙德：《希腊史》，朱龙华译，商务印书馆，2016，第162页。

第二,由于城邦相对是微小的政治实体,"公民"又是占少数的群体,因此可以聚在广场,发表意见,研究政策,最终由多数公民一致的意见来决定事项。正如罗素所说:"只要能把全体公民召集到集市上,那么纯粹的民主就可以发挥作用。而我们生活的这个时代,只有瑞士的一些小州才幸存着纯粹的民主。"① 因此,我们说西方历史上称为民主起源的过程和实践,实则是少数人,或是"贵族""平等人"之间的民主,而非整个城邦之民的民主。

第三,从古希腊历史上不同政治模式看,这种"公民"民主既非普遍公认,亦非普遍实行于各城邦之中,如柏拉图、亚里士多德等大思想家就不是这种"公民"民主的支持者。同时还存在着贵族统治、奴隶主统治等模式,特别是这之后欧洲中世纪一千多年的历史中,这种"公民"民主早已荡然无存,只是到了近代西方资本主义为挣脱中世纪欧洲黑暗的封建统治并为其自身发展的需要,才把古希腊的"公民"民主翻出来,视为民主的起源或传统精神,事实上是差别巨大的概念和模式。弗朗西斯·福山就断言:"民主国家在人类历史上相对罕见,在1776年前,世界任何地方都不存在民主。(伯利克里时代的雅典并不是一个合格的民主政体,因为它没有系统地保护个人权利。)"② 他举的一个例子是"雅典的民主能够处死它最著名的公民苏格拉底,理由就是他所践行的言论自由破坏了青年",这恰恰说明,苏格拉底的言论自由威胁到了"公民"贵族的统治,因此要将其处死,这也许是"民主"暴政的一个早期实证吧。

---

① 伯特兰·罗素,《西方的智慧》,伯庸译,电子工业出版社,2013,第6页。
② 弗朗西斯·福山:《历史的终结与最后的人》,陈高华译,广西师范大学出版社,2014,第68、71页。

第四，如果说古希腊的"公民"民主只是公民贵族议事的一种方式，它含有公开、透明、自由、现代意义上的民主精神的话，那历史上的其他统治或治理方式，同样也不乏这种因素——因为即使在帝王专治的模式下，帝王们也是在与贵族和大臣的协商与研究中制定政策和政令的，也绝非其一人可以完全治理国家的，其协商、研究和参与者是贵族，与古希腊历史上的"公民"贵族并无本质上的区别。即便现代社会，西方标榜的代议制民主，其问题的核心不在于用什么方式选出以总统、首相为首的领导集团，而在于被选出的总统、首相、议员们在治理国家时，其与之协商、研究的参与者仍然是在他们这些少数现代"贵族"之间进行的，即使是议会的投票表决，同样是少数现代"贵族之间的博弈"；而当他们无法作出决策时（往往是他们之间矛盾无法调和时），便采取最后一招——不负责任的一招——交与全体人民进行公投，公投决策结果的对与错，就没人承担责任了。如英国脱欧公投即如此，谁也说不清脱欧之后福祸几何，但确实是实行民主了；如果决定错了，也只能是人民自决自受，有苦也说不出。

从部落、城邦、诸侯国，到国家、天下的治理，中西方有着不同的角度和路径。从远古开始，人们对"神"寄予崇高的期望和权威，都有君权神授思想的历史，但后来便有了很大分野。中国历史上特别强调君王的德行和每个人的修行在国家治理和社会生活中的作用，并吸纳大自然"阳光雨露，不私一物"的永恒规律，衍生出"大道之行也，天下为公"的最高治理境界。追求"以德配位"、国泰民安的效果，特别是孔子给出了大同社会的图景："大道之行也，天下为公。选贤与能，讲信修睦。故人不独亲其亲，不独子其子，使老有所终，壮有所用，幼有所长。矜寡孤独废疾者皆有所养。男有分，女有归。货，恶其弃于地也，不必藏于己；力，恶其不出于身也，不必为己。是故谋闭而不兴，盗窃乱贼而不作。故外户而不闭，是谓大同。"换句话说，中国历史上治国的理念是从君、臣的德行和百姓的教化，也就从个体的德行教化入手来研究施行国家治理的理论和实践。孔子还特别强调："政者，正也。子帅以正，孰敢不正"，即执政者（或君王）要以上率下地正，才是政之要义。

在西方，则在坚持对"神"的至高无上崇拜基础上，从社会、城邦、国家的架构方式来推演治理的理论和路径，或者是在承认和接受人的无止境欲望的基础上，不再去认真研究人本身应如何修正完善自己，而是专注于用构建社会不同架构（治理模式）的思维方式探索如何满足人的无止境欲望和平衡与协调这种欲望，并美其名曰为了人的自由——把人的自由建立在人的无止境欲望得到满足的基础上。因此，给人和社会开出了一剂对每个人都十分具有诱惑力的自由民主之方，它之所以诱人，是因为，每个人都可以要求社会满足自己的欲望，每个人又似乎可以为满足自己的欲望被授予表达的权利和参与治理的权利。这就是西方民主的理论基点和诱人之处。然而，它是一个伪命题。

我们从古希腊的"公民"民主，跳跃到18世纪以来的西方民主政治来看，所谓民主，简单说，就是有事大家都发表意见，按多数人的意见决策。当有权利参与的人是五个人、十个人、几百个人且要决策的事项是简单明了的时候，这似乎是很简捷和可行的事情。可当有权利参与的人是上万、十万、百万、千万、数亿人，且要决策的事项十分复杂，不做深入研究很难搞清问题所在的时候，又是什么情况呢？于是西方政治家设计了一种叫作"投票"表决（特别是投票选举）的参与方式，它假设人人生而平等（事实上是基于基督教信徒之间的上帝面前人人平等的理念），人人有权利参与政治过程，人人有充分和同等的信息来源并且均有能力对这些信息作出正确的分析、判断，从而有平等参与的能力，于是便去就某个拟决策事项（多数是去选举领导人）投票了，按计票结果，得赞成票多的一项政策或某个候选人便被选定了，因而也就实现了"民"做"主"的理念，实现了权力归人民所有的理念（且先不管多数票与少数票比例是相差甚微或较大），也就认为这种办法是最具"合法性"了。这"合法性"的"法"就是人人有权平等参与，你参与了，虽然你不幸把票投在了少数人的圈里了，但你也无话可说了，也得承认多数人选择的决策的合法性了。

而事实上，西方自由民主制走到今天，这种"合法性"背后有若干个关键因素，使得这种"民"做"主"理论成为表面光辉，实则是伪命题，特别是在当今国家和社会治理的复杂程度大幅提高的趋势下，更是如此。

一是每个来到这世上的人，其背景是不同的，有时差异还很大，这包括其所出生的家庭状况、不同的遗传基因、后天的教育和成长经历、所从事的职业、所居住的地理位置与一国一州决策中心的距离、对政治和治理的关心程度等都是不同的，这些基本因素，就决定了人与人之间的不平等性的客观存在，最终造成参与能力的不同和不平等。

二是每个人所获得用于作出投票决策的信息永远是不均等、不对称的，尽管现代社会的信息技术和媒体十分发达，但其中充斥大量的伪装与虚假信息，因此，每个人赖以作出投票决策的信息来源和其真实性准确性上也是不均等、不平等的，故而，参与者据此作出的判断，也未必是他自己真心想要的决策结果。

三是不同的候选人或不同政策的不同倡导和推动者们之间为了取胜，将不遗余力地宣传自己的主张，吸引参与者的赞成票。为达此目的，他们必然对自己或对所倡导的政策张己之长，避己之短，而让投票者无所适从或备受蒙蔽。现代资本主义国家大量存在的所谓"智库"、民调机构等与现代媒体相互配合，为着己方支持的候选人或政策极尽造势、混淆是非、攻击对方、诱导民众之能事以求为己方拉更多的选票，实际已成为"拉票机"或是愚民的"魔鬼"。

四是现代西方社会的各政党无一例外都是由不同的利益集团所组成，其所代表的社会利益群体或社会基础只是部分而非全部社会群体。他们在竞选或推动某项决策时，首先代表的是其利益集团或其社会基础的利益，其次是想方设法争取其他政党的社会基础，因而其所代表的，并不首先是全体人民的共同利益。当你不论投哪一党的赞成票时，你行使的都不是"（全）民"做"主"的权力，而只是支持某一方而已。

五是西方民主政府普遍实行的是代议制，也就是通过投票选出总统、首相、总理、议员后，真正日常的协商和决策就"合法"地在这些人中间进行了，真正的"民主决策"的范围缩小到议员及之上的高官群体中，与普通百姓基本没什么关系了。要想改变，无特殊情况，就只能等到下一个竞选周期（4~5年）了。而下次选举结果出来后，只是又开始了一个同样的、新的周期而已。卢梭曾说："就'民主制'这个名词的严格意义而言，真正的民主制从来就不曾有过，而且永远也不会有。多数人去统治而少数人被统治，那是违反自然的秩序的。我们不能想象人民无休止地开大会来讨论公共事务。"① 那么，要是不得已进行"公投"，则说明议员、总统、总理、首相之间要么矛盾不可调和，要么已无能为力，只能把决策的责任推给大多数对复杂政治和治理没有专业知识或难以预见某项决策未来结果的普通百姓身上。"公投"之后，政客们之间的矛盾暂时缓解了，不论"公投"结果好坏他们都不用负责任，最终一部分民众哑口无言地接受吃亏了，另一部分民众则侥幸占便宜了。

六是真正主导竞选和某项决策走向的，在许多国家都是资本家构成的财富集团之间的竞争。他们在这种白热化的竞争中，都想吸引更多的民众投他们的赞成票，民众也不知不觉地跟着不同的财富集团走，投出自己的"神圣"一票，使某个财富集团合理、合法地获得政权或施行对其有利的某项政策，最后美其名曰这是人民做的主，是具有"合法性"的。普通大众（或大部分低收入人群）以盲目、茫然的选票支撑着富人或富人集团获得和运用政权的所谓"合法性"。

西方民主理论基于人人生而权利平等的理论基础，为了要办好公共的事情，人民就要割让出一部分权力，交给一个团体——政府或统治集团。如何来割让这种权力，如何产生一个政府？他们就设计出了投票方式（当然也有政府、法院、议会之间的架构和制衡，但基本上也是投票选举产生）来解决这一问题，并称之为民主并将其视为人类政治制度的终结。那么综上六点分析，可以看出，西方民主并未解决人人权利平等的问题，只是通过看似公平的民主过程，确定了统治集团（不论哪个党当政）和统治集团的"合法性"。而对普通民

---

① 卢梭：《社会契约论》，何兆武译，商务印书馆，2012，第 84 页。

众而言，表面上也看似每个人都行使了权利，参与了国家治理，实则只是一种形式上的心理安慰、心理平衡和为着程序"合法性"之需要而已。

在西方的治理理论中，首先研究的是权力是谁的，如何取得，如何分配，如何使用的问题，而不是研究无论谁来掌权，都要为所有百姓利益着想的问题。他们深刻地认为："如果剥夺了你在国家统治中平等的话语权，与其他有平等话语权的人相比，你的利益很有可能不会受到平等关注。如果你没有话语权，那么谁会为你呐喊呢？如果你自己不能，那么谁会去保护你的利益呢？而且，问题还不只是你个人的利益。一个完全被排除在参与权之外的群体里，而你又碰巧是它的一员。这个群体里的基本权利要怎样才能得到保护呢？答案很明显。那些被否定其参与管理的机会的成年人，他们的利益将无法得到那些统治者充分的保护和增进。无数的历史证据可以证明这一点。……即使是号称广泛民主的英国和美国政府，也没有对这些受到剥削和虐待的群体给予有效的保护。"①

这表明，在西方人的思想深处，人与人之间、群体与群体之间的利益冲突是永恒的，并可推至种族、国家之间的利益冲突。正是西方这种深入骨髓的"利益冲突"和"极端利己主义"理论，导致他们从古至今将利益冲突作为不证自明的真理来设计治理的理论和结构。这就得出，在所设计的治理平台和程序上，人人都要去参与利益的纷争和分配的结论。你不参与，不论是个人、群体还是集团，就没有人去考虑你的利益，或者你的利益就将自然而然地被别人、别的群体剥

---

① 罗伯特·A.达尔：《论民主》，李风华译，中国人民大学出版社，2013，第64页。

夺——这种参与，就是所谓的民主。这种民主只是参与利益分配的表面手段而已，因为对于大多数参与者而言，参与并不能给他们带来最直接的、完全的利益增进。

我们也明显地注意到，在西方的治理理论中，没有或很少强调治理者——不论他们是如何产生出来的——的道德要求，即他们应该舍己、舍身为全体人民或绝大多数人民谋福祉（柏拉图的"理想国"理论也许是个例外，可惜从未真正实践过）。之所以这样，是基于西方基督教文明关于人是上帝所造、人有罪且不能自赎，进而产生人性生而自私自利和性本恶的基本认识所致。最终，他们选择用一系列外在的程序式、投票式民主的方法来调节、平衡人与人之间永恒的利益冲突。除此之外，在西方基督教文明的理论宝库中，在其历史实践中，没有别的更好办法，这也许就是西方的自由民主的起因和真谛。

至于近现代西方民主在许多国家被效法或变相效法，只是由于西方诸国工业革命以来，其经济、军事实力增强后，与基督教和西方悠久的殖民主义传统一起对其他非西方国家文明、国土、经济等的侵略和侵蚀形成的副产品而已，但并不能证明西方自由民主模式有任何的普世与终结性质，因为西方200多年的发达史在人类几千年的历史中只是短暂的一小段。

二、西方经济学的本质

近两三百年以来，伴随西方文明在世界范围的扩散，西方经济学也成为世界许多国家治国理政的重要理论基础之一。尽管许多国家国情差别很大，但西方经济学的一些基本理论框架,已成为其制定经济政策和发展目标的基础。似乎西方经济学已成了"普世"的经济理论。

那么,什么是西方经济学,或这种经济学的定义是什么?现代西方经济学的重要代表人物、美国经济学家保罗·萨缪尔森(Paul A. Samuelson),在他的《经济学》一书中这样描述什么是经济学:"经济学(economics)研究的是社会如何利用稀缺的资源以生产有价值的商品,并将它们分配给不同的个人。这个定义的背后隐含了经济学的两大核心思想,即物品是稀缺的,社会必须有效地利用它们的资源。事实上,正是稀缺性和追求效益的愿望,才使经济学成为一门重要的学科。"①

这个定义告诉人们,物品的稀缺和人逐利的本性,是经济学存在的前提;同时,它也教导人们,由于物品的稀缺性,你必须逐利。经济学就是教人们、集团和国家如何逐利的。而用稀缺的资源生产出有价值的商品,如何"分配给不同的个人",是人类社会发展的基本问题,它不完全是经济学所能研究、解决的问题。

逐利,也就是追求财富。西方经济学的本质就是研究一个人、一个群体、一个国家如何才能追求到更多的财富。而由于不证自明的资源稀缺性原理或有限性原理,某人、某群或某国追求到更多的财富,人类的其他部分就会少得到相应的财富,这种结果就与自17、18世纪以来西方倡导的天赋人权、自由平等理论背道而驰了。这种背道而驰,已完全为西方资本主义制度和西方经济学两三百年来在世界大多数国家和地区盛行的结果所证明——人与人、群体与群体、国与国

---

① 保罗·萨缪尔森、威廉·诺德豪斯:《经济学》(第16版),萧琛等译,华夏出版社,1999,第2页。

之间的财富分配不均越来越严重，地球资源的损耗急速加剧，已到几乎难以承载的地步。

其实，西方经济学这种教个人、群体和国家如何追逐更多财富的本质，是有其西方深刻的历史、哲学和宗教根源的。

在古代西方，从荷马史诗时代起，就是以财富多寡建立等级制度的。

荷马史诗的上部《伊利亚特》描写了西元前13至西元前12世纪迈锡尼文明时期，希腊各城邦组成联盟军，向位于爱琴海沿岸富庶的特洛伊发起耗时10年的特洛伊战争。故事叙述的战争起因虽是为争夺女人（或女战俘），但真正的原因是为瓜分"金碧辉煌"的特洛伊城，而拥有美丽的女人（或女战俘）同样是权势、财富和荣耀的象征。"我们为何在鲁基亚享有最高的荣誉？我们端坐高位，享用肉食，满杯的浆酒，更不用说我们拥有的珊索斯河畔大片的土地，那丰收的葡萄园和盛产小麦的良田和农庄。"要保有、享有、扩大这些权势（端坐高位）、财富和荣耀，就要"直面战争的烈火"[1]。这才是参加特洛伊战争的根本动机，也是当时社会阶层分野的依据，更是影响西方文明至今的传统。

而与荷马同时代的赫西俄德认为："物质宇宙的主导规则是尊重秩序。如果各种成分相互侵犯，宇宙就要重归于混沌。诸神的世界也要遵守这一准则：'他们瓜分财富，共享权力'。"[2] 由此看出，占有财富、瓜分财富，从远古的神话里就开始根深蒂固了。他还认为"神把人的食品藏起来了"，所以强调要劳动致富，似以此来激励人们勤奋劳作以求致富。

---

[1] 荷马：《荷马史诗·伊利亚特》，赵越译，北方文艺出版社，2012，第251页。
[2] N. G. L. 哈蒙德：《希腊史》，朱龙华译，商务印书馆，2016，第141页。该书译为赫西奥德，一般都译为赫西俄德。

古希腊的先哲们，如色诺芳、柏拉图和亚里士多德等哲学家都主张，公民应当努力过上好生活，要如此，则要获取、积累和管理好财富；并且预感到，商业或贸易提供了积累无限财富的可能性。

亦如本书前面曾讨论的，西元前594年，梭伦当选雅典首席执政官后，所施行的最重要改革之一，便是以财富收入的多寡，将公民划分为四个社会等级。其中，第一等级可任执政、司库及其他一切官职；第二等级与第一等级相同，唯不得任司库；第三等级可担任低级官职；第四等级则不得担任一切官职。[①] 连同其他改革，梭伦奠定了对后世西方政治影响至深的雅典城邦制度。而其核心是依据财富多寡来划分社会等级，将拥有和增加财富作为人生在社会容身和进阶的根本，财富成为人生的主要目标。即使在梭伦的民主政制设计中，其所谓的民主（这也是现代西方民主思想的原初）也只是对拥有足够财富的人，才有意义，而对于未达到一定财富积累的人而言，民主只是有钱人的事。从这个意义上讲，这种"财富等级式民主"，不过是一种高明的愚民政治而已。这与中国施行了1300多年的科举制度而改变人（特别是穷人）的社会地位完全不同。

《圣经·旧约》为了强力灌输人们对上帝的信仰，经常描述，凡信仰耶和华者，可得土地、人民和财富，凡不信仰者，则要受到惩罚。《圣经·旧约·出埃及记》第32节描述亚伦铸金牛犊并将其视为神，让人们祭拜时，耶和华就吩咐摩西说："下去吧，因为你的百姓，就是你从埃及地领出来的，已经败坏了。他们快快偏离了我所吩咐的道，为自己铸了一只

[①] 参见 N.G.L.哈蒙德：《希腊史》，朱龙华译，商务印书馆，2016，第242—245页。

牛犊，向它下拜献祭，说：'以色列啊，这就是领你出埃及地的神'。""耶和华对摩西说：'我看这百姓真是硬着颈项的百姓。你且由着我，我要向他们发烈怒，将他们灭绝，使你的后裔成为大国。'"后经摩西苦苦恳求，耶和华才未发烈怒。而耶和华对虔诚笃信他的人说："你们要生养众多，遍满了地。……连地上一切的昆虫并海里一切的鱼，都交付你们的手。凡活着的动物，都可以作你们的食物，这一切我都赐给你们，如同蔬菜一样。"①

虽然《圣经·旧约》也认为，增加个人财富是和不诚的商业活动以及剥夺穷人相联系的，但如你虔信上帝，你便是可得赐福，只是在上帝与财富之间，你首先要选择"信上帝"才好，"你们不能既侍奉上帝，又侍奉财富（wealth）"②。《西方经济学史》的作者罗杰·E. 巴克豪斯认为在《圣经·旧约·传道书》中甚至鼓励人们从事商业活动积累财富③。

犹太教与《圣经·旧约》齐名的《塔木德》中，有不少关于财富崇拜的格言，比如没有面粉，就没有《圣经》；《圣经》放射光明，金钱散发温暖；出钱的人最有发言权；上帝把钱作为礼物送给我们，目的在于让我们购买这世间的欢乐，而不是让我们攒起来还给他。

在《圣经·新约》的最后一章，即《启示录》中，将圣城新耶路撒冷描绘的完全由精金、碧玉、宝石、玛瑙、翡翠等象征人间最珍贵的财富堆砌而成，而这座新城是由神那里从天而降，其实也就是天堂。以人间最珍稀之财富来堆砌天

---

① 《圣经·创世纪》，9：1—3。
② 《圣经·路加福音》，16：13。
③ 罗杰·E. 巴克豪斯：《西方经济学史》，莫竹芩、袁野译，海南出版社，2007，第26页。

堂,那对人的引导、暗喻、"启示"(基督教常用语,神对人的启示),必然是:财富是无比的荣耀和幸福所在。既然天堂是以财富的最高象征——人间珍宝构造而成,且人在有生之年又难以到达天堂(或不可验证何为天堂),那么这美丽、荣耀和充满财富的天堂图景,就成了人在世间追求的目标——拥有尽可能多财富的人生目标。

  对后世基督教神学产生巨大影响的古罗马时期的奥古斯丁在他的名著《上帝之城》中对于俗世财富、地位和权力的态度是,只要"期待着应许给他们的不灭的天堂中的美妙事物",便可以"以朝圣者的精神使用物质和俗世的好处"[①]。他从基督教神学上就不排斥俗世间的财富、地位和权力,甚至鼓励人们利用好它们:"行动者应该爱的不是俗世的地位和权力(因为阳光下的一切都是虚荣),他应该喜爱的只是利用这样的地位和权力,以适当的、有用的方式去做能够做到的事情。"[②] 尽管他说到这种观点的意义在于要去拯救那些受行动者照顾的人,但在事实上,是鼓励人们去利用俗世的权力和地位(当然包括财富,因为财富是地位和权力的支撑)。

  从上述分析中我们不难看到,在古希腊的神话与史诗中,在犹太教、基督教和古罗马的神学思想中,在古希腊哲学家的思想和政治实践中,财富始终是核心话题之一。基本上都是鼓励人们追逐财富的,只是在这个过程中不要把对神或上帝的虔信放在一边就行了。而对于国家治理的参与者来说,其财富积累或可掌控与运用财富的多寡是起着最关键性作用的。

  16世纪欧洲宗教改革的倡导者马丁·路德(Martin Lu-

---

① 奥古斯丁:《上帝之城》,庄陶等译,复旦大学出版社,2011,第393页。
② 同上书,第396页。

ther，1483—1546年）认为，上帝赋予人以特殊"天职"，并且"他逐渐越来越将每个人特殊的天职视为上帝对这个人的一项具体旨意：某一特定位置所义不容辞的任务必须予以履行，因为神圣的天意已经将这个信徒置于这一位置。"① 在马克斯·韦伯的《新教伦理与资本主义精神》一书中，他认为"这一对职业生涯的道德辩护是宗教改革最有影响的成就之一"②。虽然马丁·路德并未直接展开"天职"观念与资本主义精神的联系，但包括路德宗派和其他新教宗派则更清楚地把"天职"观念与资本主义精神相联系。③

事实上，宗教改革运动和"天职"观念的提出，一方面要求人们维护既有的等级制，各自安好，做好自己的事情；另一方面更重要的是鼓励人们在各自职位上，以为上帝履行"天职"的精神去努力工作。而当宗教改革者们顺应当时资本主义初期发展的需要，将"天职"精神与资本主义精神完全贯通后，资本主义的逐利本性又给自己戴上了宗教或上帝意志体现的光环，彻底突破了自私自利追逐利益、财富最大化的道德约束，为建立在资本本性之上的极端个人主义和由此衍生的追逐资本集团利益最大化、追逐国家利益最大化——完全不顾他人、他群、他国状况如何的资本主义精神找到了宗教依据。

美国《独立宣言》起草者之一，本杰明·富兰克林（Benjamin Franklin，1706—1790年）更把上面的"天职"观念完全、露骨地用在了财富的追求与积累上。他提出："切

---

① 马克斯·韦伯：《新教伦理与资本主义精神》，苏国勋等译，社会科学文献出版社，2010，第51页。
② 同上书，第48页。
③ 同上书，第51—52页。

记，时间就是金钱。""切记，信用就是金钱。"他一切从实用主义出发，一切从追逐财富出发，"从牛身上刮油做蜡烛"，"从人身上刮钱"，认为增加财富是个人的责任，否则就是愚蠢的。他甚至认为："所有美德，只有在对个人有用的限度内才成其为美德。在那些可以达到同样目的的场合，美德的替代物——即，仅仅美德的外表——也完全足够了。"而他的伦理观念就是："在现代经济秩序下赚钱，只要赚的合法，就是在某种职业的天职中能力和技巧的结果和证明。"[①]

我们都知道，生命的长短对人类是最重要的，而生命的长短是用时间的长短来衡量的。"时间就是金钱"，等于是将时间用金钱来换算，则生命也就变成用金钱来测其长短了。由此，金钱越多，生命似乎就越长了，但事实并非如此。

本杰明·富兰克林作为美国建国时期的著名政治家和美国《独立宣言》的起草者之一的这种借上帝意志，把人生目标与赚钱高度相契合的思想观念，深刻影响美国这个只有200多年历史的国家——从美国人的行事做人，美国人的政策指向，美国在国际上的国家行为，都能看出这种以钱、财富和利益为核心的伦理思想。

近现代西方经济学的奠基者亚当·斯密（Adam Smith, 1723—1790年）的两部名著《国民财富的性质和原因的研究》（以下简称《国富论》）和《道德情操论》对此后西方经济学体系的建立影响至深，特别是《国富论》。因此他也有西方政治经济学古典学派"创立者"的称号。

《道德情操论》备受推崇的是，它从道德层面论述财富应分配到所有人手中。然而这种分配并不是出于人的主观意愿，

[①] 马克斯·韦伯：《新教伦理与资本主义精神》，苏国勋等译，社会科学文献出版社，2010，第二章。

而是被动的。一个"骄傲又无情的地主"的肚子无法接受大片田地所产出的所有收成,"他不得不把剩余的食物"分配给为他服务的厨师、工匠等,他们的所得是从地主的"豪奢与任性中"得到的,而绝不可能"从他的仁慈或他的公正中得到的那一份生活必需品"①。斯密认为,这些地主(或富人)尽管生性自私贪婪,其所图的"唯一目的是满足自己无聊而又贪得无厌的欲望。……一只看不见的手引导他们对生活必需品做出几乎同土地在平均分配给全体居民的情况下所能做出的一样的分配,从而不知不觉地增进了社会利益,并为不断增多的人口提供生活资料。当神把土地分给少数地主时,他既没有忘记也没有遗弃那些在这种分配中似乎被忽略了的人"②。

斯密的这些看似经典的论述和观点,实则是首先承认了生产资料占有的原初不公平,还煞有介事地把这种原初的不公平看作"神"(或上帝)的旨意——神创造了这种不公平的同时,也没忘了那些受到不公平待遇者。而其后的经济学便是在承认这种原初的不公平财富分配的基础上展开——其结果只能不公平地展开。而这与西方文明中"上帝面前人人平等"的命题相矛盾。

《国富论》以经济自由主义为基础和从利己主义人性论出发,从国民财富增长的主线、市场机制理论、自由贸易理论、国家的职能等方面进行分析论证,其根本目标和理论体系,

---

① 亚当·斯密:《道德情操论》,蒋自强等译,商务印书馆,2003,第230页。类似论述在《国富论》第1卷第2章《论促成分工的原理》中也有:"我们每天有得吃喝,并非由于肉商、酒商或面包商的仁心善行,而是由于他们关心自己的利益,我们诉诸他们的自利心态而非人道精神,我们不会向他们诉说我们多么匮乏可怜,而只说他们(和我们交易)会获得什么好处。"

② 亚当·斯密:《道德情操论》,蒋自强等译,商务印书馆,2003,第230页。

不论是对国家还是对个人，就在于如何增长财富。

由此，我们明白，近现代的西方经济学，其根本性质在于，在承认、认可人的贪婪（尽管有时理论上也是反对这种贪婪的欲望），承认和认可等级差别存在的合理性（有时将其归因于上帝的选择，如上述），认为这是一种"自然"秩序，甚至是"自然正义"，并以此为前提，展开他们的经济学思想和理论，看似客观地为这种贪婪与差别提供尽可能精致、完备的运作理论和运行机制，其结果只能是使贪婪更贪婪、差别更巨大。这也许是西方经济学的全部精髓所在。马克思的伟大之处就在于创立剩余价值理论，透彻地解构了资本主义的贪婪本性和运作机制，并以此为起点和中心，创立了科学社会主义。恩格斯指出，剩余价值"这个问题的解决是马克思著作的划时代功绩。它使社会主义者早先像资产阶级经济学者一样在深沉的黑暗中摸索的经济领域，得到了明亮的阳光的照耀。科学的社会主义就是从此开始，以此为中心发展起来的"[1]。

亚当·斯密的"理性经济人"假设，作为其经济学的逻辑基础，就是源于对人的贪婪本性和等级差别的承认、认可，把人类社会的一切经济活动建立在极端利己主义、追求自身利益最大化的基础之上，以"理性经济人"的假设与观念，将地球上一切资源用商业化的价值标准来衡量，并以价格的形式进行数字标定。只要符合资本主义市场经济的价值、价格的一般规律，便可采取相应的商业活动去追求利益、利润的最大化，唯独不考虑其对地球、对人类长久生存的影响和对生存环境的不可逆式破坏（所谓当下的环境保护措施和投

---

[1] 《马克思恩格斯选集》第三卷，人民出版社，1972，第243页。

入，只是简单地计入当期商业成本而已）。正如马克思曾指出的那样："犹太教的基础是什么呢？就是实际需要，利己主义。""实际需要和自私自利的神就是钱。""钱蔑视人所崇拜的一切神并把一切神都变成商品。钱是一切事物的普遍价值，是一种独立的东西。因此它剥夺了整个世界——人类世界和自然界——本身的价值。"①

日常生活中，我们随处可见的是很多产品根本就没有生产的必要或没有制作得如此精致、耗材如此大方的必要，比如各种饮料瓶罐、各种华丽的包装等。但用西方经济学的原理来衡量，这些产品只要在当时能做到销价减成本而有利润就是合理和可行的。西方哲学和经济学以人是自然的主人为出发点，把地球一切资源用他们的经济学方法，以价值和价格的方式进行分割，并将这种观念和方法融入人的价值观中，形成了当今世界的"主流"价值取向。按照这种逻辑主导人类的发展进程，最终我们将很快地把自己赖以生存的地球瓜分、消耗完毕。地球生来就是不能用西方经济学来衡量其价值多少的，她是无价的，她所能提供给人类的资源是有限的，极少部分是可再生的。只有减少对地球有限资源的利用，合理适度利用可再生资源，人类才能永久地生活在这个星球上。

遗憾的是，西方经济学及其价值观主导世界经济已几百年了，并仍将继续下去。亚当·斯密以降的各类花样繁多的西方经济学流派，煞有介事地讨论着人类的经济活动，但其根本性质都是基于对地球资源的无限、快速掠夺，以满足"理性经济人"的极端个人主义贪欲，这就是人类道德与未来生存的悲哀。按照这种经济学的指引发展下去，地球将加速

---

① 《马克思恩格斯全集》第一卷，人民出版社，1961，第 448 页。

毁灭。即使寻找到人类可生存的另外某个星球，最终也不过是又一轮地球悲剧的重演。

三、西方"文明终结论"和"普世论"

西方文明，源于古希腊文明，归宗于基督教文明。

当我们考察西方文明生态时，有两个明显的特征，那就是人类"文明终结论"和"普世论"系列理论。它们完全出自基督教文明的宗教基础，并总是想将西方文明不同时期的发展成果完全或试图完全套在全世界各民族、国家之上，即申明西方文明成果是普遍适用于全世界各民族、国家的，或终将适用。

古希腊文明的一些带有普遍性的哲学和科学命题探索的结果，导致它们逐渐形成了将其探索结果作为普遍原则或"普世论"的思维定式和思维惯性，"最终形成了西方文明的普遍标准"[①]。不仅如此，它们也习惯于将其自身认为的"普遍性"原则，应用于全世界、全人类——西方文明中心论的重要思想基础。

西方"文明终结论"的明确提出并不久远，但它却是源于基督教文明基因的。

脱胎于犹太教的基督教神学体系与犹太教有一个共同的最基本的前提假设，即教主耶和华（上帝）既是宇宙的起始也是宇宙的终结，在他之前没有之前，在他之后亦无之后，他是万能的，也是宇宙和万物的主宰（尽管基督教的主角是耶稣，但基督教神学将"圣父、圣子和圣灵"融为一体，对

---

① 伯特兰·罗素：《西方的智慧》，伯庸译，电子工业出版社，2013，第4页。

三者关系虽有个别不同解释，但基本是一回事）。这一前提或假设，必将导致基督教文明把宇宙和世间一切符合和不符合基督教文明的东西都要用基督教的尺子来裁定或进行改造，绝不能有例外；如有例外存在或承认例外的合理性，则上帝便非万能，基督教神学的基础将不复存在，这是绝不可能接受的。因此，只有采取一切措施和努力（比如，不停地传教），才能维系基督教的立教之基。

关于各国、各族的人都"该"敬拜上帝的经文，在《新约·启示录》中有明确的描写："此后，我观看，见有许多的人，没有人能数过来，是从各国、各族、各民、各方来的，站在宝座和羔羊面前，身穿白衣，手拿棕树枝，大声喊着说：'愿救恩归与坐在宝座上我们的神，也归与羔羊。'……他们在神宝座前，昼夜在他殿中侍奉他。"[1] 从中我们可以看出基督教是认为全世界所有国家、民族和人民都应敬拜基督教的神——上帝的，而如果你信奉基督教的上帝，则上帝会使你（所有国家、民族）"不再饥、不再渴，日头和炎热也必不伤害他们，因为宝座中的羔羊必牧养他们，领他们到生命水的泉源，神也必擦去他们一切的眼泪"[2]。而对于不信神（上帝）的，要遭受各种各样的惩罚，这在《圣经》中有太多表述，此处不再列举。

《圣经》的这些思想，在基督教文明中是起基石作用的，即上帝是万能的、唯一的，"我是初，我是终结"[3]，因而也是普世的。也就是说，从基督教角度看，上帝是万能的、唯一的、普世的，这是不容置疑的，否则其整个宗教的基础将不

---

[1] 《圣经·启示录》，7：9—15。
[2] 同上书，7：16—17。
[3] 同上书，21：6。

复存在。有这样根深蒂固的宗教思想基础，基督教文明就推演出一切基督教文明下的东西，都是普世的或终将普世。反过来说，如果基督教文明下的各种主要和重要思想不是或最终不是普世的，那么，向反方向（或其源头）推演，最后可能导致上帝不一定都是要受到"各国、各族、各民"敬拜和信仰的，上帝也不是万能和唯一的，这在基督教文明中是决不可接受的。

"我所看见的那踏海踏地的天使向天举起右手来，指着那创造天和天上之物，地和地上之物，海和海中之物，直活到永永远远的，起誓说：'不再有时日了。'"①"我又看见一个新天新地，因为先前的天地已经过去了，海也不再有了。……他要与人同住，他们要作他的子民；神要亲自与他们同在，作他们的神。神要擦去他们一切的眼泪，不再有死亡，也不再有悲哀、哭号、疼痛，因为以前的事都过去了。""坐宝座的说：'看哪，我将一切都更新了。'又说：'你要写上，因这些话是可信的，是真实的。'他又对我说：'都成了！我是阿拉法，我是俄梅戛；我是初，我是终。……'"②这类表述，又明确了基督教另一个重要思想，既上帝是初，也是终，在"末日审判"的时候，上帝将终结一切。《圣经》关于"末日审判"（作为基督教重要理论支撑）和上帝将终结一切的思想，必使基督教文明根深蒂固地认为，世间必有终结理论，终结政治、终结经济、终结文化、终结生活方式等，并且由于认为上帝的万能与唯一和上帝终将终结一切，那么终结世界的，也必将是以基督教为基础的西方文明的方方面面。这在西方文明中，人们已形成了难以改变的终结模式情怀和总

---

① 《圣经·启示录》，10：5—6。
② 同上书，21：1—8。

是试图用他们的一切终结世界的思维惯性。

　　以基督教文明的一切为普世和终结的思维惯性，始终贯穿于基督教文明的产生、发展以及处理与世界其他文明关系的历史进程中。只不过在基督教文明不同的起伏时期，其表现的强烈程度和影响力不同而已。西方工业革命开始和西方资本主义制度建立以来，随着其科技、经济和军事的不断强大，既深深地强化了其文明普世与终结的理念，也极大地增强了其用基督教文明终结世界的决心、信心和能力。

　　德国古典哲学的创始人伊曼纽尔·康德认为，虽然无法证明上帝的存在，但为了维护道德，必须假设上帝与灵魂的存在（这充分表明，基督教文明的道德基础是上帝，或没有上帝便没有道德可言）。这实质上还是相信上帝的存在，并且认为基督教"注定是普遍的世界宗教"[1]。按此逻辑，既然基督教注定要成为普遍的世界宗教，那么基督教文明也必将成为普世文明，而基督教的终极图景即"末日审判"及审判之后的"永恒"，也是道德的最终审判。

　　康德在《万物的终结》中写道："既然万物的终结这个理念并不是源自对世界万物的自然进程的理性思考，而是源自对其道德进程的理性思考，并且仅仅由此而产生；这种道德进程也只能与诸如永恒的理念这类超感性的东西（它唯有在道德事物上才可理解）联系起来，所以，那些应当在末日之后来临的最后的事物的表象，就必须仅仅被视为末日连同其道德上的、此外在理论上对我们来说无法理解的后果的一种感性化。"[2] 康德的著作向来以艰涩著称，尽管如此，我们从中也可清楚地了解，他认为世界会有末日，亦即万物将有终

---

[1] 李秋零主编：《康德著作全集》第八卷，中国人民大学出版社，2013，第37页。
[2] 同上书，第331页。

结；但这种终结并非自然进程的终结，而是道德层面的终结。这个道德的标准无疑被他认为是基督教的标准，并且他还认为基督教终将成为世界的宗教。那么他的结论是明确的，即世界道德层面的终结，将以基督教的道德标准来终结。这便是大哲学家以哲学的（通常是易被人信服的）严密论证，提出的基督教文明终结论。

康德还提出了普世史的观念。在其1784年的《关于一种世界公民观点的普遍历史的理念》中认为，自然的最高意图是发展人所得到的所有禀赋，而每个人都发展这种禀赋，即人的自由意志，在一个社会就会产生对抗；要用"公民宪政"——形成公民联合的"樊笼"，才能使自由行动产生最好的效果（说到底并无绝对的自由，西方学者在高喊自由时，常常故意省略这一点）。并试图从人的"自然禀赋"[①] 以及人在社会中的共同表现中，抽取出一些人类历史中的基本要素，来描绘"人类中完全的公民联合为目标的计划来探讨普遍的世界历史"，并且认为欧洲大陆"很可能有朝一日为所有其他大陆立法"[②]。

从上述引论与分析中我们不难看出，西方基督教文明的终结论和普世论，其根本前提和源头在于上帝一定是万能的，因而基督教必将成为普世宗教；基督教的基本教义——末世论，决定了基督教文明必然认为世界要有个终结，这是"终结论"的根源。同时，由于他们认为基督教必将成为普世的宗教，那么，基督教文明下的神学、哲学、治世理论、经济

---

① 人总是管不住自己，因而需要法律，有了法律，又要寻求法律上的例外而追求自己的"自由"，因而又需要一个"主人"来制伏他的意志，并强迫他去顺从一个普遍有效的意志，在这个意志那里每个人都是自由的。为此需要对一种可能宪政的本性有正确的概念，需要一个为接受这种宪政做好准备的"善良意志"。参见李秋零主编：《康德著作全集》第八卷，中国人民大学出版社，2013，第30—31页。

② 李秋零主编：《康德著作全集》第八卷，中国人民大学出版社，2013，第36—37页。

学、伦理等，也必将是普世的，否则，反推回去，就否定了基督教本身的普世假设，进而否定了基督教神学的根基——上帝唯一万能说，这将导致基督教文明大厦彻底坍塌。

近现代以来，盛行于世的西方"文明终结论"也好，"普世论"也好，均是基于这样一种宗教基础和宗教逻辑关系的历史渊源，借助近现代西方经济、科技和军事的强大后盾，使其在世界的普及和影响能力渐强，因而似乎成了"真理"或似乎这种"终结"已成趋势。

当代学者，日裔美国人弗朗西斯·福山也正是基于这样一种西方基督教文明下的逻辑思维定式展开论述的，只是他更加明确地将西方的"自由民主"制度描绘成"一般的历史趋势"，换言之，也就是人类历史演进的终结。

当今世界流行的西方民主制度、西方价值观、西方生活方式、西方主导的国际关系体系和贸易规则，甚至好莱坞大片、麦当劳等，都或多或少地体现了西方文明中心论、终结论和普世论。然而，最终它既非终结，也难以普世。

西方基督教由于其自身的单向取向逻辑规则（即上帝必唯一万能，基督教必普世），必然难以客观、正确对待其他文明，也难以看到或无法承认其他文明的优势，因而，只能以自己文明内的"理性"，无理性地面对其他文明，沿着自己设定的"终结论"目标和"普世论"思维定式走下去，并以此面对世界，面对其他民族、国家，面对人类的未来。

他们始终认为："各个民族都不过是人类这棵大树的分枝，其命运可以理解为上帝对人类的安排。"[1] 就是说，全人类必须都与上帝有关系，必须以基督教的逻辑产生、发展和

---

[1] 弗朗西斯·福山：《历史的终结与最后的人》，陈高华译，广西师范大学出版社，2014，第76页。

终结。

西方哲学的"理性"思考，仅仅看到，或仅仅"理性"地分析人有自然禀赋的一个侧面，从而只在神学（上帝）的道德层面来假设人的道德和人的自然属性并分析人、理解人、研究人。其所谓"自由""平等"均是在上帝和如何用法律限制人的自然禀赋的范畴内来思考人与社会。完全忽略了人之所以为人的自我约束、自我修养（自我修炼和内省，基督教文明也有内省，但是面对上帝的内省，而非面对自身的内省）、自我道德提升、不同的伦理传统的约束等，在人和人类发展过程中的重要作用。把自私自利的无限膨胀当作想当然之事来研究人、研究社会，最终一切都要诉诸各种法律和上帝，才能维系人类社会的存在与秩序。完全忽视甚至否认东方文明的巨大优势所在，完全抹杀了人之所以为人的一切善良、恻隐之本性。这也许是西方基督教文明的最致命之处。

哲学与科学都是探索普遍性或普适性的学问。科学的普遍性问题反映的是自然规律，其正确的结论不以人的意志为转移，当然也不以上帝意志为转移。而哲学的普遍性问题，受到各文明不同起源、不同发展历程、不同思维方式的影响甚大。

西方哲学的起源是古希腊哲学。"古希腊哲学的主导概念是'逻各斯'（古希腊哲学术语），含有'言辞'和'量度'的意思，当然，还有一些别的意思。"[①] 据考，最早使用"逻各斯"一词的是古希腊哲学家赫拉克利特，其基本意思是"普遍的准则"，后衍生出"宇宙理性"、"命运"和"神的理性"等意思，都带有普遍、普适的性质。

理性思维的重要前提是对概念的共同认可，不然就难以

---

① 伯特兰·罗素：《西方的智慧》，伯庸译，电子工业出版社，2013，第8页。

就某一命题进行讨论或辩论。然而,就西方哲学来讲,特别是古希腊哲学(作为西方哲学起源和代表),其最终的归宿是"神的理性",这在基督教宗教哲学里更是如此。因此,其某一概念一旦形成,便难以改变,特别是当把其归于"神"的意志后,更是如此。正如伯特兰·罗素对于西方哲学的评论:"迄今为止,我们所谈到的一切理论都具有这样的特征:每一种学说都试图用某种单一的规律解释世界。"① 也许这正是西方总是将基于自身文明史总结出的规律,特别是其宗教范式强加给全世界,自诩为普世规律的哲学根源。

但是终结论也好,普世论也好,均未跳出基督教上帝普世和末世论的思想局限,这也许是基督教文明或西方文明的思想终结。

四、西方语境下的迷雾

近两百年来,西方文明确实对这个世界影响至深,也改变了世人的许多观念,甚至严重冲击和改变了非西方国家人们的传统观念,在全世界范围内形成了强大的西方语境。一系列西方文明的概念、术语、表述等俨然成了世界的标准或普世的标准。然而,这些西方文明下的"标准""普世"术语和概念并非都是真理,如果用非西方文明的价值观念去考量,甚至可能是谬误。

(一) 关于人权

现代社会中,西方国家最常用来指责他国的就是人权问

---

① 伯特兰·罗素:《西方的智慧》,伯庸译,电子工业出版社,2013,第22页。

题，它们俨然是全世界人权的评判者和卫道士。但是人权概念的提出与发展的历史，恰恰是西方基督教文明体系挣脱其自身桎梏的产物，是从其一千多年黑暗统治时期挣脱出来的"文明"概念。后来被推广到全世界，用西方基督教文明的习惯思维模式认为别的文明背景下也犹如它们的历史脉络一样，也有它们认为的完全同样的人权问题，因此它们提出的概念也是普世的。

  从早期英国的《国民权利与自由和王位继承宣言》到法国的《人权与公民权利宣言》，这些看似人权至上的宣言，实则完全是在欧洲中世纪黑暗封建统治的末期，新兴资产阶级与封建贵族君权和神权统治阶层斗争的结果。长达一千多年的欧洲封建贵族的黑暗统治是把君权神授作为权力合法性的理论基石并与神权相互支撑而延续的，这种封建统治的后期与欧洲新兴资本主义的发展形成了尖锐的矛盾，于是反封建的斗争开始了。但新兴资产阶级同样是信仰基督教文明的，因此，它们也借用上帝的名义，提出在上帝的旗帜下，人生而平等和自由，即上帝赋予他所有的选民（实际上是信上帝者）同样的权利，以此理论来反对封建规则以及君主的强大统治和无限权力。英国的《权利法案》中说："所有的正当权力皆来自上帝，上帝通过人民的同意将权力授予国王的政府（或者其他类型的政府），但上帝厌恶暴君，也就是拥有无限权力的国王。当条件允许的时候，人们可以推翻暴政的统治。"① 最终结果是资产阶级组成了议会，甚至剥夺了国王的核心权力，使英国最终走向君主立宪制。

  换句话说，是因为在一千多年的欧洲中世纪里，人是太

---

① 林国荣：《历史上的人权》，广西师范大学出版社，2015，第16页。

不平等、太不自由了，从而在欧洲文艺复兴的助推下，欧洲资本主义兴起，新兴资产阶级为争夺利益与权力，打出了上帝面前人人生而平等、自由的旗号，争得人民的支持，出于与旧贵族、国王和宗教教会进行权力斗争的需要，才有所谓"人权"概念的提出。因此，西方人权概念从一开始就不是为人民争取权利，而是为了资产阶级、资本家集团自身的壮大与发展，挣脱旧制度黑暗统治桎梏的需要而提出并推行的。当然，在这个过程中，随着欧洲社会的进步，广大人民的基本权利确实得到了不同程度的改善，但这并不能完全改变人权概念提出的初衷。同时，这也并不代表其他国家、民族也有这样的背景。

再从全世界范围看，自工业革命以来，西方资本主义国家秉承源自古希腊的殖民主义侵略传统，在全世界范围内开展殖民侵略和殖民统治。对殖民地国家和人民来说，他们根本感受不到西方的"人权"关怀，所承受的却是种族的压迫甚至屠杀和灭绝，资源被无情掠夺，土地被无情占领，文化根脉被逐渐斩断……这些实例，在过去二三百年里比比皆是，而且这些行为恰恰是发生在其经典《人权宣言》颁布之后的事情。这种状况直至今日亦未彻底改变。1960年12月14日联合国大会通过的《给予殖民地国家和人民独立宣言》既是这方面的最好例证，也是各殖民地国家和人民与西方殖民主义做斗争的结果。

当今世界，西方国家在指责别国人权状况时，似乎故意忘记了它们的人权概念是在什么背景下产生的，也似乎故意忘记了它们几百年来在全世界范围内的殖民侵略和统治给殖民地国家及人民带来的人权灾难。

如果我们简单地看一看中国历史上关于天、地、人、君的关系和治理观念，就会发现与西方存在巨大差异。

各文明发展的早期都有神的崇拜历史，但主要文明中，唯有中国以人战胜了宗教的崇拜，从而把人当作国家治理的根本，所谓"以人为本""民为邦本"。《易经》将人道、天道与地道并称为三才之道。如前所引春秋时期之理念："夫民，神之主也。是以圣王先成民而后致力于神。"《尚书》讲："天聪明，自我民聪明。天明畏，自我民明威，达于上下，敬哉有土。""天矜于民，民之所欲，天必从之。""皇祖有训，民可近，不可下。民惟邦本，本固邦宁。"……这些都体现了中国传统思想中的民本思想。这种民本思想中当然涵盖如何满足人的各种权利的思想，只是表述不同而已。

儒家思想体系中，就更加明确提出民本思想乃治理国家的核心。当明太祖朱元璋看到《孟子》中讲"民为贵，社稷次之，君为轻"的思想时，欲将《孟子》一书毁之、删之，但群臣坚决反对，他也没办法，叫人编了个《孟子节文》了事，但也并未持久。这说明儒家的"民为贵"思想在中国两千多年的治国理政中占有重要地位。

综上，用产生于西方特定历史背景下的"人权"概念——并且这种概念在西方对于广大民众而言，也不过是不同时期的美妙理想而已——来评判、框定，甚至指责他国的"人权"问题，只能是西方基督教文明下凡事以自己思想为普世观的偏见思维在世界范围的表象罢了，更是西方霸权之话语霸权而已。

例如，2011年7月22日，挪威人布雷维克在首都奥斯陆和附近的于特岛制造了震惊世界的爆炸和枪击恐怖事件，造成77人（包括60多名参加夏令营的青少年）死亡，300多人受伤。由于挪威已取消死刑判决，并且最高刑事判决为21

年，所以 2012 年 8 月 24 日布雷维克被判入狱 21 年。之后，有报道称，他还请求出狱参加其母亲的葬礼，又起诉监狱侵犯他的人权，等等。据统计，世界上已有 90 多个国家废除了死刑，大部分是欧洲国家或西化了的国家。但中国人自古认为"杀人偿命、天经地义"。死刑是对非法剥夺他人生命的刑事犯罪者的终极惩罚，也是对受害者和其亲人的终极补偿，同时也是对其他欲犯罪者的震慑，是维护社会正义的终极手段。取消死刑，既是对社会正义底线的毁灭，也是对受害者及其亲人的无视。罪犯剥夺了他人的生命，自己却可以继续享受生命，这样的社会哪有公平、正义可言？取消死刑，既是对受害者的不公，又是对社会资源的浪费。

（二）国际社会

当今世界一旦发生什么大事，不少国家都以"国际社会"的名义对事件进行评论，有赞成、有谴责、有反对等等。一般认为国际社会主要包括主权国家和国际组织。

从国际经济格局来看，第二次世界大战后，美国主导了国际货币金融体系，即布雷顿森林体系，并以国际货币基金组织和世界银行为两大支柱，确立了美元在国际金融体系的主导地位。1947 年签署的《关税与贸易总协定》，则形成了以美国为中心的国际贸易体系。由此，以国际货币基金组织、世界银行和关贸总协定为三大支柱，形成了战后资本主义世界经济体系，主导这一体系的是以美国为首的基督教文明国家。

从国际政治格局来看，1945 年的《雅尔塔协定》等奠定了第二次世界大战后 40 多年美苏两个超级大国及其两大阵营（北大西洋公约组织和华沙条约组织）在国际政治中的两极争霸、制衡、冷战的格局，并于1945年建立了美、苏、英、法、中五国为常任理事国，但实则长期由美国主导的联合国，直到1991年苏联解体，标志着战后雅尔塔体系的最终瓦解。

此外，1948年由西欧十多个国家成立了欧洲经济合作组织，后来到1961年转变为"经济合作与发展组织"（OECD），其成员主要是西方基督教文明下的资本主义国家，其宗旨是促进其成员经济社会发展，协调成员国间政策关系。

上述这些国际秩序安排既有西方资本主义发展的历史脉络，也是第二次世界大战后，以美国为首的西方基督教文明国家主导世界政治、经济和国际贸易的结果，更是西方基督教文明国家借以占领全球大部分资源、获取更多全球利益的安排；同时也形成了战后所谓"国际社会"的基本范围。

既是国际社会，本应包括所有的国家和地区以及相关国际组织，但由于上述战后国际秩序的安排，国际话语和决策的主导权一边倒地归属了以美国为主导的西方基督教文明下的资本主义世界。每当对国际事务做出评判和采取协调行动时，以美国为主导的"利益共同体"便以国际社会全权代表的面貌出现，对符合其利益和意识形态者，他们会说国际社会一致认为是对的，应从道义、政治、军事、经济、文化政策与行动上给予支持，并且让世人认为这一切均是合理、正义、合法的；对于不符合其利益和意识形态者，他们便会说国际社会一致反对、谴责并将采取协调或联合行动予以反制、遏阻，甚至摧毁。

第二次世界大战后70多年的世界进程中，西方资本主义国家的经济、社会、军事、科技等始终占据世界的主导并保持优势，很大程度上取决于这种国际社会不公平的秩序安排。每当发展中国家也用国际社会的概念表达意愿，甚至大力倡导与国际接轨时,已有意或无意地、情愿或不情愿地把自己也纳入到这些不公平,甚至完全有利于西方资本主义国家的国际秩序中去了。

20世纪80年代后,特别是近十年来中国的迅速发展,似乎在不断地挤压西方所谓"国际社会"的空间,影响甚至改变六七十年来完全有利于西方国家的国际秩序;并且中国的发展也影响和带动了其他发展中国家的发展,一同来挑战西方的"国际社会"秩序。因此,遏制中国的崛起,延缓中国的崛起就成为以美国为首的西方资本主义国家的必然选项;一旦遏制不住则会寻求有限的合作,毕竟在西方基督教文明的义利观中,利是放在绝对优先位置的。

(三)语言传播的助力作用

据统计,世界有3000多种语言,而目前世界的主要语言有六种,分别是汉语、英语、俄语、法语、西班牙语和阿拉伯语,它们也是联合国的六种工作语言。其中使用人口最多的是汉语和英语。尽管世界上越来越多的人在学习汉语,但英语仍然是国际交往、交流和国际贸易的通行语言。

按照语言学的分类,英语属于印欧语系100多种语言中的日耳曼语言分支。作为一种语言,英语1500多年的历史并不算长。一般认为,英语形成于5世纪中叶,从那时起(约西元450年)到1150年,为古英语时期,西元1150—1450年为中古英语时期,西元1450—1700年为早期现代英语时期,而真正的现代英语是从1700年才开始的。

英语从古英语时5万个到6万个词,到现在《现代英语大辞典》所收录的词条足有65万个到75万个之多。随着电子学、化学、医学等的发展,新词还在不断被造出来。而据有关研究，英语单词的来源大体包括：法语占35%；拉丁语（包括拉丁语词汇和古代的法语）占28%；古英语和中古英语、古丹麦语、古挪威语和古荷兰语占25%；希腊语占5%；不详占1%；其他语言占比小于1%。

英美的语言史学者们，以自豪的心态研究英语如何能从最初几个小部落的口语发展成为现在全球使用最广的语言，以及在此过程中其自身的变化。而事实上，问题很简单，英语在世界范围的普及，一方面是由于近代工业革命的发源地是英国，另一方面是近现代英国殖民主义扩张和使用英语的美国自第二次世界大战后确立的世界霸权地位所致；同时，也是第二次世界大战后以美国为首的西方资本主义国家主导国际秩序的结果。

语言是人类思考和思想的载体，交流与表达思想的媒介。不同的语言系统（语言的呈现形式，如象形与拼音、结构、语法等）赋予人们不同的思维方式和对外部世界及社会不同的思考和定义模式，从而深刻影响人们对外部世界的认知和对不同人类生活方式的确定与认可。

不同时代，不同的语言都有一套比较流行并反映那个时代面貌的语言表达体系。英语在世界范围内的不断流行，也反映出英美等西方资本主义国家思想、体制、文化、生活方式等在全世界的流行与影响力。

当西方的坚船利炮打开中国的大门，"德先生""赛先生"被引入中国后，很多中国的仁人志士都苦苦思索救亡图存的道路，寻找中国当时落后的原因。有一些人就把眼光盯在了语言和文字上，把中国当时的落后归结到方块字上，认为中国之所以落后是因为旧的传统文化在作祟，而旧传统文化之所以这样顽固，是因为汉字；因此，要拯救中国，就必须破除传统文化，也就必须先废掉汉字。一场长达近半个世纪的废除汉字思潮曾盛极一时。20世纪上半叶的一些学界领袖人物，如钱玄同、谭嗣同、陈独秀等均提出或赞同废除汉字而学习西洋人使用拼音字母。如钱玄同的"则欲废孔学，不可不先废汉文；欲驱除一般人之幼稚的野蛮的顽固的思想，尤不可不先废汉文"①；鲁迅的"方块汉字真是愚民政策的利器"，"汉字也是中国劳苦大众身上的一个结核，病菌都潜伏在里面，倘不首先除去它，结果只有自己死"②；等等，不一而足。

这些人虽是当时的学界领袖，大都学富五车，但其观察人类历史的局限性太大。用一二百年西方的发达史来否定中华民族几千年领先世界的历史，何其短见。殊不知，中华民族能把世界上几千万、数十亿人凝聚在一起，历史上从未中断文脉、从未"散伙"，正是因为她拥有优秀的传统文化和世界上最先进、最博大精深的汉字。这一点不用什么所谓学术论证，而是数千年历史留下的铁证。

美国人率先发明计算机，当然使用英语来输入信息。又曾有人因此认为在计算机时代，汉字无法适用，必须使用西方拼音文字。可随着计算机技术的进步，特别是汉字输入系统的不断进步，这种愚蠢的设想又不攻自破了。

用联合国的六种工作语言制发的联合国文件中，中文文本是最简明、用字量最少的。这也有力地说明中文的表达能力很强大。

综上，语言的优劣，不能用一时的经济社会发展优劣来评判，而应从历史的长河及未来的发展潜力上来判断。对于

---

① 赵利栋编撰：《风云人物：钱玄同 刘半农》，人民日报出版社，2005，第115页。
② 鲁迅：《且介亭杂文》，人民文学出版社，1973，第131页。

英语等西方拼音文字的推崇就是因为近二三百年西方领先人类发展的一个阶段（而且是不太长的阶段）所造成的。然而，随着中国的崛起和其他发展中国家的进步，下一步谁将领先人类的发展阶段，必将发生根本性变化。

过去的一百多年，对英语等西方文字的推崇，确实有力地助推了人们对西方思想、文化、学术和生活方式的学习甚至崇拜，也进一步助推了西方文明中心论的自信和西方文化的扩张。学习外语的人都知道，要达到运用自如的地步，就是能用你所学的外国语言去思考，而一旦你用另一种语言去思考，那么你的思想和行为方式可能就不知不觉地、或多或少地随了那种语言所代表的文化与文明。笔者曾遇到过不少到英美留学或学习英语的人，讲中文时常常夹杂一些英语单词和句子，似乎不这样，就无法用汉语清楚表达他们的意思和想法。这既有对掌握一门或一些外国语言的卖弄心理，更是对西方文化与文明的盲目崇拜。而且之所以有卖弄之心，根本上也是有崇拜心之故。

笔者曾在英语学习上下过一番苦功夫，但从未觉得英语有多么易学，特别是字母越少的词越难记忆，越难用好。当有语言环境时，常有如鱼得水之感；当没有语言环境时，很容易就把苦苦学来的一点英文忘掉了。究其原因，还在于英语与汉语之间的根本差别。在此，笔者举一些小例子。

汉语的联想和组合能力十分强大。例如，表达以电为核心的概念或事物，在汉语表达中基本上都有一个"电"字，如电视机、电动机、手电筒、电灯、电话、电冰箱、电缆、电影……当你一看见这些汉字或汉语词组时，你至少知道这些东西是与电有关、用电来驱动的。而这些词语对应的英文分别是 television、motor、torch（或 flashlight、electric hand torch)、electric lamp、telephone（或 phone）、refrigerator（或 fridge）、cable、film（或 movie）……在这些英文中，除个别单词有统一词根或前缀（如 ele，意为"电的"）之外，其余看上去大多互不相干，对于非母语的学习者来讲，只能死记硬背，毫无"联想"可言。

有些英文单词的不同词义之间，以及相关词义的不同单词之间，简直风马牛不相及。比如，pig，既是猪的意思，也是生铁的意思；pig 是猪，猪肉却是 pork（来自法语的 porc）；cow 是牛，牛肉却是 beef（来自法语的 boeuf）；羊是 sheep，羊肉却是 lamb（lamb 也是羔羊的意思）……类似的例子还有很多。

此外，现代医学、化学、电子科技等发展带来大量新词汇，不管有多少新词，汉语都可以用现有的汉字组合起来表达新意，英文却需要造出新词，这对于即便母语为英语的人，也是应接不暇的。在此，不再一一列举。

不过近几十年，随着中国的迅速崛起，世界上学习汉语的人也迅速增加，这与之前英语在世界范围内的迅速传播，可谓有异曲同工之妙。

（四）翻译的美饰

从近现代以来，英语和其他西文翻译成中文的过程看，也是西方文明深刻影响中国的过程，可想而知，西方文明对中国以外的国家也有大体相同的影响。

从有关中国翻译史的著述中我们了解到，中国翻译的历史极其悠久。至少从西周开始，便有译员的职业，为"象胥"之职，或称为"舌人"。但至晚清以前，由于中国基本都是领先于世界的，中华文明向外传播是主要的中外交流，而吸纳外来文明因素是次要的。①

从晚清开始，由于众所周知的原因，国人为寻求救国图存之路，开始放眼看世界。一个基本方法便是大量学习研究西方的政治、经济、文化、科技等等，这其中翻译是不可替代的过程。因此，那个时期，不论是官员、官方，还是学子、思想先驱，或者西方传教士等都大量组织和动员人力、财力从事西方著作、文章的翻译工作，形成西学铺天盖地涌入中国之势。由于日本明治维新后的全面西化，当时在西学的翻译作品中，有大量中译本是从日文翻译的西学（日译西学）著作转译成中文的，这与梁启超等人的倡导有直接关系。戊戌变法失败后，梁启超亡命日本，看到日本维新变法取得的实效和接触大量日译西学后认为："泰西诸学之书，其精者日人已略译之矣，吾因其成功而用之，是吾以泰西为牛，日本为农夫，而吾坐而食之，费不千万金，而要书毕集矣。"同一时期，洋务派的许多人士亦有相同认识，如张之洞说："至各种西学书之要者，日本皆已译之，我取径于东洋，力省效速，则东文之用多。"因此，"从洋师不如通洋文，译西书不如译东书"②。

大量西学作品的翻译，还有出国留学人员的增多以及西方人大量进入中国，都为中国人放眼向洋看世界大开了眼界，学到了许多西方先进的东西。但在这个过程中，由于不同文明、文化背景是其各自语言的真正内涵，翻译者难以达到对那种语言的精确掌握和对其文明、文化背景的精深了解，必

---

① 至于佛教传入中国和在中国的发展，可能是例外，但佛教始终并没有占据中国人生活的主流，只是诸多融入博大精深中华文化中各种外来文化中比较凸显的一个分支而已。关于佛学的翻译，在后面将谈一点笔者的思考。

② 李伟：《中国近代翻译史》，齐鲁书社，2005，第176—177页。

然大量出现"词不达意"的问题,特别是以"日译西学"为蓝本时,日文中的中文词已不完全等同于中文原有的词义,为翻译之便利,常常照搬日文中的汉语词组,这样的两次转译,更是"词不达意"。并且翻译者为追求汉语字面更高的翻译质量,常常使用本民族最美的语言,使用当时最新概念来作为对原文的译介和表达,这就给读者造成了诸多错误、不全面的理解问题;同时,由于对西学的崇拜又在先,则进一步美化了西方文明的诸方面。试举一些例子说明如下。

提出"信、达、雅"翻译标准的严复,在其翻译的《天演论》中,有"赫胥黎独处一室之中,在英伦之南,背山而面野,槛外诸境,历历如在机下,乃悬想二千年前,当罗马大将恺撒来到时,此间有何景物?计惟有天造草昧,人功未施。其籍征人境者,不过几处荒坟,散见坡陀起伏间。而灌木丛林,蒙茸山麓,未经删治如今日者,则无疑也"①之译文。这一段,宛如一篇优秀中文文学作品。读之,若不是认为严复进行了再创作,就只能认为原书作者赫胥黎之文思何等精妙。朱生豪翻译的莎士比亚戏剧亦大体如此。

我们现在看到的大量出版的(以商务印书馆为最)《汉译世界学术名著丛书》,在翻译中使用的许多核心概念,如自由、平等、宪政、民主、人权、陪审团、公民、法典等,大都是18世纪西方资产阶级革命之后才出现并逐渐定型的概念,可我们的翻译者把这些概念无限地推延至18世纪以前两千多年的西学作品的翻译中。这无形中给人以几千年以来,西方就是这样,就有这样"先进"的理念,西方文明从一开始到现在就是如此"现代"。特别是译自用1800年之后才定

---

① 李伟:《中国近代翻译史》,齐鲁书社,2005,第217页。

型的现代英语书写的西学古典著作的作品，更是如此。因为近现代的译者，熟悉英文的人最多，他们在翻译时，常常用英文翻译过的以希腊文、拉丁文、罗马文等写就的著作作为蓝本进行翻译。这种语言文字的转译、再转译，常常失去最初原文写作者的本意，又用现代流行概念和术语去套用古典作品的思想，相去之远，可想而知。

19世纪末20世纪初，转译自日文的大量西学作品，虽然有后来者又重新据西文进行了重译，但许多概念在此之前已流行广布，难以重塑。"甲午以后，学者多学日语，以译日本所译著之书，其浅劣殆更甚于官局及教会之译籍焉。"① 如转译自日文的"封建"一词的概念，真是硬生生把欧洲一千多年中世纪封建社会的图景罩在了中国清代和清代以前两千多年的历史之上。汉语词组"'封建'本为表述中国古代政制的汉字旧名，意谓'封土建国''封爵建藩'，近代以前，在汉字文化圈诸国（中、越、朝、日等）未生异义。19世纪中叶西学东渐以降，日中两国先后以'封建'对译西洋史学术语feudalism（封土封臣，采邑领主制），衍为一个表述普世性历史阶段和社会形态的新名"②。这种翻译上的日西、中日、中西概念转换，往往失去原概念的本意，而更可怕的是将西方文明背景下独有的概念、特定的西方社会发展脉络等硬生生地套在了其他各文明之上，这也正中了西方根深蒂固的以其文明为普世或终将普世的普世文明说的下怀。

还有，当我们阅读西方文艺复兴之后的大量文学翻译作品时，常常惊叹其在作品人物的心理描写方面是如此精细入

---

① 柳诒徵撰，蔡尚思导读：《中国文化史》下册，上海古籍出版社，2001，第888页。

② 冯天瑜：《"封建"考论》，武汉大学出版社，2006，第1页。

微，故而无以复加地赞叹西方文学的高妙。当我们看西方的雕塑和绘画时，无不叹服其逼真的美学效果和几何结构，以及对光线的科学处理。当我们比较中西音乐时，则把西方的交响乐或歌剧誉为"洋"或阳春白雪，而把我们民族的音乐与歌舞视为"土"或下里巴人，等等。

笔者绝不否认西方在文学、艺术、音乐等方面的伟大成就，只是想说明，中西各有所长，各有千秋，绝非"土"与"洋"之别。"洋"字本是地理概念，并无高低、雅俗之分。"土"字有乡俗之意，但更有本土之意，将原本是地域概念的"土"与"洋"相比，硬是衍生出"俗"与"雅"的分别，既是概念的错位，更是"崇洋""媚西"心理作祟的结果。例如，中国写意绘画给人以无限遐想与西洋绘画逼真的质感之间，中国的箫琴和高山流水的浑然一体与西洋室内交响乐的感官享受之间，中国唐诗宋词和观止古文的喻志于情景与西洋大部头的细腻心理描写小说之间，中国民族歌舞和各种戏曲与西洋歌剧之间，中国体现天人合一的古建筑风格与西洋的哥特式和巴洛克式之类彰显宗教情怀的建筑风格之间①……完全是不同文明间、不同历史背景下的文明产物，而绝非"土""洋"间的粗俗与高雅之别。这有些像看惯东方面孔的人，总觉得大眼睛、高鼻梁的西方人比东方人好看一样的心理效应。

此外，我们对一些西方产品（商品）品牌的翻译，也在很大程度上美化和强化了其品质的优良特征。如 Bayerische Motoren Werke AG，本意为巴伐利亚机械制造厂股份有限公司，简写为 BMW，作为德国一个汽车品牌的标志，我们却译为"宝马"这样富有想象力的响亮名字；Mercedes-Benz 本是

---

① 典型的、代表性的哥特和巴洛克式建筑都是著名的教堂，如德国科隆大教堂、法国巴黎圣母院、梵蒂冈圣彼得大教堂等等。

两个人名的组合,我们译为"奔驰"。

最后,我们简要地看看佛学的翻译对人们理解文化的影响。据学者研究,我国的佛经翻译始于东汉桓帝末年,到唐代达到顶峰,最具代表性的人物便是三藏法师玄奘。玄奘具有很高超的翻译技法和技巧,使其所译译文质量很高。他提出了"五不翻"的原则,即:

一是秘密故不翻,如"陀罗尼"。

二是多义故不翻,如"薄伽",梵具六义。

三是此无故不翻,如"阎浮"树,中夏实无此木。

四是顺古故不翻,如"阿耨菩提",非不可翻,而摩腾以来,常存梵音。

五是生善故不翻,如"般若"尊重,令人生敬,"智慧"轻浅,是故不翻。

不翻是指只音译不"意译"。这"五不翻"原则确实非常重要,对后世(不仅是佛学)翻译事业产生巨大影响。但这一原则无形中造成,或故意造成佛学难以学习与理解以及佛教的神秘。据统计,《大悲咒》共有84句咒语,完全采用音译,诵者喃喃,却未必知其真意。当我们想了解一下佛经时,往往无法把握也难以记忆这些"不翻",既让人望而生畏,也让人感到佛学神秘莫测。以笔者度之,大多学佛之人,对佛学不过略知大概而已,因为如果你不是真正懂得梵文,那么你对佛经的理解,由于"五不翻"故,特别是秘密故、多义故和生善故的不翻,就只能是大概理解或按自己的角度去理解了。

之所以在此谈及佛经的翻译,亦是想佐证,在文化的相互交流和文明的相互理解过程中,准确无误的翻译是多么重要。遗憾的是,由于各文明的历史脉络和背景不同,有时差异还很大，不同语言之间又难以做到概念的一一对应，因此，要达到相互之间的完全理解，可谓难上加难。这也更加证明中华文明中"和光同尘""求大同存小异"思想的先见与伟大。试图用一种文明完全去消融其他文明是徒劳的，除非首先消灭其他文明的种族，如北美印第安文明的消失一样。但这样做的最终结果，可能是人类世界的共同毁灭。

第六章
文明的进步与危机

我们一般将大约 160 万年前至今的人类历程，称为人类的不断进步过程。以考古的遗迹看，我们一般认为人类文明起始于石器时代（旧石器时代、新石器时代）；亦有将人类发展历程分为野蛮时代、文明时代者；也有将人类社会分为奴隶社会、封建社会、资本主义社会、社会主义社会和共产主义社会者；还有划分为工业时代、后工业时代等。所有这些对人类发展历程分期的学说，有两大显著特点：一是这些学说均由西方人提出；二是这些学说都表达了人类历程是不断向着一个单一方向"向前"发展，直到实现某个以财富最大化为基础的终极目标的理念。

中国没有提出人类发展历程的学说。在中国人的理念中，人类的发展历程是完全随着大自然的运行规律"生生不息""寒来暑往"的往复循环过程。中国的先贤往圣追求的并非以财富最大化为基础的某种社会形态，而是"仁者爱人"的大同社会；也并未假定一种普世的终极社会结构模式，贯穿始终的是如何做人，如何待人待物，如何与自然和谐伴生。

可以说，第一次工业革命以前的人类社会经历了一个长期而缓慢的发展过程；如果用"进步"一词表述，则可说进步是缓慢的、渐进的。这个时期人类对自然的开发利用，甚至攫取与掠夺也是缓慢的、有限的，因而凭借自然的自我修复能力，地球似乎可以承受人类的永续存在。

然而，自西欧文艺复兴、基督宗教改革，特别是第一次工业革命以来的四五百年时间里，这一切发生了巨变。特别是近150年以来，人类在对地球加速攫取的同时，又开始对资源的枯竭深感恐惧。

众所周知，科学与技术，既紧密相连又有所不同。科学要回答的是事物"是什么"和"为什么"的认识范畴，技术要回答的则是人们对于客观事物"做什么"和"怎么做"的实践范畴。自古以来，各民族、各文明对科学技术的研究、探索和发明创造从未间断过。有的文明，如中华文明，早早地就在科学技术方面取得领先世界上千年的成就，如火药、造纸、印刷术和指南针的发明，却在满足了生活的衣、食、住、行和军事应用的最基本的需求后，裹足不前；而另一些文明，如西方文明，却一直在孜孜以求地推进科学技术的进步，并将每个阶段所取得的成果应用于社会生活和军事斗争之中。特别是自18世纪60年代始于英国的第一次工业革命以来，人类的科技进步可谓突飞猛进，一发不可收。西方国家凭借科技优势，称霸世界近200年，并将其科技、哲学、艺术、政治、宗教和生活方式等全面渗透到其他国家。

人们对于第一次工业革命为什么未发生在中国，而是发生在西方国家的原因进行分析、解读时，多归因于西方文明中特色鲜明的哲学、宗教和海洋文明及其首先建立的资本主义制度，从而痛责中华文明中的哲学（姑且称之为哲学）和农耕文化。笔者也试图分析、解读个中原因，但在此之前，我们先来看一看第一次工业革命以来的人类社会图景及照此发展下去的前景预测。

一、第一次工业革命以来的人类进步

在肇始于西方国家的第一次工业革命以来的近200年中，人类物质生活发生了巨大变化，取得了巨大的进步。

（一）财富

以西方经济学的价值判断标准，第一次工业革命以来，人类在资本主义制度的推动下，以不断创新的科学技术为手段，向自然界攫取了无比巨大的资源并形成财富，尽管这些财富在不同种族和同种族不同阶层人群中的分配很不均衡。马克思早早地就已指出"资产阶级在它的不到一百年的阶级统治中所创造的生产力，比过去一切世代创造的全部生产力还要多，还要大"[①]。

第一次工业革命以来，全世界的城市在不断地增加和扩大。城市中到处都是用钢铁和水泥建起的高楼，便捷的地下管网为人们的生活起居提供了巨大的便利；以水泥、花岗岩和石油或煤炭的副产品沥青铺就的马路平坦宽阔，四通八达；铁路延伸至世界各个偏远的地区；时速300多公里的高速铁路里程正急速增加；大型喷气式客机每天24小时载着数百万人在天空中飞翔；拦江大坝使群山变成湖底之丘；巨型货轮将物料搬运至数千海里之外；功能强大的电网和热力管网将各处燃烧化石原料产生的能量输送到千家万户，以供人们生产、照明、取暖和纳凉；人们出行暂居的星级酒店，每天为客人更换大量的床单、毛巾和洗漱用品；每天在全球奔跑的

[①] 马克思、恩格斯：《共产党宣言》，人民出版社，2018，第32页。

数亿辆汽车毫不间断地消耗化石燃料；等等。这一切，既是第一次工业革命以来人类社会的伟大创造，也是人类财富骤增的象征。现代人因自己创造的巨大财富而自感远胜于古人。并且这种创造在自由资本主义市场经济机制和不断创新的科学技术的驱使下，仍在快速地进行着，人们丢弃或更新一种经过几道、几十道甚至数百道工序才能制造出来的产品就如同随意吐口唾沫一样简单，只因从西方现代经济学的价值来衡量它们，或更新成本很低，或已一文不值。

（二）人口与寿命

中国人有多子多福[①]的传统观念；基督教《圣经》中上帝有"要生养众多，遍满地面，治理这地"[②]的允诺。人口规模是人类发展的一个重要标志。然而，据统计，人类从100万年前的全球约10万人口，发展到16世纪的约5亿人口，用了相当漫长的时光。而自第一次工业革命以来，人类人口呈快速增长态势（见图2）[③]。

从图中可以看出，人口暴发式增长的拐点发生在"1775年，瓦特的蒸汽机登上了舞台"的时候，也是第一次工业革命开始的标志。

到现在，全球人口已达76亿之多。从"多子多福""生养众多"的传统观念看，人类呈现出欣欣向荣的发展趋势。

第一次工业革命以来的人口高速增长，归因于医学（主要是西医）的快速进步，使人口出生率大大提高，死亡率

[①] 尽管古人早有感叹："今人有五子不为多，子又有五子，大父未死而有二十五孙。是以人民众而货财寡，事力劳而供养薄，故民争，虽倍赏累罚而不免于乱。"参见高华平、王齐洲、张三夕译注：《韩非子》，中华书局，2010。

[②] 《圣经·创世纪》，1：28。

[③] 格雷姆·泰勒：《地球危机》，赵娟娟译，海南出版社，2010，第6页。

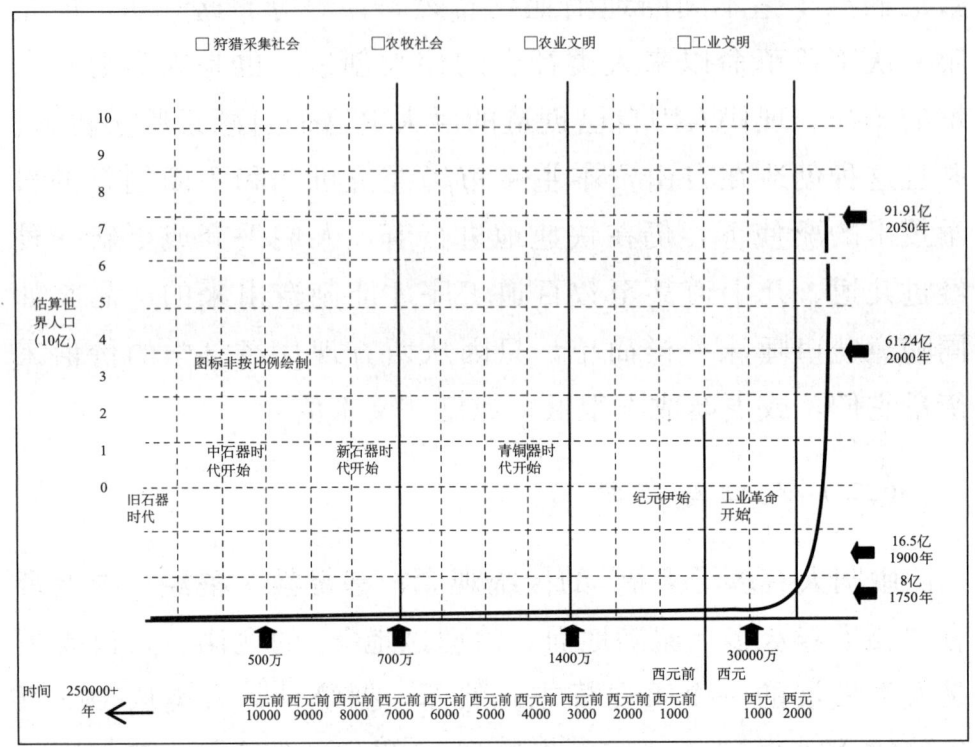

图 2　世界人口的增长

（特别是初生婴儿死亡率）大大降低。同时，由于粮食供给的增加、社会公共卫生和福利的不断改善等，人类平均寿命大大延长。据统计，1650 年到 1970 年世界人均寿命由 30 岁提高到 53 岁。到 2015 年，世界卫生组织发布的 2015 年版《世界卫生统计》报告称，全球人口预期寿命为 71 岁，其中女性 73 岁，男性 68 岁（当然，发展中国家和发达国家之间存在较大差距）。医学的快速进步，人工干预生命过程技术的不断完善和提高，也使那些少数不育不孕者获得了繁衍后代的机会和能力。

作为地球上万物之灵的人类，人口规模的迅速扩大，死亡率的大大下降，平均寿命的不断延长，似乎昭示着人类发展的巨大进步。

（三）速度

自有人类以来到第一次工业革命之前，人类自身的移动、对货物和物体的搬运和移动，都是靠人力和畜力，或借助水流和地势高低的势能差来完成的。因此速度比较缓慢。其速度极限一般在于人、牲畜奔跑所能达到的极限，而且千百年里没有多大变化和突破。

第一次工业革命后，以煤为能量原料的蒸汽机带动机械装置的旋转和运动，使人类自身的移动速度、物料搬运速度和器物的制造速度飞速提高，并不断突破一个又一个更高速度，大有一发不可收之势。

现在世界上人类百米比赛的最短时间约10秒，可换算为600米/分钟或36公里/小时。可这个速度，即使对最好的百米运动员，也就只能持续10秒多一点。前些年也有西方研究者预测，未来人类的奔跑速度有望达到56～64公里/小时。但即使达到这个速度，对人类来说也仅会持续几秒钟。一般认为，马奔跑的时速约为20公里/小时，可持续奔跑100公里，最快时速可达到60公里/小时。这就是第一次工业革命前人类的速度极限，并一直保持数千年之久。

第一次工业革命之后，最初火车的速度为5～6公里/小时，如今的高速列车的时速已达350公里/小时以上。1769年法国人N.J.居纽制造的世界上第一辆蒸汽驱动的三轮汽车，时速仅3.5～3.9公里/小时，而如今的汽车正常行驶1小时的距离可从几十公里到200多公里（视路况不同而异）。以每小时近千公里速度飞行的大型喷气式客机已是今天人们远行的重要交通工具，曾风行一时的英国超音速协和客机更是可以每小时2180公里的巡航速度不间断飞行6230公里。多级运载火箭以超过7.9公里/秒的第一宇宙速度将卫星和载人航天器送入距地面几万公里的太空绕地球运转……

从18世纪80年代人类将蒸汽机应用到棉纺织机上和19世纪下半叶电力技术的发明与应用（第二次工业革命）起，人类对各种物品的制造技术和生产速度产生了巨大的飞跃，对于自然资源的耗用速度也发生了巨大的飞跃。以喝完一瓶矿泉水就可丢弃的矿泉水瓶为例，全世界每天可以轻而易举地制造出数亿个矿泉水瓶供人们饮用矿泉水后将其丢弃，而一个简单的矿泉水瓶的制成却可追溯到从石油开采与炼油、化工原料加工、矿泉水瓶成型、矿泉水装瓶、运输、分销，直到消费者手中等多道工序，但从所谓经济学的价格标准来衡量，它可能几乎一文不值，因为水喝下后（多数情况下，只喝一半不到）即可将其随意丢弃。

电报、电话、计算机（互联网）、电视、手机等的发明，使人们的通信几乎可以即时传达，地球上任何一个角落发生的事情，只要有人用电子设备传输，即刻便可为全世界的人们所知晓。

移动速度、搬运速度、制造速度、通信速度的不断提高，极大地改变了人类的生活图景。"有朋自远方来，不亦乐乎"似乎已无乐可乐，因为人们之间的来与去太易太快（当今社会人们情感深处的交往和交流并未因各种速度剧增而增加多少，有时甚至大为减少）；从一封小小的电子邮件的传送速度到几十万吨的物料的运输速度，人们已几乎没了"翘首以盼"的感觉；资讯传输的即时性，让人们几乎随时可以了解世界上任何地方发生的事情，同时也饱受大量无用信息的烦扰。

速度的飞跃，让人们一生可以做更多的事，经历更多的事。但因为在外部高速度的驱使下，"生活速度"同时也加快了，人们还未来得及细细品味生活，时间已随外部的高速度匆匆流逝。

(四) 威力

前面提到，在希腊神话中，神王宙斯被天神们"赠予他炸雷、灼目的霹雳和闪电"，"宙斯倚仗其统治凡人与不朽者"。这"炸雷、灼目的霹雳和闪电"，即使在今天，作为武器，也是威力无比的。可见从西方神话的原初，就十分向往和推崇以威力无比的武器作为征服他者的终极手段；这与中国自古以德配天、以德服人的思想大相径庭。

从武器的发展历史看，人类经历了石木兵器时代、铜兵器时代、铁兵器时代，这些被统称为冷兵器时代。冷兵器时代的刀、枪、剑、戟，在应用于战争和搏斗的过程中，常常熔铸着战斗者对勇敢和信义的追求。冷兵器在战争和搏斗中的杀伤力是有限的，杀伤的目标基本上是手持类似武器的敌人，落败者常常可有投降活命的机会。

13世纪，中国人发明了可用于制造热兵器的火药，随后也出现了一些威力有限的火炮、炸雷之类的热兵器，但中国人固守着以德服人的古老传统思想，并未在热兵器的研究和制造上取得更大的进展，却把火药大量用于制造为欢乐活动增光添彩的鞭炮上去了。而火药制造技术通过西征欧洲的蒙古铁骑和阿拉伯商人传入欧洲后，欧洲人在热兵器制造技术方面取得了惊人的进步，特别是第一次工业革命之后，西方诸国便有了如"炸雷、灼目的霹雳和闪电"般威力无比的坚船利炮，据以横行世界近200年。

短短近200年时间里，依靠科技的快速发展，人类武器从枪、炮、坦克、飞机、铁甲军舰等常规武器，迅速发展到精确制导导弹、核武器、生化武器、激光武器、太空武器等大规模杀伤性武器。这些武器的杀伤范围并不是单纯的手持武器的敌人，而是其杀伤半径内的一切人、动植物、人造物和生态环境。不论是敌人还是无辜人群，在这种武器的覆盖下，根本没有防御能力或投降保命的机会。这些武器的投掷、释放者缺少道义上的自我谴责，他们往往就是在简单地操纵某种"机器"的瞬间，大量地杀死他们的同类和动植物等。美国人于1945年8月6日清晨，在人类历史上第一次将第一颗用于实战的原子弹投到日本广岛，当时拥有24.5万人口的广岛市被夷为平地，造成20万人死伤或失踪。而发展到今天，核武器的威力已远非昔日可比，如果这些核武器被一个或一群疯子控制，或者这些武器的电脑控制系统误判或被误操作，抑或某一天国际间战争突起，各方杀红了眼的时候，人类可轻而易举地毁灭自己唯一的地球家园。在以暴制暴思维的主导下，以增强各类大规模杀伤性武器威力的手段来相互制衡以求防止战争爆发的行为，已使人类的发展前景呈现差之毫厘，谬之千里，要么继续生存，要么迅速毁灭的图景。随着大规模杀伤性武器的小型化和战争的"私有化"，这种危险爆发的随机性也在不断增强。

这就是第一次工业革命以来，人类智慧创造并且还在不断创造威力无比的武器后，所面临的前景。

二、危机与困境

第一次工业革命以来，人类在雄心勃勃地创造自己美好生活图景的同时，也不知不觉地为自己埋下了巨大生存危机，陷入不断加深的困境之中。

近 200 年来，由于人口骤增和人类活动频率与强度的持续加大，我们赖以生存的地球已遭受严重破坏：一方面，一系列自然灾害多发、频发，很多自然资源趋向枯竭，而拥有引以为自豪的先进科学知识和技术手段的人类却对此束手无策；另一方面，在高增长、高消耗欲望的驱使下，人类在天天呼吁要改善生态环境的同时，却依然我行我素，变本加厉地推动着生态危机转变为大自然灾害。

（一）人口大爆炸

前文提到，第一次工业革命以来，世界人口的高速增长，象征着作为万物之灵的人类在这个星球上的巨大进步，也实现了"多子多福""生养众多"的传统期盼。

然而，这 200 多年人口的高速增长，却是爆炸式的增长。在 19 世纪中期达到约 5 亿人口后，世界人口便如"罗马俱乐部"1972 年发表的第一个研究报告《增长的极限》所言，出现指数甚至"超指数"增长。1825 年前后，世界人口首次突破 10 亿人；1900 年，约 16 亿人；1925 年，约 20 亿人；1962 年，约 30 亿人；1975 年，约 40 亿人；1987 年，约 50 亿人；1999 年，达 60 亿人；2013 年，世界人口突破 70 亿大关；2015 年，已达 73 亿人！据预测，2025 年世界人口将突破 80 亿，本世纪末将达到 100 亿！

人口爆炸式增长，带来一系列资源消耗和生存空间问题。每一个人都有衣、食、住、行的基本需求和改善生活的更高追求（还有很多无止境的高消费奢侈需求）。

人口的高速增长，首先是粮食需求的大幅增加。随着农业技术的改进，垦殖面积扩大，人类的粮食供应量大幅增加。为增加食物供应，人类大量开垦新的土地，1950 年之后的 30

年中，大量的土地被开垦为农田，开垦的总面积超过了1700—1850年这150年开垦的总和。目前的垦殖系统约占地球陆地表面的1/4。[①]

垦殖面积的迅速扩大，导致森林、草场、湿地和湖泊面积的迅速缩减，从而使其对地球自然生态系统的调解能力锐减。

为增加粮食产量，大量施用化肥、除虫剂等，造成土地出现盐碱化、板结和养分耗损等问题，在过去的50多年中，全世界范围内有大约40%的农业用地已经退化。

氮和磷是构成生物生命的基本元素，自然界有其自身的氮、磷循环系统。第一次工业革命以来，工业固氮技术的应用，将固态氮撒播到世界各地的农田里，导致土壤酸化。随着雨水的冲刷，大量的氮被注入周边的湖泊、河流和海洋，使水体富营养化而繁生大量水生生物，它们又消耗水中大量的氧气，致使水质急速恶化。原生态的农业生产方式使来源于土地的含磷食物经过人和动物消化排泄后，又回到土壤中，保持了土壤营养元素的良性循环。而现代人类的排泄物经水冲厕所系统，都排到江河湖泊和海洋中去了，这同样造成了水质恶化和土壤中磷的不断减少，甚至消失。

过去的50多年里，由于人类大规模捕捞手段的应用，世界上许多渔场的目标鱼种和同时捕获的其他鱼种的数量已经降低到工业化开始之前的1/10的水平。目前，1/4的重要商业鱼类已经被过度开发或者显著地耗竭，许多渔场的鱼类资源已经枯竭。

为追求粮食和其他作物的更高产量，转基因技术的大面

---

① 参见《千年生态系统评估报告（一）》B2，中国环境科学出版社，2007。

积应用，可能在长达几十年或数百年过程中，不知不觉地改变或破坏着人类和其他动物的基因，最终可能导致包括人类在内的物种变异甚至灭绝。而一些自以为是的所谓科学家们，要么以无知为有知，要么为配合利益集团的需要，竟然宣称通过改变数亿年自然进化（包括人与自然的同步进化）的基因而生产出的转基因食品是绝对安全的。随着生物技术产业的发展，人类对基因资源的利用规模不断扩大。但是，随着传统栽培作物品种的消失（采用现代化的耕作方式和作物品种所致）和生态污染造成的物种灭绝，又导致了基因资源的不断丧失。

人口的迅速增长和人们对更高品质物质生活的追求，使城镇人口快速膨胀。世界上的城镇人口已经由1900年的大约2亿人上升到了2000年的29亿人；人口超过100万的城市由1900年的17个增加到了2000年的500多个。城镇人口的大量增加，带来城市繁荣的同时，亦导致空气严重污染（雾霾频现）、交通拥堵、垃圾和污水大量集中排放、社会保障压力骤增、流行疾病大量传播风险大增、防灾避险能力面临严峻考验，以及犯罪率不断升高等一系列城市病迅速加剧。

人们推测，到2080年或2100年，世界人口将达到顶峰，为106亿，之后将逐渐下降。而现在，全球仍然保持着每年增加8000万人的人口增长速度。

中国人实行了30年的计划生育政策，成功地控制了人口的更快膨胀，30年里，约少生2亿多人口，为世界作出了巨大贡献。而各种资源人均消耗量最高的美国，其人口增长率却是发达国家中最高的。自20世纪以来，美国人口增长了3倍多，截至2017年1月，美国的人口总数已达3.24亿，为世界第三人口大国。由于深刻的宗教原因，控制人口增长的有效手段——堕胎，在美国成了普遍而尖锐的政治和社会问题。

（二）资源趋向枯竭

人口爆炸式增长，必然造成人类对自然资源的消耗和占有的爆炸式增长。

以西方文明生态主导的当今世界，每个人都被激起追求更加富裕甚至奢侈生活的欲望。在发达国家，富人追求更多、更高的占有和消耗目标；在发展中国家，人们则以发达国家为目标在努力追赶。西方学者将这种追赶作为造成当今人类困境的重要原因："每个国家的人都希望自己能够依照发达国家的生活标准生活。而恰恰正是这些需求对环境和社会事业带来了极大的压力。"[①] 他们似乎认为美国和西方发达国家理所当然地应该享用更多地球资源，发展中国家的人们天生就应满足于少量的资源消耗，过比发达国家的人贫穷得多的日子。而事实却是，发达国家的更多资源分享占有才是造成地球资源紧张的原因。人类必须认识到，不论科学技术如何进步，任何对维持生存必需品以外的物质的追求，都完全依赖于对自然资源的过度消耗。

第一次工业革命以来形成并主导当今人类发展的西方经济学，只以金钱计算将自然资源融入奢侈生活的成本、数量和利润，而根本不考虑自然资源过度消耗给人类生存环境带来的毁灭性影响，即使有一些限制的修补政策，也是用经济学的金钱数字加以计算和评估，而这些数字根本无法反映出人类过度消耗资源给子孙后代带来的灾难性后果。

庞大的西方经济学体系，说到底不过是一套完全用金钱

[①] 格雷姆·泰勒：《地球危机》，赵娟娟译，海南出版社，2010，第8页。

数字计算如何以更强的资源攫取能力来获得财富和分配财富的冰冷公式而已。

1. 化石能源

第一次工业革命以前，人类主要通过植物获取能源，植物同时是食物、燃料、衣物和其他原材料的来源。植物所产生的能源来自土地、水和阳光，具有天然的可再生、可循环性。因此，第一次工业革命以前几千年、几万年，人类活动对地球影响甚小，基本保持了人类的可持续发展。

第一次工业革命之后，这一切发生了质的变化。人类开始大量、大规模地从煤炭、石油和天然气中提取并消耗能量，以满足新机器的使用和人们对物质生活改善和享受的无止境的追求。

石油、煤炭和天然气等，是地球经亿万年形成的不可再生的能源。而人类最近200多年，似乎已耗尽其大半。

表1是依据中国国土资源部2014年出版的《世界矿产资源年评》整理并推算出的石油、煤和天然气未来可消耗的年限。

表1 以2013年为基数的世界化石能源消耗年限推算表

化石能源类别	剩余探明可采储量	年产量	年消费量	预计可消费年限（年）
石油（万吨）	22598350.51	376390.50	418507.69	53.99
煤（亿吨油当量）	8915.31	78.96	38.27	232.96
天然气（亿立方米）	1989235.84	33905.43	33476.34	59.42

注：预计可消耗年限＝剩余探明可采储量/年消费量

从2013年世界能源消费构成情况看，我们仍然根本性地依赖化石能源来支撑今日世界的繁荣。这个能源消耗结构是：石油32.9%，煤炭30.1%，天然气23.7%，核能4.4%，其他8.9%（含6.7%的水电和仅2.2%的可再生能源）。

看到石油、煤炭和天然气资源的有限性和面临枯竭的危机，人们开始开发利用核能。然而，核能的快速发展同样面临诸多问题。主要表现在：第一，用于核能发电的放射性矿物铀储量的有限性：现有铀矿的消耗速度，可能使已探明的铀矿在未来几十年内枯竭。第二，铀矿的开采、提炼和浓缩要消耗大量化石能源。第三，核废料的处理同样要消耗大量的化石能源，而且处理技术可能需要花费相当长的时间来完善。有学者认为，"如果将过去、现在和未来投入核电项目和核废料处理过程中的能量与从中获取的能量进行比对的话，很可能会发现总体能量收益为负"。因此，"核电将永远无法满足世界对能源的需求，原子能发电危险、低效、得不偿失"[①]。

《熵：一种新的世界观》一书，把人类能源的源泉最终寄托给太阳能。但该书同时指出，人类必须改变现行以化石能源为基础的工业、社会和消费结构："太阳能基础结构来自非再生能源，又依靠非再生资源；从长远上看，我们负担不起一个可维持高度工业化经济的太阳能基础结构。非再生能源将是供不应求的。"[②] 也就是说，制造太阳能所需的矿物资源，以及制造与维护过程的能源消耗同样受到严重制约。

2. 淡水

我们深知，水乃生命之源。如果没有足够的饮用水，包括人在内的陆地生物将无法生存。

人口爆炸、粮食增产和工业发展，导致水资源消耗量的快速增加。据估计，1900年到2000年的100年间，全球水的

---

① 纳菲兹·摩萨迪克·艾哈迈德：《文明的危机》，谭春霞译，新华出版社，2012，第98—99页。

② 杰里米·里夫金等：《熵：一种新的世界观》，吕明等译，上海译文出版社，1987，第180页。

消耗量增加了6倍，远高于人口增长的速度。

世界水资源由97.5%的盐水和2.5%的淡水构成。而这2.5%的淡水中，又有68.9%封存于冰川、30.8%为地下水，仅有0.3%为江河湖泊中的水。

人口爆炸，导致粮食等农作物的大幅增产。而农作物的生长与收获要靠土壤、阳光和淡水。农作物产量的大幅上升，导致淡水消耗大增，自1960年以来，人类从河流和湖泊中抽取的用水量增长到了原来的2倍，目前农业用水占到全球用水量的70%。为了蓄积和争夺已经严重短缺的淡水资源，在江河上游筑堤修坝的工程已是司空见惯，且堤坝拦水规模越来越大。自1960年以来，世界上水库的蓄水量已经增加到了原来的4倍，蓄水量大约是自然河流中水量的3~6倍。5%~25%的全球淡水利用超过了长期合理供给的水平，于是人们又采取工程调水或过度开采地下水的方式进行弥补。15%~35%的灌溉用水超过了供给速度，形成不可持续的水资源利用。

据联合国相关机构测算：世界淡水资源不仅有限，而且分布极不均衡，这导致全球有1/3的人口生活在水资源短缺的国家或地区；到2025年，将会有18亿人口生活在水资源严重不足的国家或地区。仅据2006年的统计，就有11亿人仍然喝不到干净的饮用水。

在水资源消耗量大幅增加的同时，由于森林、湿地的大量减少或被破坏，地球水循环系统严重失衡。化肥等化学产品的大量使用、工业和生活污水的肆意排放等，又使本就严重短缺的水资源遭受严重污染，可谓雪上加霜。

人们试图从海水中提取淡水来解决水资源短缺的危机，也许使人们看到解决问题的希望而继续保持对淡水的高消耗。

但这一过程又将消耗大量能源，将形成顾此失彼的新的恶性循环。

现在上了年纪的人们，都会回忆起他们孩童时代看到的河面是多么宽阔，湖泊是多么广大。而现在，同样的河流，很多已成为涓涓细流，甚至断流；湖泊面积大为缩小，甚至干涸。人们不禁要问：水，都跑哪里去了？这就是人类水资源的危机与困境！

3. 空气

水是生命之源。人在没有水（包括食物）的情况下尚可存活数日，但若没有空气（氧气），人很快就会窒息而亡。凡去过世界屋脊——青藏高原的人，都领略过空气稀薄对生命的考验。可见，空气比水更重要。

众所周知，人们对空气污染问题的关注度越来越高。现在要提出一个问题，地球上的空气会不会逐渐减少？

我们已知，空气是靠地球的引力被吸附在地球表面上空的。那么，几百年来，并且将持续对地球矿物原料进行的开采和燃烧，必定不断减轻地球的质量。由此，地球的引力将会下降，对空气的吸附力也将减小。那么，会不会有这样一种可能，一部分空气将脱离地球的引力而飘向茫茫宇宙，大气层因此变薄，空气稀薄现象将向低海拔地区移动，因而造成地球适于人类居住面积的不断减少呢？这是否也是人类面临的另一种资源枯竭的更大危机呢？

现在缺少石油、煤炭和天然气等不可再生资源总储量的准确数据，因此不好准确推算出这些矿物被燃烧掉后，对地球总质量、地球引力，进而对地球对空气吸附力的减少有多大影响。但如果我们仍然承认万有引力理论的正确性，那么上述假设便是成立的。只是这一对人类生存的致命影响在多大程度和将在何时发生,有待人类进一步的研究。

(三) 自然生态系统危机

根据地质学的研究结果,约一万年前最后一次冰河期结束后,地球的气候相对稳定在人类习以为常的状态,这也应该是我们常说的最适宜人类生存的自然生态。地球的这种状态,基本上一直维持到第一次工业革命之前,而无大的异常变化。

第一次工业革命以来,特别是最近一百年以来,世界人口爆炸式增长,科学技术突飞猛进地发展,由此导致:一方面,为满足人口迅速膨胀带来的对食物的大量需求而大面积开垦土地,造成森林、湿地、草场大面积被毁;播种面积大幅增长,造成对淡水需求远远超出淡水自然循环系统所能供给的限度;化肥、农药等化学产品的大量施用,造成地力下降,土壤、江河湖泊和海水被严重污染。另一方面,为追求所谓的现代化和欲壑难填的奢侈生活,人类不断以更新更强的科学技术手段攫取和消耗不可再生的化石燃料(石油、煤炭和天然气等),以及各种金属与非金属矿产资源,这既加重了地球对水系统的消耗和污染,又对大气造成严重污染,从而有可能导致地球整个自然生态系统的混乱与崩溃。

2005年联合国发布的《千年生态系统评估报告》将"生态系统"定义为:"生态系统是由植物、动物和微生物群落,以无机环境相互作用而构成的一个动态、复杂的动能单元。人类是生态系统的一个不可分割的组成部分。生态系统的空间尺度变化很大,树洞里一个临时的小水洼,以及辽阔的海洋盆地,都可以被称为一个生态系统。"

自然生态系统是人类及其他生物赖以生存的客观环境。

它为人类提供空气、水、食物，以及各种原料和燃料，具有调节气候、弥补消耗和灾害损失的平衡功能。它是人类及其他物种适宜生长的陆地、河湖、山林和海洋。它也滋养着人类的精神世界。

一旦自然生态系统面临危机，人类也同时面临危机。

如果没有环绕地球的大气层，地球也许会像月球一样成为一个冰冷的星球而无任何物种生存其间。大气层过滤了太阳的有害射线，挡住流星陨石对地球的侵害，使地球成为一个适宜人类和其他物种生存的"温室"。地球的这种温室效应自古有其自身的平衡，构成温室气体的水蒸气、二氧化碳等与地球的循环系统和生存其间的物种本有其自身的平衡与适应功能，千百年来滋养着人类和其他物种在地球上生生不息地生存和繁衍。

然而，自第一次工业革命以来，特别是近一百年以来，人类的发展和贪欲活动，有可能打破自然的这种平衡和调节功能。

大量的化石燃料和大片森林被砍伐后燃烧、工业有害气体的大量排放，不仅使空气污染大大加重（如现今各地频现的雾霾），更使大气中二氧化碳含量增加并打破自然平衡，导致全球气温升高。

联合国发布的《千年生态系统评估报告》指出，与工业化之前相比，到2100年全球地表的平均气温预计将会升高$2.0℃\sim6.4℃$，1990—2100年海平面将会再升高$8\sim88cm$。与工业化之前的水平相比，如果全球地表平均气温的增幅大于$2℃$，或者每10年的增长速度超过$0.2℃$的话，那么气温增长对地球生态系统将会造成显著的损害。

气温升高所带来的热能增加，会提供给空气和海洋巨大的动能,从而形成大型,甚至超大型台风、飓风、海啸等灾难。

气温升高不但会从海洋直接吸取水分,还会从陆地吸取水分,使得内陆地区大面积干旱,从而导致粮食减产,饲料也同样减产。而今后50年,人类对粮食作物和水资源的需求,由于人口的快速增长,仍将大幅增长。

气温升高会导致冰山、冰川过快融化,而冰山融化的水正是我们赖以生存的淡水的最主要来源。在气温正常时,自然界中冰山与淡水之间存在自我平衡的循环系统。而全球气温升高,一方面导致冰山的过快融化,另一方面导致冰山和水量的减少。例如,有研究指出,喜马拉雅地区冰川后退的速度比世界其他任何地区都要快。如果按目前的速度融化下去,这些冰川在2035年之前消失的可能性非常大,冰川融水即使在60~100年间干涸,所造成的生态灾难也将是令人震惊的。

冰山、冰川融化,还会导致海平面上升,淹没大量陆地。有美国研究报告称,到2100年海平面将上升127厘米,届时美国将有约1400个城镇被淹没。

气温升高还会导致昆虫休眠与苏醒、候鸟迁徙时间上的错位,并与农作物生长期错位。这样,有害昆虫会因失去天敌而肆无忌惮地破坏森林和农作物,候鸟又会因错过捕食时机而大量死亡。这使植物生长的防病与花粉传播、虫鸟相生相克等的自然循环体系面临崩溃的危险。

气候恶化和动植物栖息地被大面积破坏(农业开垦、森林毁坏、土壤荒漠、水体污染等),导致地球上的物种种类已大幅减少。目前,两栖动物、农田鸟类及加勒比海的珊瑚等各种物种的种群数量正在日益减少。联合国《千年生态系统评估报告》预计，在21世纪，约有12％的鸟类、25％的哺乳动物及超过32％的两栖类动物将面临灭绝的危险。受人类剧烈活动的影响，目前全球物种灭绝的速度较地球漫长的演变过程中正常的"自然"灭绝速度可能已经加快了1000倍左右。

气候变异和人类活动加剧的种种因素造成的干旱、半干旱和半湿润地区的土地退化，被《联合国防治荒漠化公约》定义为荒漠化。而土地退化是指旱地的生物或经济生产力的下降或丧失。联合国《千年生态系统评估报告》指出：目前，除南极洲以外的世界各大洲均已出现荒漠化，并对包括旱区大量贫困人口在内的上千万人的生计造成影响。旱区面积占地球土地面积的41％，有20多亿人口生活在这里，全世界10％～20％的旱区土地已经退化。由于气候变化引起的淡水匮乏状况会更加严重，将给旱区带来更大的压力。因此，荒漠化被列为当今世界头号环境问题之一，已成为旱区满足人类基本生存需求的主要障碍。

《关于特别是作为水禽栖息地的国际重要湿地公约》定义的湿地包括：内陆湿地（如木本和草本沼泽、湖泊、江河、泥炭地等）、海滨和近海湿地（如珊瑚礁、红树林、海草甸和河口等），以及人工湿地（如稻田、水坝、水库和鱼塘等）。

供人类使用的可再生淡水，主要来源于包括湖泊、江河、沼泽及地下浅表蓄水层等各种类型的内陆湿地。地下水往往通过湿地进行补给，在水源供应中发挥着重要的作用。据估算，全世界有15亿～30亿人依靠地下水提供饮用水。此外，湿地还具有调节气候、净化水源、对废弃物进行脱毒、缓减气候变化等多种生态功能。目前，全世界范围内很多类型的湿地都出现了急剧丧失和退化的情况。例如，在20世纪，北美洲、欧洲、大洋洲等地的一些特殊类型湿地，有50％以上遭到围垦；在过去20年间，主要受水产养殖开发、森林砍伐及淡水引水工程的影响，约有35％的红树林已经消失；在20世纪的数十年间，受过度利用、破坏性捕鱼活动、污染、淤积及暴风雨出现的频率和强度发生转变等因素的影响，世界范围内约20％的珊瑚礁已经消失，另外20％多的珊瑚礁出现了进一步退化的现象；淡水和滨海生态系统中的养分富集一旦达到一定阈值，就可能引发大范围的剧变，导致有害的水华现象（包括有毒物种的疯长，在海洋中称为"赤潮"），有时甚至会在这些生态系统中形成缺氧区，使区域内的生物因此丧生；在全世界很多地方，众多依存于湿地的物种数量正日趋减少，其中依存于内陆水域的物种及依存于滨海湿地的水鸟的生存状况尤其堪忧。

第七章
文明生态主导人类发展

  人们在给予第一次工业革命以来人类所取得的巨大成就无比的赞美时，常把其归功于西方的哲学、科学技术和宗教，并将第一次工业革命作为发端于 16 世纪、确立于 18 世纪的资本主义制度真正建立的主要标志。进而将 19 世纪下半叶以电力技术发明与应用为代表的第二次工业革命和 20 世纪 40 年代以原子和电子技术广泛应用为代表的第三次工业革命与自由资本主义向垄断资本主义的过渡密切联系在一起。似乎认为三次工业革命与资本主义制度的确立和发展，存在对应或伴生的密不可分关系。同时还认定以中国为代表的农耕文明难以产生资本主义制度和发生工业革命，而只有以西方为代表的海洋文明才适合产生资本主义制度和推动工业革命。还把中国没有西方基督教那样的宗教体系也作为贬低和批判中华文明的依据。

  然而在以西方文明为主导的近两百年的世界繁荣所伴生的人类危机和困境加速显现的今天，人类"三心二意"地寻找危机与困境的解决办法的步伐却似乎加快了。1962 年，美国女作家蕾切尔·卡逊的《寂静的春天》一书，第一次向世人敲响了生态破坏带来严重后果的警钟。1968 年 4 月，在意大利罗马山猫科学院成立了由 30 多位企业家、经济学家、科学家和社会学家等参加的"罗马俱乐部"。作为一个国际准学术团体，它的研究结果表明，人类在地球上的生存状况已经发生根本变化：自然资源终将枯竭、环境污染、人口过剩、战争爆发等问题相互纠缠着形成"人类困境"。他们于1972年出版了《增长的极限——罗马俱乐部关于人类困境的报告》等系列报告和书籍。作为环境理论的奠基之作，《增长的极限——罗马俱乐部关于人类困境的报告》的结论是："一是如果在世界人口、工业化、污染、粮食生产和资源消耗方面以现在的趋势继续下去，这个行星上增长的极限有朝一日将在今后100年中发生。最可能的结果将是人口和工业生产力双方有相当突然的和不可控制的衰退。二是改变这种增长趋势和建立稳定的生态和经济的条件，以支撑遥远未来是可能的。全球均衡状态可以这样来设计，使地球上每个人的基本物质需要得到满足，而且每个人有实现他个人潜力的平等机会。三是如果世界人民决心追求第二种结果，而不是第一种结果，他们为达到这种结果而开始工作得愈快，他们成功的可能性就愈大。这些结论是如此深刻，而且为进一步研究提出了这么多问题，以致我们十分坦率地承认已被这些必须完成的巨大任务所压倒。我们希望，这本书将适合于许多研究领域和世界上的许多国家，引起其他人的兴趣，提高他们所关心的事情的空间和时间的水平，和我们一起理解和准备这个伟大的过渡时期，即从增长过渡到全球均衡。"[1]

从那时起至今，这类出版物、影视作品等不断大量涌现。人们对人类所面临的困境和危机的关注度普遍提高。但在西方文明生态主导下，人类进程并未因此而停下它"矫健的步

---

[1] 丹尼斯·米都斯等：《增长的极限——罗马俱乐部关于人类困境的报告》，中国环境出版社，2006，第11—12页。

伐"，激烈竞争驱使下的高增长、高消耗，反而以全球化的态势向前发展，人们在全球范围内讨论、研究和争吵如何解决"人类困境"的同时，虽然采取了一些治理措施，但追求高增长和高消耗的总趋势并未发生任何改变。

自1979年在瑞士日内瓦召开第一次世界气候大会，发出大气中二氧化碳增加将导致地球升温并因此将引起一系列人类危机和灾难的警告起，全球性气候变化大会在世界不同地方已召开十多次，签署了《联合国气候变化框架公约》（1992年，巴西里约热内卢）、《京都议定书》（1997年，日本京都）、"巴厘路线图"（2007年，印尼巴厘岛）、《哥本哈根协议》（2009年，丹麦哥本哈根）等。2010—2014年，又分别在墨西哥的坎昆、南非的德班、卡塔尔的多哈、波兰的华沙和秘鲁的利马多次召开全球气候大会。2016年4月22日，170多个国家领导人在纽约联合国总部签署了关于控制全球气候变化、防止地球升温的《巴黎协定》，然而上任不到半年的美国第45任总统唐纳德·特朗普却于2017年6月1日宣布全面退出《巴黎协定》。

在发达国家与发展中国家的博弈中，这些会议、协议、议定书、公约等取得了一些积极的成果，但没有形成任何遏制人类高增长、高消耗发展模式的根本共识和措施。占世界人口少部分的发达国家仍然以消耗地球现有资源量的绝大部分为代价，维系着他们伴随大量过剩需求的奢侈生活。同时，发展中国家以发达国家为追赶目标，其一小部分人口的生活方式和资源消耗量也已达到或接近发达国家的水平；另一部分人口正在向同一个方向努力，还有大量的贫困人口需要增加消耗以脱离贫困。

在一系列的警告、协约、共识和措施面前，地球气候恶化趋势并未改变，环境污染仍在加剧，资源过度消耗仍在继续……

那么究竟是什么原因，使得人类在已认识和切身感受到如此下去将有灭顶之灾的情况下，仍我行我素地慷慨赴毁？答案是主导当今人类发展的文明生态，即西方的文明生态，也就是西方的包括宇宙观、价值观、人生观和终极观的文明生态观自身的问题导致了这一切。

一、文明生态与危机的根源

（一）最初的根源——创世神话

本书第一章介绍并讨论了现存主要文明的创世神话。尽管现实的人们对各自的创世神话并不经常提及，但这些创世神话所铸就的思想和传统却永远留在了各种文明中人们的思想和血液之中，并深刻影响着他们的思维活动和行为方式。

以古希腊创世神话和犹太教、基督教创世神话为代表的西方创世神话，至少有这样一些鲜明的特点：一是崇拜神，神与自然和人是相分离的；二是神王（宙斯）是以无可匹敌的强力——"炸雷、灼目的霹雳和闪电"来威服神人两界的，上帝是一切的创造者、决定者（甚至包括人的意志），是唯一万能的；三是绝大多数神祇是自私自利和不可冒犯的。

创世神话，是一个文明最原初的思想根源。今天的西方文明生态，无不折射着其创世神话的影子。

神与自然和人的相分离，加之对神的敬畏或绝对崇拜，必然导致缺乏或丧失对自然的敬畏、尊重和爱护。人们思想中对神的敬畏、向往甚至终极追随，必然导致对自然的无视；

而为满足敬神、向往神的需要，自然只是满足这种需要的工具或资材。是神创造和决定宇宙、人类的一切，而非自然本身；敬神、畏神、向往神、追随神才能满足人们物质和精神的需求；自然只是神与人之间关系的附属物。因此，也就形成了无视自然的思想基础。

由于崇尚无可匹敌的强力（神的力量），因此追求威服的手段和能力，而非德服（以德服人）的感召。这必将刺激人们追求如何生成更大的强力，据此以威服他者。这样的思维基础，才导致西方文明中对科学的探索和对新技术的应用的追求精神。由此，他们才能不断强化其威服他者的手段和能力。又由于前面所述，自然只是人与神之间关系的附属物，故而西方文明中的人在追求威服他者的手段和能力过程中，便把自然当作其手术台上的一个死的样本，任意地作外科手术式的探索、攫取和利用，从未真正意识到这个事实上是活着的样本的感受及其终将奋起反击，并为每一次在这样本身上取得的进展、进步和人自身获得的快感而欢呼、赞叹，还将其逐一记录在自己辉煌的文明史册页中。

神的自私自利（占有欲）、不可冒犯、无情惩罚人类、无情惩罚异类（异教徒）、父子相残等品性，必然形成这一文明中的人们以自我为中心、为达目的不择手段的思维模式。有妇之夫宙斯对腓尼基公主欧罗巴的诱拐、对违背其意愿而盗火救人的普罗米修斯的残酷惩罚和送给人类的邪恶礼物——潘多拉魔盒等，都让人们深刻感受到他们敬仰（主要是敬仰其无可匹敌的强力和魔法）的诸神们，会不择手段地达成自己的私欲，一旦其意愿遭违背，便手段残酷地对违背者（哪怕是人类）加以无情的惩罚。

这样的创世神话所奠定的思想基础和道德模式，对后世文明发展的影响是什么呢？读者可自思。

而对中国创世神话的简要回顾，我们看到，盘古的无私奉献和无我精神，女娲所展现的无可匹敌之力都是为拯救苍生所用。即使后来形成的天庭神话，虽然玉皇大帝和其诸班神臣为神位高低亦有斗争，但他们从未与人间争利，却常常俯视民间疾苦或拯救民于水火。

印度创世神话追求梵我合一境界，虽然借助神话确立种姓分别的不平等制度，却是要以神话的力量在不同种姓内创造一种"和谐"的社会秩序，尽管是不平等的，但它不是借助强力的威服来创造这种秩序。因此，在其创世神话中并没有西方神话中那种强烈、残酷的争斗思维。

（二）终极原因的追求

在希腊神话时代，形成了神是宇宙和人类一切原因和结果的终极观念——神创造、主宰一切，一切的原因来自神的启示，一切的结果源自神的意志和操纵。到了苏格拉底及其后的希腊哲学大发展时代，虽然苏格拉底"将哲学从天上拉到了人间"，但仍保留神作为终极原因的思想。带着神话时代形成的终极观念，古希腊人开始从科学和哲学两个角度，来探索宇宙和人类的终极原因与结果。一方面，提出了宇宙起源和构成的各种假设，正如我们在本书第二章所提到的，古希腊米利都学派的代表人物泰勒斯认为宇宙的本源是水，并复归于水；毕达哥拉斯学派的创始人毕达哥拉斯主张万物的本质是一种抽象、非物质的数字；爱利亚学派的代表人物巴门尼德认为只有"存在"才是事物和宇宙之本，"存在"本身是永恒、不可分割的，只有能性才能认识"存在"；还有赫拉克利特主张万物之源是永恒的火；德谟克利特认为一切事物的本原是原子和虚空等。另一方面，从哲学角度，古希腊的"智者派"提出感觉是知识的唯一来源，由此推论，"人是万物的尺度，是存在的事物存在的尺度，也是不存在的事物不存在的理由"；苏格拉底提出"美德即知识"的命题，认为真理是绝对真实存在的，但最终还是出自神的智慧的创造和安排；柏拉图的"理念论"认为"理念"的精神世界高于现实世界，并先于现实世界而存在；亚里士多德断定在客观世界的背后还存在着一个"不动的推动者"来推动宇宙万物的形成与变化，最终，这个"推动者"还是归给了神，等等。

不论是古希腊的创世神话时代，还是古希腊哲学的大发展时代，直至今日的西方文明，追求万物和宇宙的根本原因、本体、本源的终极观念，一直贯穿在西方文明的思维和行为方式之中。科学方面的探讨，推动了科学思维和科学方法的发展；哲学方面的探讨，推动了逻辑学、修辞学和伦理学的发展。对于终极原因的无限追求，一方面，在推动科学与哲学大发展的同时，也使西方文明在很多科学与哲学领域"单兵独进"，忽略了宇宙万物的整体性和普遍联系性；另一方面，这种"单兵独进"式的追求和思维方式，使其在自身最终走进不能自拔的"牛角尖"后，无奈地将终极原因和结果归于无法验证、不可捉摸的神，而无视普遍联系、系统循环完备的大自然的自然系统作用，又由于自认为是以严密的逻辑和严谨的科学实验（事实上是有条件的实验）为依据进行的探索，因而对其他文明中一切与其不符的探索和结论不以为然和无法接受，甚至加以否认。这正是第一次工业革命以来，特别是19世纪末20世纪初逐渐形成的西方文明中心论的根本原因，其外在表象体现在第一次工业革命以来西方在科学技术、政治治理、经济发展、国际规则等诸多方面取得的优势上。西方世界（包括许多西方以外的国家和人们）似乎认为他们的一切便是人类政治、哲学和生活方式的终极模式，正如美国学者弗朗西斯·福山在《历史的终结及最后之人》中宣称的那样："自由民主制度也许是'人类意识形态发展的终点'和'人类最后一种统治形式'，并因此构成'历史的终结'。"

然而，当我们思考和观察现实与未来人类的困境和危机时已清楚地发现，西方文明这种终极观念主导下的世界，在其繁华背后，不论是自然环境方面，还是社会治理方面，已是危机四伏，难以为继，甚至面临人类文明毁灭的危机。

中华文明史上，也不乏对宇宙万物终极原因的探索。例如，老子的"独立而不改，周行而不殆，可以为天地母。吾不知其名，强字之曰道"，"道生一，一生二，二生三，三生万物"；管子的"道在天地之间也，其大无外，其小无内，故曰不远而难极也"，"凡道无根无茎，无叶无荣，万物以生，万物以成，命之曰道"；庄子的"夫道，有情有信，无为无形；可传而不可受，可得而不可见；自本自根，未有天地，自古以固存；神鬼神帝，生天生地；在太极之先而不为高，在六极之下而不为深，先天地生而不为久，长於上古而不为老"；等等。他们都是将"道"作为天地万物的根本，实则是总结出了天地的恒常规律和自然品性，或者说是找到了终极原因，那就是天地的恒常规律和自然品性，而不是神。

印度文明同样探讨世界的终极原因和人的本质。它把宇宙、大自然、万物、人等一切都归于"梵"，认为"梵"是世界的本原："一切气息、一切世界、一切天神、一切众生，都从这自我中出现。"① 而"这感知一切的自我就是梵"②。同时，印度文明强调生死轮回和善恶果报观念，并依四种种姓或畜生而再次投胎，认为人死之后"那些在世上行为可爱的人很快进入可爱的子宫，或婆罗门妇女的子宫，或刹帝利妇女的子宫，或吠舍妇女的子宫。而那些在世上行为卑污的人很快进入卑污的子宫，或狗的子宫，或猪的子宫，或旃陀罗妇女的子宫"。③

对比西方与东方的终极观念，我们看到，西方的终极观念里，是一定要找出一个终极的、根本的宇宙万物的原因来的，不论这终极原因是神、上帝、自然或其他什么，都要有一个包罗一切、不容置疑的根本，这根本是宇宙、人类、万物等一切的主宰。这个"主宰者"是唯一的，它决定宇宙的一切自然现象，更控制着人类的思想与行为，这个唯一的"主宰者"，最终被西方基督教世界确定为万能的"上帝"。虽然在极强的终极观念驱使下，西方文明对自然科学进行了伟大而持续不断的探索，并取得了巨大成就，但由于自然和自然科学的无穷尽特点（至少到人类目前阶段和可见的将来是如此），西方文明各阶段的思想家们都急于早日给出终极观念下的终极原因。然而，知海无涯，生命有限。因此，基本上，在其文明的每个发展阶段都作出了相似或相同的结论，即将不可验证的"神"或"上帝"作为一切的终极原因和结果。这便导致了西方文明的自我中心和排他思想的不断累进和加强，也使该文明不断累进和强化地认定"神"或"上帝"是宇宙间一切的终极，因此，便容不得再有其他什么可以成为

---

① 《奥义书》，黄宝生译，商务印书馆，2010，第42页。
② 《奥义书》，黄宝生译，商务印书馆，2010，第52页。
③ 同上书，第184页。

宇宙的原因和主宰了。同时，特别是由于西方文明中的终极原因是超然物外之体，是独立于宇宙自然界之上的主宰，因此，自然界便变得无足轻重，自然界的一切既是其科学探索的客体，又是其可以任意行"外科手术"的无感知体，也是可以无限攫取财富为人所享的被掠夺体。

这种终极观念和由其创造的"神"主宰一切的思想，便是造成人与自然对立、冲突的根本原因，也是现在人类面临的困境和危机的根本原因。

以中华文明和印度文明为代表的东方文明的终极观念是与自然相适应相和谐的。东方的终极观念里，并不追求确立一种超然物外的终极主宰者，而是将人的思想和行为融入自然的恒常规律和品性之中，与这种恒常规律和品性休戚与共，共生共死。东方文明敬畏自然、敬重自然，强调人只是自然万物中的一部分，不论是中国的"天人合一"还是印度的"梵我合一"均是如此。而发端于西方的第一次工业革命及之后在西方终极观念主导下的人类发展进程，打破了这一切，不到两百年的时间就使人类临近生死存亡的困境中，且难以自拔。

西方文明下的人们，生活在对其终极观念的不断追求与验证过程中，东方文明下的人们，生活在其终极观念的氛围中。

（三）神性万能与自然仆从

神性，从古希腊神话和哲学、古代犹太教，到西方基督教世界，一直贯穿在西方文明史中，是西方文明思想和行为的核心。尽管从古希腊时期开始，西方文明就进行了大量的科学探索并取得了巨大成就，但这种探索的思想动因，很大程度上是在其终极观念驱使下，为了寻求终极神性的根据而进行的，为了证明其所确立的"万能神"的万能性而进行的，为了以其终极观念一统世界而进行的，为了获得神一样无可匹敌的威力而进行的，为了从自然更多、更快地攫取财富而进行的。

在西方文明或基督教文明中，最突出的特质，是"神性万能"或"上帝万能"和自然的仆从地位——神或上帝主宰一切，主宰自然，它是终极主宰，自然万物只是神或上帝的仆从。必须指出的是：与西方"神性万能"或"上帝万能"根本不同的是，神的概念在中国更多是指自然变幻的产物："一阴一阳之谓道，……阴阳不测之谓神。""列星随旋，日月递炤，四时代御，阴阳大化，风雨博施，万物各得其和以生，各得其养以成，不见其事，而见其功，夫是之谓神。"中国的神，是一种自然变化的综合概括，它出于自然，归于自然，它既变化难测又有规律可循，并非人格化的万能者。

因此，中国的神的地位与自然不是主从关系，而是一体关系，相谐关系。《圣经》中清楚地告知人，是上帝创造并主宰了自然、世间万物和人类；宇宙万物和人类的一切原因、思想和行为，都体现了上帝的意志或最终由上帝的意志所决定。在此，我们再来复述一下上帝的创造和对一切的主宰，《圣经·创世纪》第一段开宗明义："起初，神创造天地。地是空虚混沌，渊面黑暗；神的灵运行在水面上。神说：'要有光'，就有了光。神看光是好的，就把光暗分开了。神称光为昼，称暗为夜。有晚上，有早晨，这是头一日。"这里的神，英文原字即为"God"，我们译为"上帝"。接着神创造了空气、陆地、海洋、飞禽走兽、各类植物和日月星辰，最后造人。第一个男人叫亚当，神又从亚当身上取其肋骨造出第一个女人夏娃。之后，由于夏娃在蛇的引诱下，首先偷吃了上帝吩咐他们不可吃的"禁果"，她又让亚当也吃了那"禁果"，"能知道善恶"，上帝又想他们若"伸手摘生命树的果子吃，就永远活着"，便将他们双双赶出伊甸园去饱尝人间疾苦。再之后，上帝见人在地上罪恶很大，终日所思所想的都是恶，就后悔造人在地上，心中忧伤。上帝说："我要将所造的人和走兽，并昆虫，以及空中的飞鸟，都从地上除灭，因为我造他们后悔了。"① 上帝就让亚当的后人诺亚造方舟，让诺亚与其全家以及一部分飞禽走兽进入方舟后，降雨四十昼夜成大洪水，把除方舟内人畜之外的"各种活物都从地上除灭"。

《圣经·旧约·创世纪》中明确表示：上帝创造了一切，包括自然；违背了上帝的意志，上帝便可将一切"除灭"，包括对自然的随意处置。这样天、地及其间的一切，均由上帝主宰，一切均是上帝的仆从。到了《圣经·新约》，由于人类从亚当夏娃那儿传承下来的"原罪"，人不论做什么，都无法解除那"原罪"，只有信上帝，靠上帝之子耶稣的救赎，才能得救。而在人生的过程中，如果你行了恶，只要到神或耶稣面前去忏悔就可以了；或者说你带着罪恶感走进教堂，在神或神职人员的面前忏悔后，便可以心情舒畅，如释重负地走出教堂继续行你的善或作你的恶，而最终一生的"原罪"（传承而来）和"本罪"（在世时所犯之罪）的救赎，只有靠对神、上帝、耶稣的信仰才能得到他（们）的救赎，而无论靠自己做什么，都是解决不了最终问题或进不了天堂的。从另一个角度看，如果带有"原罪"的人通过自己行善可赎"原罪"的话，那上帝和耶稣的救赎以及"末日审判"便不是终

---

① 《圣经·创世纪》，6：7。

极的了，唯一万能说也就不成立了。

这一套基督教文明或西方文明奠基性的根本理论昭示人们，上帝是人类的终极和唯一，自然及世间万物是从属的，无足轻重的，人可以对自然任意而为。在基督教看来，人类即使是在贪欲驱使下对人或自然行恶，那也只是因为人人皆有原罪，皆生而有贪欲所致，是原始基因所致，我们也没有什么最终的解决办法，只有靠上帝之子耶稣，在"末日审判"之时，评判功过是非，获得救赎。

在这种根本信仰基础上建立起的西方文明，理论上讲，又怎能把自然（我们的星球）当作人类终极的、无可替代的、赖以世代生存的栖息之地呢？（这或许也是一些西方国家在宇宙中不断地寻找别的可居住的星球的原因吧！）由此，对自然的掠夺与破坏便不是人类的终极问题，因为再大的罪，大不过原罪，行再多的善，也不能除去原罪而救赎自己。而信与不信上帝（或耶稣）才是终极问题。第一次工业革命以来，人类世界在西方科技手段、经济理论、政治模式和生活方式影响或主导下发展至今天这个面临困境与危机的现状，其最深层的原因，难道不是这种轻视自然的信仰造成的吗？马克思指出："犹太人的神成了世俗的神，世界的神。期票是犹太人的真正的神。犹太人的神只是幻想的期票。"又指出："在私有财产和钱的统治下形成的自然观，是对自然的真正的蔑视和实际的贬低。在犹太人的宗教中，自然界虽然存在，但只是存在于想象中。"①

西方人，还有个别中国人，现在都在指责中华民族是没有信仰的民族，又同时认为没有信仰的民族是没有前途的民

---

① 《马克思恩格斯全集》第一卷，人民出版社，1961，第448—449页。

族。某些中国人讲中国人没有信仰，其实不知所指信仰是什么（笔者在此再次强调，信仰不是用宗教来定义的）；而西方人所讲的信仰，一定是指他们所信仰的上帝和基督耶稣及其一整套基督教神学理论。虔诚的基督徒们怀着坚定的信仰，千百年来到处传播基督教，传播耶稣的福音，并将传教作为对上帝或耶稣的虔诚服务，最终希望看到世上所有人类都能皈依基督教。若果真如此，全人类都把上帝作为唯一的终极依托，都把自然当作仆从，当作可以任意行"外科手术"的标本，那么保护自然、恢复自然生态、拯救人类栖息地之类的口号、理论和行动便没了根本性的思想基础，便只是解决人类当下可视困境和危机的权宜之计了。

1988年1月，全世界75位诺贝尔奖获得者在巴黎集会后的宣言中声称："如果人类要在21世纪生存下去，必须回望2500年，去汲取孔子的智慧。"对照孔子为人类确立的，完全不同于西方文明或基督教文明的信仰体系和生活方式，这些生活在西方文明或基督教文明下的西方最优秀的人们发出这样的宣言，为人类的前途指出这样的道路，他们在反思什么，要说明什么呢？也许参加宣言的那些人并不一定都深刻、全面地了解以孔子思想为代表的东方智慧，甚至也许很多人并未到过中国或不懂汉语，但他们发出这样的宣言，至少说明他们已深刻认识到西方文明或基督教文明对拯救这个世界已无能为力了。

（四）人生观与价值观

近两百多年以来，盛行于世的西方文明的精神支柱或精神核心是基督教。脱胎于犹太教的基督教在其发展史上，形成了天主教、东正教和新教（16世纪）三大体系和由此派生出的纷繁教派。但不论基督教在其发展过程中形成多少不同的教派，它的一些核心概念是不变的，也不能变。因为这些核心概念是构成整个基督教的根本基础，动摇了这些核心概念，也就动摇了基督教立教的根本与基础。

基督教的这些核心概念及16世纪进行宗教改革形成的新教理论是构成近现代西方文明人生观、价值观、财富观的根本与基础，也是西方文明影响近现代世界进程的思想基础。尽管在西方文明中也形成了以古希腊哲学为基础的、洋洋大观的西方基本哲学思想体系，但正如前文多次指出的那样，西方文明从希腊神话开始，到犹太教和基督教的形成和发展过程中，始终贯穿着终极神、造物主、救世主等的终极观念。因此，西方哲学思想体系的主流亦始终围绕这些终极观念展开。并且，其基本哲学思想体系和方法还是基督神学体系得以建立和阐发的理性工具。比如，奥古斯丁使用新柏拉图主义哲学论证基督教教义，把哲学和神学结合起来，提出"理解为了信仰，信仰为了理解"，认为精神是实体，上帝是真理，尤为万物之终极真理，是至上的善；中世纪基督教神学家托马斯·阿奎那运用亚里士多德的基本范畴"有"和"本质"来说明上帝是"自有""永有"的，以万物应有"第一推动力"之说来论证上帝的存在等。①

基督教文明的第一个②核心概念是上帝。基督教认为上帝是存在的，上帝创造了包括人畜在内的宇宙万物；上帝是万能的、终极的，上帝主宰一切；上帝还预知人类未来将发生的一切。奥古斯丁在《论自由意志》中认为，人是有自由意志的，这自由意志也是上帝赐予的，让人能"正当地生活"，

---

① 卓新平主编：《基督教小辞典》，上海辞书出版社，2001，第173页。
② 这里的第一及后文的第二、第三等不代表先后顺序，只为叙述方便而已。

因为"人不可能无自由意志而正当地生活,这是上帝之所以赐予它的充分理由"。同时人"也能利用自由意志犯罪,但我们不应该因此相信上帝给人自由意志是为了让人能犯罪"。① 奥古斯丁在此之后又提出:"我们既相信上帝预知一切未来之事,又相信我们意愿一切我们所意愿之事。既然上帝预知我们的意志,他预知的这意志便会存在。所以,一定有一个意志,因它是他所预知的。"② 这等于是说,作为万物之灵的人类是上帝创造的,人之所以是万物之灵,因人有自由意志,而这自由意志是上帝赐予。以此自由意志所行意愿之事,尽管这意志是自由的,但也是在上帝的预知范围之内的,因而这自由是有限的。好比《西游记》中孙悟空,神通再大,却终是逃不出如来佛祖的掌心一样。

由此可见,上帝无所不能,即使人的所谓"自由意志",也拜其所赐,无论这意志如何自由,也逃不出他的预知。或者说,一切的一切,已在上帝预定好的计划之内了。基督教强调,对于上帝,你只有先相信,才能理解,而不能先理解后相信:"除非相信,你们不能理解。"③ "你们若不信,定然不得立稳。"④

现实中的人,均由父精母血结合而生。但在基督教里,这只是一种借助父母之体的表面形式而已。因为人根本上是上帝所造。父精母血的结合只是父母偶有所为,而能否造出人来,要看上帝的意志,并非父母有意识作为的结果。因此,在西方,孝的概念是十分淡漠的。

---

① 奥古斯丁:《论自由意志——奥古斯丁对话录二篇》,成官泯译,上海世纪出版集团,2010,第100页。
② 同上书,第146页。
③ 同上书,第73页。
④ 《圣经·以赛亚书》,7:9。

基督教文明的第二个核心概念是原罪说。在基督教看来，罪的概念是指人按自己的私欲，想、言、行违背上帝旨意之事。而人类始祖亚当和夏娃违背上帝命令，偷食禁果这一行为，构成了整个人类永续传承的原罪，因为全人类都是亚当这个个体里面出来的，后人都遗传其罪与责，即使是刚出生的婴儿也不例外。而非常关键的一点是，这原罪是不能通过人类的自身努力（如善功）免除的，只有通过上帝和耶稣的救赎才能得脱。因此，人在世上，不论行善还是作恶都脱不了原罪。

由于人有原罪，因此，在西方文明中多持人性本恶的观念。一方面，如果人性本善，则原罪说便没了根，因为原罪是人因私欲、贪婪而违背上帝旨意所致；另一方面，如果人性本善，则人可以通过后天行善的努力，回归善的本性，从而自行脱离原罪，这样就使只有神的救赎才能脱原罪之说不成立。故而基督教文明必持"性恶论"。

当初上帝造人时说："我们要照着我们的形像，按着我们的样式造人。"[①] 接着《创世纪》中又说："耶和华神用地上的尘土造人，将生气吹在他鼻孔里，他就成了有灵的活人，名叫亚当。"[②] 按基督教理论，上帝是最高的善，是至善。那么上帝，按其形像样式造成人形，又对其吹入上帝的气息使其成为有灵的活人，那这个秉承了上帝样式和气息的人的本性应是善的。除非上帝给其吹入的气息是不善的、贪欲的，但这似乎否定了上帝气息的善，与上帝的至善相悖。如果上帝最早造人吹入的气息是善的，那么当亚当违背上帝命令偷食禁果铸下原罪并遗传于所有后人，则在基督教文明中的人性

---

① 《圣经·创世纪》，1：26。
② 同上书，2：7。

本善与人性本恶又是相互矛盾的。

　　再来看一下奥古斯丁在《上帝之城》第 14 卷第 1 章里对上帝造人的一些描述："上帝使所有的人从一个人开始繁衍生息，有两个目的。他的第一个目的是通过本性的相似性，使人类团结。他的第二个目的是通过血缘关系，用和平的纽带使人类联合为一个和谐的整体。"可惜要不是亚当和夏娃"由于不服从诫命而受到死亡的惩罚，人类的任何成员都不会死"①。最初这两个人所犯的罪是如此之大，因此损坏了所有人类的本性。这里指的是，这种倾向于犯罪和注定要死亡的本性被传递给了后代。我们特别注意到，"使人团结的相似本性"和"因血缘关系而能使人类和平的联合为一个和谐的整体"的特性，应该是在说明上帝最初造的人的本性是善的，只是在蛇的诱惑下，违背了上帝的诫命才铸成原罪之大错，并祸及人类子子孙孙。也就是说，人的本性是由最初的善，到违背上帝诫命后才转为恶。由此，人之初性本恶的论断便没有完全的依据了。亚当将原罪传给后人，难道就没有传递给人类他犯原罪前的善吗？

　　基督教文明的第三个核心概念是救赎。由于人类始祖犯下原罪，并传递至一切后代，因而人人皆负原罪来到这世上，并且自己根本无法自救。人既然犯了罪，要想赎罪得救，就要付出"赎价"来补偿；但人又根本没有能力自己补偿，故只有靠上帝派遣其独子耶稣基督为人类的罪代受死亡、流出宝血来赎信耶稣基督者的罪②。至于这"赎价"究竟给谁，说法不一：有说因人犯罪而成为魔鬼的奴仆，为赎其脱离魔鬼，

---

　　① 此处与"现在恐怕他伸手又摘生命树的果子吃，就永远活着"（《圣经·创世纪》，3：22）相关联。

　　② "他爱我们，用自己的血使我们脱离罪恶。"（《圣经·启示录》，1：5）

便由耶稣的血作为"赎价"给魔鬼以赎回信者;也有说因人犯罪,是向上帝欠了债,人又无力偿还,耶稣的血是代向上帝偿付的"赎价"。① 在《圣经·新约》中亦有称信徒为以"重价买来的"②。"赎价"概念也深刻反映出西方文明中以价值衡量人间一切事物(包括情感和道德)的思维方式。而一切可以用"价"来衡量的东西,它的珍贵性就变得有限了。

基督教认为全部《圣经》就是一部救赎史。从古代犹太民族无法改变自己的苦难历程的背景中,形成了企盼着救世主出现的思想,万能上帝便以救世主的身份出现在犹太教的历史中。基督教继承了犹太教《圣经·旧约》中的基本教义,并将耶稣确定为上帝的代理,而耶稣所要完成的使命不只是作为犹太教的救世主,而是要作为一切犯有原罪的信基督耶稣者的救赎者。而奥古斯丁又巧妙地将圣父(上帝)、圣子(耶稣)、圣灵(出自圣父圣子)确定为"三位一体",是同一实体。

基督教文明的第四个核心概念是"末世论"或"终极论"。它是基督教文明对人类及世界的最终结局的信仰理论或教义。它预言世界的终结、"末日审判"、人的最终归宿等;认为未来的某一日,现世将最后终结,所有世人,不论死去的还是活着的,都将接受上帝的最后审判。得到救赎者升入天堂享永福,不得救赎者下地狱受永刑。魔鬼也将被丢入火湖。

下面引用几段《圣经》的经文,来说明这些。《马太福音》(12:35—37):"善人从他心里所存的善就发出善来;恶人从他心里所存的恶就发出恶来。我又告诉你们:凡人所说的闲话,当审判的日子,必要句句供出来。因为要凭你的话

---

① 参见卓新平主编:《基督教小辞典》,上海辞书出版社,2001,第346页。
② 《圣经·哥林多前书》,6:20;《圣经·启示录》,5:9。

定你为义;也要凭你的话定你有罪。"《马太福音》(25:31—46)万民受审判:"当人子在他荣耀里,同着众天使降临的时候,要坐在他荣耀的宝座上。万民都要聚集在他面前。他要把他们分别出来,好像牧羊的分别绵羊、山羊一般;把绵羊安置在右边,山羊在左边。于是,王要向那右边的说:'你们这蒙我父赐福的,可来承受那创世以来为你们所预备的国。……'王又要向那左边的说:'你们这被诅咒的人,离开我,进入那为魔鬼和他的使者所预备的永火里去!……'这些人要往永刑里去,那些义人要往永生里去。"《启示录》(20:11—15)末日的审判:"我又看见一个白色的大宝座与坐在上面的,从他面前天地都逃避,再无可见之处了。我又看见死了的人,无论大小,都站在宝座前。案卷展开了,并且另有一卷展开,就是生命册。死了的人都凭着这些案卷所记载的,照他们所行的受审判。于是海交出其中的死人,死亡和阴间也交出其中的死人。他们都照各人所行的受审判。死亡和阴间也被扔在火湖里,这火湖就是第二次的死。若有人名字没记在生命册上,他就被扔在火湖里。"

　　基督教文明在其发展过程中,可谓众说纷纭,教派林立。但不论哪说、哪派,上帝创世并主宰一切、原罪、基督耶稣救赎和末日审判这些核心概念都是不可更改和抛弃的。因此这些核心概念就构成了基督教文明乃至西方文明中人生基本的、核心的终极观念和终极价值取向。不论西方哲学有多少流派,或有多么缜密的逻辑推理和理性思考,不论科学探索和技术发明多么进步,西方文明都不能脱离这些基本的核心观念而存在。因为一旦脱离或抛弃这些核心概念或教条,基督教文明乃至西方文明的大厦将因根基全失而彻底坍塌。

　　自称具有坚定信仰并认为这信仰是保持其理性和生活信

念的根本的西方文明中的人们，从古到今，不论他们过着什么样的世俗生活，其最终的宇宙观、人生观和价值观必建立在这些核心概念和教义之上，除非他放弃他们的共同信仰另寻他途。而这些核心概念的根本内涵在于崇信超然物外的主宰，视自然为仆从，特别是宗教改革之后建立的新教理论，更将西方文明主导的世界引入危机四伏的困境。

传统的基督教认为，"贪财是万恶之根"①。奥古斯丁在其《论自由意志》中认为，"所谓贪婪，即是意求比足够的还多。所谓足够的是指一本性保存其本质所必需的"②，并认为意志是一切罪的根本原因，贪念即是邪恶的意志。西方文明秉持人性本恶的基本观点，认为"人类的意志要么是放肆的，要么是令人绝望的"，而且"没有神恩和圣灵，自由意志只能犯罪"③。

西方没有"天人合一"、天道、地道、人道及人性本善的观念和认知，更没有遵循天地恒常规律、效法天地无私品性的综合思想体系；却把一切终极的期望寄托给神或上帝，要靠上帝的谕示、旨意和各种宗教教条的约束，来遏制人的"欲念"或贪婪这个魔鬼，进而将人性分裂成诸多部分——理性、求智、欲望、躯体与灵魂等；甚至有人试图确定某种普遍适用的数学或物理学公式来解释人性、指导人生。而这一切在原罪基础上的努力，不能解决人的贪欲所带来的罪与恶，只有给人以"信、望、爱"三大原则作为追求永生目标的生活的准则，其结果也还是要到"末日审判"时才能确定。

事实上，西方文明是在难以遏制贪欲而又追求进天国得

---

① 《圣经·提摩太前书》，6：10。
② 奥古斯丁：《论自由意志》，成官泯译，上海世纪出版集团，2010，第170页。
③ 同上书，第118—119页。

永生的两难境地里挣扎的，这也是西方文明生态的症结所在。

16世纪宗教改革之前的基督教文明史，总体上讲是在教义、教会、教权等的控制下，基督徒的欲念受到一定的约束，而未呈大爆发状态。尽管那段历史有如8次历时200年的十字军东征侵略扩张、中世纪的黑暗统治等不光彩处。

14—16世纪兴起于欧洲的文艺复兴运动极大地改变了这一切。由于城市手工工场和商品经济的发展，资本主义生产关系在欧洲封建制度内部逐渐形成，如果仍满足于"一本性保存其本质所必需的""足够"财富，则资本主义生产便难以发展。文艺复兴运动提倡的人文主义精神，反对禁欲主义和宗教、教会束缚，弘扬科学、文学和艺术等，除后世给予的普遍赞誉外，它的前提和后果更是西方人性本恶欲望的极大释放，甚至是一发不可收的释放。科学大发展是人追求知识和财富欲望的释放；文学艺术和建筑艺术等的大发展，是人求美、求奢、求荣欲望的释放；新科学技术的应用和资本主义生产关系的建立与不断完善，是人无限追求财富——人的最大贪欲的释放。

尽管文艺复兴运动过程中，对传统宗教信仰、宗教教义和信条、教会和教权等都提出了严峻的挑战，但即使从那时起至今，西方文明生态的主流仍然是一种基督教文明生态，其关涉宇宙观、人生观、价值观的根本核心理念并没有改变。而文艺复兴后期兴起的宗教改革的根本目的在于试图解决释放人的贪欲与维持基督教根本教义之间的巨大矛盾。之后的历史进程证明，宗教改革运动基本上解决了这一巨大矛盾。

以德国人马丁·路德为代表人物的宗教改革运动的核心内容，就是确立了"因信称义"的神学思想。所谓因信称义，就是只有信上帝、信耶稣基督，才能得到救赎和在上帝面前得称为义（义的英文为 righteousness，有公正、正直、正当的意思），是如何得救赎的教义。其主要依据是《罗马书》和奥古斯丁的预定论。

"但如今，神的义在律法以外已经显明出来，有律法和先知为证。……称信耶稣的人为义。……人称义是因着信，不在乎遵行律法。……这样，我们因信废了律法吗？断乎不是！更是坚固律法。"①

马丁·路德认为："现在已发生一个最大的问题，即善功的问题，在其中人所施的奸诈和欺骗比在任何东西中所施的多得不可胜数，并且在其中头脑简单的人容易被引入迷途，所以我们的主基督吩咐了我们要谨防披羊皮的狼。"因此，他认为人得救不在于人的什么功德或善功，而在于对上帝的信；因着信，才能得到上帝的恩典，才能得救。②

"因信称义"神学思想强调信徒凭信仰就可以直接与上帝"交通"，而无须以教皇为首的教阶制度（包括主教、神父）做中保，否定教皇和主教有赦罪权。马丁·路德《关于赎罪券效能的辩论的九十五条论纲》第六条："教皇不能赦免任何罪债，而只能宣布并肯定罪债已经得了上帝的赦免。"③据此，教皇所宣布的是不是上帝的赦免，其实也只有教皇自己知道。

"因信称义"神学体系的确立，其根本作用是解除了来自教皇和各种教义对基督徒日常生活的各种束缚，每个信徒可直接阅读和理解《圣经》，因着自己对上帝和耶稣基督的信就可以称义并最终获得上帝和耶稣的救赎。而日常生活中的行

---

① 《圣经·罗马书》，3：21—31。
② 马丁·路德：《路德选集》，徐庆誉、汤清等译，宗教文化出版社，2010，第13—24页。
③ 同上书，第4页。

善立功并不能据之称义或得救。这就把人在欲望驱使下的各种俗世追求从诸如禁欲主义之类的宗教约束中解放出来，同时又保持某种终极信仰（信上帝，信耶稣基督），而这种信仰只要尚在每个人心中，只有自己知道就可以了。这也正合了当时社会资本主义生产方式发展的需要，也更合了资本主义逐利本性的需要。

基督教宗教改革确立的另一个重要神学思想是"天职"观念。

德国人马克斯·韦伯在其《新教伦理与资本主义精神》一书中指出，马丁·路德在将《圣经》的一段话翻译成德文时，首次使用了现世意义上的"天职"概念。[1] 并且认为，"天职"这一字眼"实际上体现的是译者的精神，而不是原著的精神"。之后，在所有新教教派的日常语言中，这个词都迅速地获得了它现在的含义。"天职的概念表达了所有新教教派的核心教义。"[2]

那么，天职是什么？

贯穿整个基督教文明的核心概念是获得救赎。对于如何获得救赎，虽然基督教各时期、各派别有不同的理论或说法，但总体上讲，欧洲中世纪和中世纪以前，是由教会或教义来规定和控制的。它包括精神层面对上帝、耶稣及教义、教规的信仰和日常世俗生活层面的各种宗教体验、善功和修炼。但是到了中世纪后期，欧洲封建主、教会和神职人员长期联手控制整个社会宗教和世俗生活，残酷盘剥百姓利益。以当时的德国为例，"教会、修道院是德国的大封建主，占有全德

---

[1] 马克斯·韦伯：《新教伦理与资本主义精神》，社会科学文献出版社，2012，第106页。

[2] 同上书，第47—48页。

土地的1/3以上，教会还向德国各阶层居民收什一税。他们搜刮人民，迫害教徒，榨取钱财。教皇则卖官鬻爵。主教、修道院院长等高级神职人员，在上任前就得向教廷交纳一笔巨款；在职期间，他们则巧立名目，诈骗民财。教廷还制造、出售赎罪券。"① 而最臭名昭著的是，1517年，教皇利奥十世（1513—1521年在位）以修缮圣彼得大教堂为借口，派修道士到德国兜售"赎罪券"（其实早在1313年天主教会就开始在欧洲兜售赎罪券），宣称购买者可以得赦罪进天国，甚至宣称"只要购买赎罪券的钱一敲响钱柜，死者的灵魂马上就能从炼狱升上天堂！"所有这些，极大地加重了当时占人口80%以上的农民的负担和他们对教皇与教会的不满，农民起义和对天主教的严重质疑随之而起。针对罗马教皇兜售赎罪券的行为和对赎罪券的无限夸大宣传，马丁·路德于1517年发表了《关于赎罪券效能的辩论的九十五条论纲》（按当时习惯，是贴在一个教堂大门前的辩论提纲）。这个论纲把惩罚、悔改、赦免等作为讨论的重点。它虽没有直接攻击教皇和罗马教会，甚至也没有完全否认赎罪券的功用、炼狱的存在和教会的补赎，但由于赎罪券的买卖、宣传涉及罗马教会的许多传统与信条，因此，马丁·路德对赎罪券买卖的抨击触动了教会信条的权威，遭到罗马教皇的强烈反击。该论纲一经公之于众，很快就传遍了整个德国和全欧洲。由此，这个论纲成了宗教改革运动的历史标志之一。

宗教改革运动的结果之一是产生了脱离天主教会的基督教新教。新教强调《圣经》为信仰的最高准则，教徒个人可通过《圣经》直接与上帝灵交，因信称义，不必由神父作中

---

① 陈钦庄：《基督教简史》，人民出版社，2004，第226页。

介，更不用教会来充当解释《圣经》和教义的绝对权威。同时还反对神职人员独身，1525年6月13日，马丁·路德与修女卡塔琳·波娜结婚，开新教教职人员可以结婚的先例。

宗教改革运动虽然派生出许多基督教分支和派别，如路德宗、加尔文宗等，但其信仰核心并未离开上帝万能、救赎、天堂、地狱和"末日审判"等一系列基督教的根本教义。其与传统基督教的根本不同在于"因信称义"神学思想的确立。加之以欧洲不同民族语言《圣经》的翻译出版，每个信徒均可直接阅读《圣经》，直接与神灵交，使得许多宗教仪式和活动丧失意义。只要内心虔诚信仰上帝，就可得救，即因信称义。那么，信徒们日常的世俗生活与宗教信仰之间的关系，特别是与救赎的关系，便成了问题的焦点。

宗教改革就这一焦点问题，形成了职业天职的观念。马克斯·韦伯在其《新教伦理与资本主义精神》一书中指出，所有新教教派的核心教理是：上帝应许的唯一生存方式，不是要人们以苦修的禁欲主义超越世俗道德，而是要人们完成个人在现世里所处地位赋予他的责任和义务，这是天职。"天职"这一词的英文是calling，它含有职业、神召，甚至"上帝的呼召"之义，因而它也是一个宗教的概念：上帝安排的任务。因此，在职业的天职中履行职责变得被视为是道德活动所能具备的最高表现形式。这一献身于天职的道德价值的新概念，恰恰是将宗教意义附加于日常工作的观念的不可避免的结果——对现世职责的履行构成了取悦上帝的唯一方式。这一履行，而且是唯有这一履行，是上帝的意志。因此，每一种许可的天职在上帝面前都具有绝对同样的效能。所谓许可的天职，被视为上帝对某个人的一项具体旨意，因为神圣的上帝旨意已将某个信徒置于这一位置，每个人的天职是通过这些位置来定义的，同时这也被理解为是在因信称义的前提下从事各项职业时要服从现有国家政权和法律，并遵守财产私有原则下的各项社会制度。

由上述讨论可以看出，基督教宗教改革形成了两大核心教义：一是因信称义，二是天职观念。这两大核心教义的形成，在继续保持上帝、耶稣、救赎、"末日审判"等基本教义的前提下，确立了基督教文明或西方文明既保持对上帝的信仰又可尽情释放人性欲望的人生观、价值观和生活方式。这种个人欲望的释放，也可称之为人文主义精神或人的自由的解放。从此，伴随西方资本主义制度的确立和不断完善，人们追求金钱、财富、荣耀、威权和自我价值的实现，便成了取悦上帝、荣耀上帝、获得上帝恩宠和救赎的天职。即使是不择手段地掠夺别国财富（殖民统治遍于世界各地），不遗余力地攫取自然资源并形成巨大财富等，都成了理所当然且更重要的是能成就上帝荣耀的事情了。这也许就是为什么一个自称具有以爱为核心的宗教信仰的文明里，能够衍生并发展出贪婪无比的资本主义制度和个人欲望无限膨胀的生活方式。并且这种制度和生活方式在全世界的推行和被效法，也就铸成了一步步地将人类带入空前的困境之中的根本原因或祸根。

《圣经·启示录》（4：11）说："我们的主，我们的神，你是配得荣耀、尊贵、权柄的，因为你创造了万物，并且万物是因你的旨意被创造而有的。"这说明，"荣耀、尊贵、权柄"这六个字在基督教文明中是崇高无比的，因为它们被配给了万能的上帝。而信徒们应该做的，就是极尽天职去追求荣耀、尊贵、权柄，以此来取悦上帝和增加上帝的荣耀、尊贵和权柄，最终获得上帝的恩宠和救赎。这也许就是基督教文明或西方文明生态的根本逻辑。

二、西方的反思与无奈

近几十年来,西方的一些学者,也真正意识到自然生态在急剧恶化,举出很多实例,进行反思,并提出不少解决问题的方案。这里选取几个有代表性的著作进行讨论。

(一)《增长的极限——罗马俱乐部关于人类困境的报告》

前文曾提到,1968年4月,来自十几个国家的企业家、经济学家、科学家和社会学家等,聚集在意大利罗马的山猫科学院,讨论人类面临的困境,产生了"罗马俱乐部"。作为研究成果,出版了《增长的极限——罗马俱乐部关于人类困境的报告》一书。该书指出了人类的经济、人口等的增长是有极限的,并且认识到:"最后,我们需要的最难以理解的和最重要的信息涉及人类价值。当一个社会认识到它不可能为每个人把每样东西都增加到最大限度时,它就必须开始做出选择。是否应当有更多的人或者更多的财富?更多的荒地或者更多的汽车?给穷人更多的粮食,或者给富人更多的服务?对这些问题确立社会的答案,并把那些答案转化为政策,这是政治过程的本质。"[①] 他们最终给出的答案或选择是追求"全球均衡状态"。他们寄希望于发达国家发挥"伟大的领导能力",降低"他们自己物质产品的增长速度,而同时帮助发

---

① 丹尼斯·米都斯等:《增长的极限——罗马俱乐部关于人类困境的报告》,中国环境出版社,2006,第140—141页。

展中国家努力更快地发展经济"。要求发达国家这样做,并"不是因为这些国家更有远见和仁慈行为,而是因为这些国家仍然是传播增长的综合病症,并使其继续发展的根源所在。"他们甚至要"给世界人口和经济增长强加上一个制动器"。①

(二)《熵:一种新的世界观》

1981年美国人杰里米·里夫金和特德·霍华德出版了《熵:一种新的世界观》一书(以下简称《熵》)。该书以物理学中的热力学第二定律,即熵增定律来分析人类面临的各种困境和危机。热力学第二定律告诉我们:不可能把热从低温物体传到高温物体而不产生其他影响,或不可能从单一热源取热使之完全转化为有用的功而不产生其他影响,或不可逆热力过程中熵的微增量总是大于零;或者简要地说,在自然过程中,一个孤立系统的总混乱度(即熵)不会较小;也可以说是在有限空间和时间内,一切和热有关的物理、化学过程具有不可逆性的经验总结。

熵值表明能量在空间分布的均匀程度,能量分布越均匀(系统内越混乱),熵值越大,达到完全均匀时,熵值达到最大值。西方学者将熵的概念应用于社会学,认为人类的科学技术水平和文明程度的提高,社会熵,即社会生存状态和社会价值观的混乱程度将不断增加。《熵》一书也正是以此为基础论述的。

《熵》认为主要由弗朗西斯·培根、勒奈·笛卡尔和艾萨克·牛顿建立的机械论世界观行将消亡。书中提到,"笛卡尔成功地把自然界整个地转化成了运动中的简单物质,他把质

---

① 丹尼斯·米都斯等:《增长的极限——罗马俱乐部关于人类困境的报告》,中国环境出版社,2006,第150—151页。

量完全变成了数量,并充满信心地宣称世界最重要的只是空间与地点。他说:'给我空间与运动,我就可以造出宇宙来。'"书中还指出"机械论世界观只以运动中的物体为研究对象,因为运动中的物体是唯一可以用数学来衡量的东西。这是一个机器的,而不是人的世界观"[①]。

《熵》一书批判了在上述机械论世界观基础上建立起来的,把人类活动的基点完全放在物质利益之上的个人主义和经济自由主义。特别对约翰·洛克(John Locke, 1632—1704年,英国哲学家)和亚当·斯密的理论基点进行了鞭笞。作者认为,是培根把上帝驱逐出了自然界,而洛克则把上帝驱逐出了人类舞台,其要建立的社会的唯一目标只有一个:"就是保护社会成员的私有财产。"把彻头彻尾的个人利益作为建立社会的唯一基础,而且创造财富便是社会的责任。作者讽刺道:"洛克不给地球上每条河流安上水坝,不让每个自然之谜一览无余,不把每座高山敲成碎片榨出石油,他是不会罢休的。"而这位约翰·洛克的理论被认为激励了后来的美国革命与法国大革命,对于美国宪法及独立宣言都有极大影响。《熵》一书的作者认为,亚当·斯密的理论"把人类的一切欲望都降低到以满足生理需要为目的的那种对物质财富的追求。没有任何道德选择可言;只有蝇营狗苟的人们在做着功利主义的判断"。而"最理想的生财之道就是明智而又贪财的个人之间完全自由的贸易和竞争"[②]。也就是以最有利于人类追求物质利益的方式来掠夺自然,安排自然,而科学技术只是履行这些使命的工具而已。《熵》的作者还认为,这些基本观点

---

① 杰里米·里夫金、特德·霍华德:《熵:一种新的世界观》,吕明等译,上海译文出版社,1987,第16—18页。
② 同上书,第20、22、24页。

流传至今。

尽管如此,《熵》的作者也在为维护美国等发达国家的现实利益而辩解。作者知道占世界人口 6% 的美国人为维持目前生活水平,要消耗约 1/3 的世界矿物资源,但是他们指出:"任何第三世界国家都不应奢望达到近几十年来美国的物质丰富水平。即使我们完全地重新分配了世界资源,西方化发展在客观上也是不可能的。"[①] 这也就是说,只有美国人可以多消耗世界资源过奢华富裕的生活,别人就别想了,因为资源有限。

《熵》一书的最后,指出了一些悲观的发展趋势。作者认为:"利用新型高能技术将秩序强加于人,这只会增加混乱的发生。人们将把基因用来创造出新式可再生能源或治疗疾病,提高智商;但是,在这过程中,几十亿年来积累的智慧将毁于一旦。"从熵的定律的角度看,"经济增长越快,离末日就越近。"[②]

《熵》一书所给出的方向似乎是要人类回归自然:"应该搞清自然规律是如何适用于人类社会的,并按这些规律行事。""人类要生存,唯一的希望就是放弃对地球的掠夺,转而适应自然秩序"[③],或者以熵的理论为基础,走向低能量社会。

应特别指出的是,《熵》一书对基督教对待自然的态度作出了某些批判:"基督教对待自然的传统态度是造成生态破坏的重要因素之一。对来世的过分热衷引起人们忽视乃至榨取

[①] 杰里米·里夫金、特德·霍华德:《熵:一种新的世界观》,吕明等译,上海译文出版社,1987,第 172 页。
[②] 同上书,第 225、228 页。
[③] 同上书,第 19、233 页。

现实世界",把自然界看作"不过是我们去天国的旅程上的一站"。"基督教的教义还存在着另外一个缺陷,有关《创世纪》对管理概念的理解;'要生养众多,遍满地面,治理这地,也要管理海里的鱼、空中的鸟,和地上各样行动的活物。'管理的概念被人们用来开脱他们百般摆布、榨取自然的行为。"①尽管作者指出在新的基督教改革中,一些基督教神学家们用"看管、保护",而不是"占有和剥夺"的观念取代"管理",但是,由于上帝被赋予的唯一和万能性,受原罪、救赎、来世进天堂等基本教义支配的基督教和基督教文明,是不可能真正改变人与自然的关系的,否则,基督教和基督教文明的根基将彻底崩塌,这是西方文明所不可能接受的,除非他们放弃西方文明的根本与基础。

(三)《地球危机》

2008年,美国人格雷姆·泰勒出版了《地球危机》一书。该书在其引言中,开宗明义地指出现有全球体系造成了战争、贫困和环境破坏等问题,因此这些问题是不能在现有体系内解决的,而要在一种不同观念、价值和社会体制的新型全球文明体系内解决。而这个所谓现有全球体系,正是基于西方文明体系建立的,这等于说必须以一种不同于西方文明体系的全球体系才能解决问题。

《地球危机》的作者列举了能源短缺、气候恶化、日益严重的水资源短缺、粮食短缺、生物物种加速灭绝、人口快速增长和与此相伴的资源快速消耗等人类面临的危机与困境,指出:"人类已经消耗掉了超过25%的自然资源,这一数字超

---

① 杰里米·里夫金、特德·霍华德:《熵:一种新的世界观》,吕明等译,上海译文出版社,1987,第214页。

过了地球自身每年所能承载的生产能力。……建立在不断扩大资源消耗基础上的经济发展将不可能持续。"① 而"这些都是工业化文明对地球环境的急剧破坏造成的","继续对自然界过度开发将会以人类的毁灭为代价"②。

《地球危机》的作者认为，现实中全球体系是一个建立在权力、暴力和不平等基础上的世界体系。这个世界体系是被竞争、资本主义价值观所主导的。在这个体系中，不论是对个人、企业还是国家而言，积累财富和权力的能力被定义为成功。基本需求之外的奢华、地位和权力成了人们和社会的追求，形成了"富裕的世界，贫瘠的景象"。特别是美国，作为体系中的最大受益者，其需要维持现有的全球政治和经济的不平等状态。而为维护这种不平等状态，"美国的政治家、外交家以及将军们通常会把持久的安全解读为创建能够保护美国利益的军事安全系统，而不是理解为创建不存在暴力、矛盾冲突的可持续性全球共同体"③。美国和西方错误地假设武力是维护安全的手段。

格雷姆·泰勒指出，工业资本主义不可持续的深层原因在于它是靠一种否认人类需要约束的信仰体系形成的，其所建立的全球体系的"主要核心是关注利益而非人类和动物的生活安康"，这一体系"会给环境和社会带来毁灭性灾难，而且是非理性的，因为全球体系的发展本身就处于一个自我毁灭的过程中"。现行的这种全球体系之所以面临行将崩溃的局面，"就是因为构成它的要素是带有毁灭性的价值观"④。

---

① 格雷姆·泰勒：《地球危机》，赵娟娟译，海南出版社，2010，第10页。
② 同上书，引言第3—4页。
③ 同上书，第198页。
④ 同上书，第57页。

格雷姆·泰勒认识到这些"毁灭性的价值观""是由文化方面决定的"。但他在提出的"未来设想"中,并未从改变构成文化、文明的基本因素方面寻找答案,而仍然是从建立外部制约体系上着眼寻找解决问题的办法:"未来文明必须有能力限制对稀缺资源的消耗,在个体与地区之间能够更加公平地享有这些资源,同时还要确保其他物种的基本需要也能够得到满足。"他还提出要为此设计一种"文化模型",试图从"道德责任"层面来反思"毁灭"的原因:"是个人利益超越了集体利益、对物质的占有胜过良好的社会关系、金钱比道德重要造成的。"① 而这些道德层面的症结恰恰是西方文明的核心价值观。

《地球危机》一书在最后呼吁继承祖先对后辈的爱,同样以爱来对待子孙,为子孙多留些繁衍生息的资源:"我们是慢慢进化旅程的产物,持久的爱与信仰滋养着我们。同样的爱将会赋予我们勇气和力量,为了后代的繁衍生息去创造一个更美好的世界。"② 这与《熵:一种新的世界观》一书的最后呼吁如出一辙:"我们中每个人使用的能量越多,身后的所有生命的可得能量就越少。这样,道德上的最高要求便是尽量地减少能量耗费,这样做,我们便表达了我们对生命的热爱,也说明我们满怀爱意地支持所有生命的继续发展。"③

从对上述三部关于人类危机与困境的探讨极具代表性的著作的分析,我们不难看出,作者们既看到了问题,又承认基于西方工业资本主义建立起的现代全球体系,正是造成人

---

① 格雷姆·泰勒:《地球危机》,赵娟娟译,海南出版社,2010,第218、228、232页。
② 同上书,第249页。
③ 杰里米·里夫金、特德·霍华德:《熵:一种新的世界观》,吕明等译,上海译文出版社,1987,第237页。

类危机与困境的根源。但是他们并未认识到为什么工业资本主义会产生于西方，西方工业革命以来世界又为什么会迅速建立起基于工业资本主义的全球体系，而正是这个体系把人类一步步地推向毁灭的边缘。因此，他们最终给出的解决方案，是归结到毫无根源的"爱"，这种没有根源的"爱"，又怎能唤起已麻木不仁地痴迷于个人主义、民主（西方所谓的民主同样是极端个人主义的一种表现形式）、财富、权力、贪婪、不顾他者死活、现世求奢华死后欲进天堂的芸芸西方众生与西化之众生呢？不能唤醒他们，又怎能改变现存的这个"毁灭性"全球体系呢？这正是西方的无奈，基督教文明的无奈，西方文明的无奈。正所谓："试看今日之域中，科技大兴而兵连祸结；商贸欣荣而贫富不均；交往频密而恐怖蜂起；众说纷纭，稀有匡时之筹；新见时兴，难觅拯世之策。"①

三、文明生态决定人类命运

　　自然生态是人类和其他生物赖以生存的外部环境。文明生态主导人类的发展方式和发展方向。文明生态对自然生态既有长久维系的作用，更有迅速破坏乃至毁坏的能力，这取决于人类以什么样的文明生态发展下去——文明生态决定人类命运。

　　数千年的人类文明发展史，形成了三种主要文明生态：以亚伯拉罕系（天启宗教、闪米特系）一神宗教思想为核心的西方文明生态，伊斯兰文明生态，以中华传统儒道思想为核心的中华文明生态。而印度、日本、南美洲、东南亚、非

_____

①　李铁城：《孔子之碑》，《人民日报》2005 年 11 月 19 日。

洲等，则与上述三种文明生态相类似或者介于它们之间。上述三种主要文明生态中，西方文明生态与伊斯兰文明生态的核心思想均源自亚伯拉罕系宗教，其本质上是相似或相同的，只是各自宗教信仰不同且难以相容而已。因此，影响未来人类命运的，将是西方文明生态和中华文明生态。

人类各文明思想可追溯的源头是神话，特别是创世神话。如前所述，各文明的创世神话，深刻影响其后世思想、宗教和哲学体系的形成与发展。作为各文明思想原初的创世神话，一开始就有很大的不同，受此影响，其后来的宗教和哲学思想就形成了明显的分野，甚至本质上的差别。这种差别又使各文明在核心理念上出现巨大分歧，甚至难以相融或相容。

各文明的创世神话、宗教和哲学思想体系，前文已作基本论述。从历史进程看，西方文明真正对人类社会产生大范围影响的时间不过250多年（从第一次工业革命算起），而此前的两千多年里，对人类社会影响范围最大的是中华文明。西方只看到前者，忽视后者，他们认为："在所有的文明之中，唯独西方文明对其他文明产生过重大的、有时是压倒一切的影响。"①

我们承认，西方文明在近250多年的时间里，对世界产生了广泛而深刻的影响。也正因为如此，当我们今天的人类社会和自然生态面临各种严重危机和严重挑战，甚至命运攸关的危机与挑战时，我们不得不认真审视西方文明生态对于人类文明的未来到底意味着什么，或者，人类要想在这个星球上永续生存、发展下去，应以什么样的文明生态为主导。

在西方创世神话、宗教和哲学思想体系的作用下，近几

---

① 塞缪尔·亨廷顿：《文明的冲突》，周琪等译，新华出版社，2017，第203页。

百年来，西方在科学发现和技术发明方面，一直领先世界。毋庸置疑，科学技术的快速进步，为人类带来了巨大方便和福祉。西方文明生态下，不论是从理论上还是在客观实际生活中，都鼓励极端个人主义，最大限度满足个人欲望、财富积累和炫耀；以自然为征服对象，不断刺激和激励人们发明创造更高、更快、更大规模的攫取自然、破坏自然的技术和手段。这些技术和手段应用到人类生活中，在为人类创造当下福祉的同时，也在急速地毁坏人类赖以生存的自然生态。近一二百年地球自然生态的急速恶化，便是这种技术与手段不断在人类生活中和各个国家中更大范围应用的结果，而且这种趋势正在加速。

综合之前的分析，我们可以得出结论：人类危机与困境乃至可能走向毁灭的根本源头在于世界是受西方文明生态笼罩和主导的。这种笼罩和主导是通过西方建立的全球政治、经济、外交、军事、宗教、文化等体系来实现的。而以西方创世神话、基督教和西方基本哲学思想体系为主要构成的西方文明生态则是这些极具"毁灭性"全球体系得以建立和维系的根本基础。

要化解人类的危机与困境，避免人类走向毁灭，必须改变主导世界的文明生态，或用一种可以使人类永续生存的文明生态影响西方文明生态。从世界现存主要文明生态看，这个历史使命只能由以儒道思想为核心的中华文明生态来完成，正所谓："人类要在21世纪生存下去，必须回到2500年前去汲取孔子的智慧。"

以儒道思想为核心的中华文明，秉承"人法地，地法天，天法道，道法自然"和"天人合一"的根本理念，效法天地的恒常规律和无私品格，铸就了"天地无私，人当为仁""己所不欲，勿施于人"的利他价值观、世界观。对上，敬天敬祖，尊师重道，孝敬父母；对下，无私爱子，爱民如子；对己，克己修身，涵养正气。因此，中华文明的爱，是有源之爱——源自天地无私和生生不息的品性。中华文明之爱，完全不同于西方文明源于不可验证的超然物外的上帝之爱。中华文明之爱可验证、可实践，因而是真实之爱。西方文明之爱，不可验证，概念与实践相分离，因而是无缘之爱，难以验证之爱。也正是西方文明这种难以验证之爱，形成了人们概念上的爱与实践上的个人主义、利己主义价值观和世界观的强烈反差：讲爱时，将一切源头归于不可验证的上帝；而在实践和现实生活中，却将上帝与爱撇在一边，形成了毫无愧疚之心地对自然进行无情掠夺与毁坏的全球体系。

对于今天的人类，最大的困境就是，怡然自得地在仍然主导世界的西方资本主义全球体系所形成的"毁灭性"的文明生态之中寻求慰藉并难以自拔。西方文明生态近二三百年的扩散，西方的侵略、殖民、掠夺和价值观的传播与扩散，迫使包括世界主要人口大国在内的几乎所有国家，不得不学着西方的样子，不断提高科技水平，加强自己与西方类似或同样的掠夺和榨取自然的手段与能力。一方面是为了满足自己人民在物质享受上向西方看齐的心理和现实需求；另一方面是为了抵御和防止西方侵略和同化，甚至防止被西方灭绝文化和种族。你不学着西方的样子让自己变强大，你就可能被欺凌，被掠夺，甚至灭亡。

以中国为例，在过去的几千年里，中国人一直沿着自己的文明路径生存与生活，并一直保持在世界各文明中的优秀状态，从未毁人文化、文明和种族。而近一二百年以来，西方文明用坚船利炮和宗教侵略打开了中国的大门，以先进的科学技术手段和排他的宗教意识，对中国极尽杀、伐、掳、掠之能事，并污称中华文明落后、愚昧，必欲以西方文明取而代之而后快，致使自1840年以来到1949年中华人民共和国建立之前的中国四分五裂、兵连祸结、生灵涂炭，人民陷于深重的苦难之中，而西方帝国主义列强却从中渔利极丰。新中国成立之后，以美国为首的西方列强，从未停止颠覆中国的阴谋和行动。中国改革开放40多年来，国势日盛，西方寄希望的中国全盘西化成为泡影之后，又极尽一切可能地遏制、围堵中国，在中国国内和周边制造混乱，大肆宣扬"中国威胁论"和"中国崩溃论"。凡此种种，都表明，当西方以外的国家不按西方文明的价值观、世界观生存和生活时，他们便欲同化或毁灭你的文明和文化；而当你学着他们的样子，与他们一起加速掠夺和榨取全球资源、分享全球资源，试图过上与他们一样的物质生活时，西方发觉其更多霸占和消耗全球资源的地位受到挑战时，他们便挥起经济、军事、科技、宗教和意识形态等大棒，予以遏制、阻吓和破坏。现今世界，美国对待中国、俄罗斯、中东、南美，甚至对其盟友欧洲的所作所为，无不如此。

当今时代，中国秉承中华文明的优秀传统，倡导共建人类命运共同体，就是为了维护各国的和平共处，维护世界的公平正义，维护全人类的可持续生存与发展。而美国却秉持"美国优先"战略，意欲永久维持美国在世界的霸主地位、维持以美国为首的工业资本主义体系。这两种不同的"天下观"，也正是中西两大文明生态根本差异在当今世界的反映。

西方文明生态秉持排他性核心理念的另一个例证是，以美国为首的西方信仰上帝、崇拜一人一票的民主选举，因而他们无法理解中国共产党领导下的中国，为什么也能在西方资本主义全球体系主导的大环境下，取得惊人的发展成就，并且对西方文明形成了"挑战者文明"的挑战。

中华文明生态向以天下为观，含有"四海之内皆兄弟""和光同尘""和而不同""天人合一"的人与人、人与自然和谐共生共存的基因，是既爱世人也爱自然的大爱；西方文明生态的基因则是排他利己的，西方之爱是在爱上帝基础上的偏爱，它既然把爱的源头寄托给了超然物外的上帝，那就没了热爱自然的原由和基因。中华文明和西方文明这两大文明生态的基因不同，何者将主导人类未来，对人类生死攸关——要么生生不息永续生存，要么"繁荣"到极致后走向彻底的毁灭。

后 记

笔者非学者，但承家教，素喜读书，常觉开卷有益。所谓：独处一隅，青灯古卷，不求甚解，但会先贤耳。

数十年繁忙公务之余，不偷闲读书，总觉若有所失或浪费时光。每每公出有闲暇，必逛书店，常有所获。慢慢不觉中，读书范围主要集中于两方面：一是工作中需要读的书；二是文、史、哲、宗教等方面的书。读书过程中又逐渐形成两个习惯或偏好：一是注重读原典书；二是边读边将思考所得记于书上或床头笔记上，有时也随手记在旅店里的文头纸或飞机的垃圾袋上，不时亦写些短文。久之，萌生了将读书、观察、思考甚或是研究所得集成一册的想法，这大约始于十年前。遂始收集资料、研拟书名和架构、逐章写作、不断充实修改，断断续续，直至2019年末，这本《文明生态论》总算结稿。

正如本书前言所述，这不是一部近现代西方语境下的学者撰写的学术著作，而是以普通中国人的视角探讨现存主要文明是怎么来的、怎么回事、其基本与核心思想体系是什么等。试图探讨在当今纷繁复杂的世界，这些现存主要文明中的人们，为什么会这样想，那样想；这样行，那样行；其相互之间的交流、融合、合作、矛盾和斗争等的根源到底是什么。最终认为"文明生态"决定人类的前途与命运。

这些年，在本书资料收集、手稿打印、校对等过程中，得到了我许多同事们的大力支持和帮助，他们是刘宁、钟颖英、刘向东、陈禹等（可能还有遗漏）；特别是钱隆同志，在手搞打印、校对、注释格式调整等方面，做了大量艰苦细致的工作。在此一并表示衷心感谢！

这些年，我的家人一直默默地支持我坚持完成写作和出版。

在本书编辑、出版过程中，中共中央党校的卢平同志、国家行政学院出版社的曲炜副社长给予了巨大关心和支持。本书责任编辑在书稿审校、编辑和出版等各方面，都给予了真诚帮助和悉心指导。在此表示诚挚谢意！

是为记。

作者
2020 年 5 月于三忘斋